NERO

imperador e deus,
artista e bufão

Philipp Vandenberg

NERO
imperador e deus, artista e bufão

Tradução:
Flávio Paulo Meurer

Revisão:
Roberto Cortes Lacerda

Jorge Zahar Editor
Rio de Janeiro

Título original:
Nero — Kaiser und Gott, Künstler und Narr

Tradução autorizada da primeira edição alemã, publicada em 1981
por C. Bertelsman Verlag GmbH, Munique, Alemanha Ocidental

Jorge Zahar Editor Ltda.
rua México 31 sobreloja
20031 Rio de Janeiro, RJ

Capa: Valéria Naslausky

CIP-Brasil. Catalogação-na-fonte.
Sindicato Nacional dos Editores de Livros, RJ

Vandenberg, Philipp
V315n Nero: Imperador e deus, artista e bufão / Philipp Vandenberg; tradução Flávio Paulo Meurer; revisão Roberto Cortes Lacerda. — Rio de Janeiro: Jorge Zahar Ed.; São Paulo: Círculo do Livro, 1986

Tradução de: Nero — Kaiser und Gott, Künstler und Narr.
Bibliografia.

1. Nero, imperador de Roma, 37-68. I. Título.

86-0273 CDD — 923.137
CDU — 92NERO

ISBN: 85-85061-52-9

I

Um imperador de dezessete anos

"Há muitas coisas formidáveis, mas nenhuma é tão formidável quanto o homem."

Sófocles

Roma, 12 de outubro de 54 d.C.

— *Saltatrices!*

A voz estridente da imperatriz Agripina ecoou pelos corredores do palácio:

— Façam entrar as dançarinas! *Saltatrices!*

Como um fantasma, em suas longas vestes transparentes, bordadas com lantejoulas douradas, Agripina precipitou-se pelo longo corredor que levava aos aposentos íntimos do imperador. Ao seu encontro, em meio ao tilintar, ao alarido e ao sonido de muitos sininhos, vinha chegando um punhado de raparigas seminuas, que, a passos curtos ou quase de dança, dissimulavam seus risos. Tudo o que essas belas jovens vestiam eram tirinhas de couro, além de fitas e um par de correntinhas douradas, que cintilavam à luz mortiça dos archotes espalhados pelas paredes.

Impaciente, Agripina começou a bater palmas, e logo apontou para a pesada cortina diante do quarto de dormir do imperador. Não era incomum que Cláudio, imperador e deus de todo o Império Romano, mandasse chamar, mesmo a horas avançadas, suas dançarinas. Ao contrário, ancião e senil, mas ainda voluptuoso, ele apreciava a companhia de lindas mulheres, tanto quanto a de rapazes. E havia uma escrava egípcia que, quando ele estava reclinado à mesa, dançava à sua frente pisando no luzente chão coberto de mosaicos, sempre às voltas com uma serpente viva, o que espicaçava seu interesse.

Só que nessa noite o ser divino parecia apático. Ereto, encontrava-se sentado em sua cama, olhando, impassível, para os músicos acomodados junto à parede em frente; sem demonstrar qualquer emoção, contemplava os graciosos movimentos das jovens dançarinas e a ostentação de seus atrativos físicos. Voltando a bater palmas, Agripina acabou com aquele espetáculo lascivo, e as moças desapareceram tilintando pela porta que ela apontava.

A cena, ocorrida naquela noite de 12 de outubro, não seria digna de menção se não tivesse acontecido, pouco antes, um fato inacreditável, que a imperatriz procurava agora dissimular: Cláudio, tão indiferente diante daquela excitante animação, estava morto, envenenado por sua própria mulher, Agripina. O Império Romano já não tinha imperador. Mas ninguém deveria sabê-lo, pelo menos por enquanto — pois os astros não se mostravam favoráveis ao sucessor.

Agripina, casada em primeiras bodas com Cneu Domício Enobarbo, filho de um sobrinho de Augusto, pela segunda vez com Crispo Passieno e pela terceira com o imperador Cláudio, arquitetara um plano diabólico para eliminar o imperador, mas deixara de dar atenção a uma única coisa: os astros. Os augúrios não eram nada bons para a ascensão de seu filho Nero à dignidade de imperador. Mas no dia seguinte, diziam os astrólogos, Nero poderia ter sucesso. Portanto, era necessário encobrir a morte do imperador Cláudio até o dia seguinte. Para que não se levantasse nenhuma suspeita, as jovens foram chamadas a dançar — diante de um morto.

As horas que antecederam esse fato haviam sido dramáticas, mesmo para as circunstâncias que imperavam na velha Roma. Não fora certamente por amor que Júlia Agripina se casara, cinco anos antes, com seu tio Cláudio, que já se locomovia e falava com dificuldade. Mas também não o fizera por avidez ou cobiça. Motivações políticas constituíram o único elemento decisivo: o que importava a Agripina era aumentar as possibilidades de seu próprio filho tornar-se, um dia, imperador. Para isso, todos os meios eram justificáveis. Agripina queria que o imperador, aos sessenta anos, adotasse o filho dela, de treze.

Cláudio acedeu a seus desejos um tanto a contragosto, pois percebia as dificuldades que poderiam advir disso para a sucessão ao trono. Afinal, ele próprio tinha um filho de nove anos, de seu terceiro casamento com Valéria Messalina. Ele amava Britânico com ternura, embora Agripina, a madrasta, procurasse dar a entender que se tratava de uma criança epilética e imbecil. Diante de sua resoluta esposa, o imperador sentia-se impotente.

Um imperador governado por sua mulher

Agripina manobrara para que seu filho Lúcio Domício Enobarbo — assim se chamava Nero antes de ocupar o trono — recebesse prematuramente a toga de adulto, a *toga virilis*. Isso se dera durante o quinto consulado de Tibério Cláudio e de Sérbio Cornélio, no ano de 51. Nero acabara de fazer catorze anos. Com isso, ele passava a ser tratado como pessoa adulta, e — o que parecia ainda mais importante para Agripina — estava capacitado a assumir cargos públicos. Naquela ocasião, Agripina mandou realizar um grande espetáculo circense, oferecendo um donativo em dinheiro a cada espectador. Na Roma dos imperadores, este continuava sendo o meio mais simples e seguro de conquistar amigos. Nero exibiu-se nos jogos em trajes pomposos e triunfais; Britânico vestia a *praetexta,* a toga dos meninos. O futuro do rapaz delineou-se nesse dia. Como que impulsionado por um braço irresistível, Nero encetou o caminho que lhe estava destinado.

Na escolta de honra, alguns tribunos demonstraram publicamente que se compadeciam do futuro do jovem Britânico. Não o fizeram por muito tempo; um dia, desapareceram e foram substituídos por outros. Britânico não chegou a perceber muito do que estava acontecendo; sabia apenas que esse meio irmão era seu inimigo. Tácito observou que "ninguém era desapiedado a ponto de não sentir compaixão pelo destino de Britânico". A madrasta, sempre que o encontrava, prodigava-lhe carinhos fingidos. Britânico sentia essa hipocrisia, e zombava muitas vezes dela. Certo dia, o jovem, ao falar com seu meio irmão, que então já adotara o nome de Nero Cláudio Augusto Germânico, dirigiu-se a ele pelo nome de nascimento, "Domício", e isso provocou um atrito aberto entre eles. Nero foi delatar a humilhante afronta a sua mãe, que por sua vez foi incontinenti à presença de Cláudio, a quem se queixou:

— Se realmente o adotaste, isso é um escárnio. A resolução do Senado e aquilo que o povo exigiu — tudo volta a ser abolido em nossa própria casa. E se tu — acrescentou ela aos gritos a seu imperador e esposo — não puseres termo às intrigas desses loucos, que ficam insuflando aos ouvidos de teu filho tais hostilidades, porás em risco todo o Estado.

No seu desamparo, Cláudio se viu forçado — como informa Tácito — a punir "os melhores educadores de seu filho com o exílio ou a morte". Coube a Agripina escolher os novos preceptores. Seu poder e sua influência sobre o imperador eram tão grandes, que Cláudio — de cuja capacidade mental muitos historiadores antigos duvidavam — não era mais dono de sua vontade, pois Agripina se antecipava às suas decisões.

Outra espinha atravessada na garganta dessa imperatriz dominadora eram os comandantes da guarda pretoriana, Lúcio Geta e Rúfio Crispino. Pelo que diziam, Agripina compreendera que continuavam a deplorar a perda da terceira esposa de Cláudio, Messalina, que o próprio imperador eliminara. Isso lhe parecia muito perigoso, pois a guarda imperial pretoriana, que compreendia, desde Augusto, nove unidades de elite sob o comando de dois prefeitos, sempre desempenhara um papel significativo na sucessão ao trono. Era bastante fácil, a partir dessa posição chave, impor o candidato de sua escolha. Sabendo disso, Agripina se precavia.

Os dois comandantes alimentavam desavenças entre si, fato que Agripina comunicou ao imperador, lembrando que isso provocava a desunião entre as diversas coortes. Apresentava-se uma única solução: era necessário que ambos fossem destituídos de seus cargos, sendo substituídos por um só comandante. Ao imperador, que envelhecia a olhos vistos, isso era evidente. A escolha de Agripina recaiu sobre o tribuno militar Afrânio Burro, que, pelo resto da vida, foi reconhecido à imperatriz por esse fato.

Como afirma o historiador Tácito, Agripina estava decidida a eliminar também o imperador Cláudio. Acredita-se que não lhe faltavam cúmplices. O que a intrigante imperatriz não decidira até então era como Cláudio deveria morrer. Naturalmente, podia lançar mão de um veneno, a clássica e mortífera arma das mulheres. Com uma ressalva: um veneno que agisse repentinamente a colocaria, logo de início, sob suspeita, e um veneno de ação prolongada, que agravasse a caquexia de Cláudio, poderia deixar o imperador desconfiado de sua mulher. Aproximando-se a hora de sua morte, ele poderia nomear seu próprio filho como sucessor. Agripina começou a ficar nervosa.

Monstros e abortos anunciam calamidades

Supersticiosa como era, Agripina julgou que chegara o momento de agir. Estranhos sinais anunciavam uma significativa mudança do destino. Os áugures, respeitados intérpretes dos presságios divinos, lhe haviam profetizado isso, aludindo a um enxame de abelhas selvagens que pousara sobre o Capitólio. Também os raios que se abateram sobre estandartes de campanha e tendas de soldados romanos anunciavam acontecimentos extraordinários. Além disso, em diversas localidades, haviam nascido seres humanos dotados de sexo duplo. Uma porca tivera uma cria com garras de gavião. E, num período de poucos meses, faleceram eminentes funcionários do Estado: um cônsul, um pretor, um tribuno, um edil e um questor. Até onde alcançava a memória dos cidadãos, jamais o Império Romano fora estremecido por tantos prenúncios. Agripina vacilava. Seriam esses os sinais que deviam marcar o fim do governo de Cláudio? Anunciavam o início de um governo imperial mais forte sob Nero? Ou será que ela, com seus planos escabrosos, acabaria fazendo o Império mergulhar no caos?

Cláudio, que também tivera conhecimento desses presságios, procurava interpretá-los à sua maneira. Certa noite, depois de tomar vinho copiosamente, confessou à mulher:

— O destino me impôs que, de início, eu teria paciência com os vícios de minhas mulheres, mas depois eu me vingaria!

Essa frase atingiu Agripina como uma pancada violenta. Era como se Cláudio, aparentemente tão senil, tivesse adivinhado os pensamentos de sua ambiciosa esposa. O que mais ele sabia? Que medidas havia tomado? Entre seus planos figurava o exílio de Agripina, ou estaria decidida sua execução?

Para Agripina, só havia uma coisa a fazer: agir. Vendo-se tão próxima do alvo de sua vida, ela quase enlouquecia pensando: ou eu, ou ele.

Cláudio adoecera novamente, como tantas vezes nos últimos anos. Sem dúvida, ele temia que Agripina, com poções discretas de veneno, estivesse querendo tirar-lhe a vida. Mas como isso seria possível se Haloto, seu degustador, provava até o menor bocado e toda bebida que lhe era servida? O fato é que o imperador, sem aviso prévio, resolveu fazer uma viagem a Sinuessa, um balneário de águas termais nas proximidades da Via Ápia, famoso pelo clima ameno, pela excelência de seu vinho e também pela casa de campo que Cícero construíra ali.

Agripina sentiu-se insegura, e suas dúvidas deram lugar ao medo. Cláudio se adiantaria a ela? Ele *a* eliminaria, antes que ela conseguisse dar o bote final?

Em meio a essas elucubrações, viu Cláudio retornar inesperadamente a Roma. Parecia recuperado e satisfeito.

Foi justamente o que inquietou a imperatriz. Contrariando seu hábito de, a cada novo empreendimento, consultar primeiro um adivinho, ela se dirigiu, sem perda de tempo, à casa de uma mulher perita em poções venenosas, muito conhecida na cidade. Chamava-se Locusta, provinha da Gália e fora condenada certa vez por ter preparado uma poção venenosa, mas dessa pena se livrara airosamente, já que devia continuar servindo com sua arte aos poderosos. Locusta tinha um preparado que, ela assegurava, causava alucinações e levava seguramente à morte. Só que, por mais seguro que fosse o veneno, de que serviria se não se oferecesse ocasião para administrá-lo à vítima? O resultado seria tão-somente a morte do eunuco Haloto. Portanto, só restava *uma* forma de envenenar o imperador: Agripina teria de conquistar para si as boas graças do degustador Haloto.

De que maneira Agripina alcançou seu intento permanecerá

para sempre um segredo da história. O plano era arriscado. Se Haloto não desse ouvidos à imperatriz, possivelmente iria delatá-la. Sua vida estava suspensa por um fio. Mas esse era o único caminho.

O segredo dos cogumelos fatais

O fato é que, na noite de 12 de outubro de 54, serviram-se cogumelos no palácio imperial, no Palatino. Cogumelos eram o prato favorito do imperador Cláudio. A refeição transcorreu como de costume. Os músicos tocavam seus instrumentos, enquanto a família imperial ocupava seus lugares à mesa. Haloto, como sempre, provava cada prato, cada bebida, antes de passá-los ao imperador, um procedimento repetido milhares de vezes e ao qual ninguém mais prestava atenção. Assim, sem ser visto, Haloto deixou pingar, de um frasquinho escondido sob sua manga, algumas gotas de um líquido inodoro sobre um cogumelo que ele, pouco antes, provara com a maior naturalidade.

Cláudio dava mostras de sentir-se bem, pois as águas termais de Sinuessa tinham, aparentemente, restaurado sua saúde. Estava levemente ébrio, e divertia-se com os músicos. De súbito, levou uma das mãos à altura do rosto, empalidecendo; uma das escravas encarregadas de servir à mesa precipitou-se em sua direção com uma bacia de prata. Era possível que sua majestade quisesse vomitar, o que não chegava a ser excepcional, tratando-se do velho imperador. Freqüentes vezes, ele comia até vomitar, depois do que, aliviado, continuava a banquetear-se como se nada houvesse acontecido. Mas dessa vez, por mais que se esforçasse, ele parecia em dificuldades.

— Um médico, chamem um médico! — exclamou Agripina, excitada.

Pouco tempo depois chegava Xenofonte, um grego da ilha de Cós, famoso por sua arte de curar. Nesse momento, a minúcia diabólica com que Agripina tramara o assassinato de seu marido ficou patente: Xenofonte solicitou ao imperador que abrisse bem a boca, a fim de introduzir uma pena lá dentro para facilitar o vômito. Cláudio, totalmente apático, não percebeu que Xenofonte mergulhara a pena num pequeno frasco, exatamente igual àquele que seu criado Haloto escondera sob a manga.

Nesse meio tempo, Agripina instou para que todos os presentes, exceto Britânico e suas irmãs, deixassem o salão de refeições. O imperador soergueu-se; penosamente, com o rosto desfigurado pela dor, escancarou a boca. Xenofonte enfiou-lhe a pena na garganta, e Cláudio empertigou-se, para em seguida desfalecer com a respiração açodada. O médico nem teve tempo de retirar a pena de sua boca: horrorizados, Britânico, Otávia e Antônia fixaram os olhos naquele toco de pena que sobressaía da boca de seu pai. Agripina fingia estar igualmente consternada.

Enquanto o médico, com alguma dificuldade, extraía a pena da boca do imperador morto, Agripina fez sinal a um criado para que se aproximasse e sussurrou-lhe alguma coisa ao ouvido. Feito isso, o criado desapareceu. A seguir, ela chamou para junto de si outro criado, ao qual, sem que os presentes pudessem ouvir o que dizia, confiou nova tarefa.

Britânico, então com doze anos, chorava amargamente. Agripina, aparentemente subjugada pela dor, foi ter com o rapaz, a quem abraçou, procurando consolá-lo. Sacudida por soluços, asseverava que Cláudio permaneceria eternamente em sua lembrança, acrescentando que, de qualquer modo, ainda o possuía na pessoa de Britânico, que, para ela, constituía a imagem viva do falecido.

Mas sua dor pareceu desaparecer subitamente quando um dos mensageiros retornou e foi soprar alguma coisa em seu ouvido. Petrificada pelo terror, continuou parada onde estava, de olhos fixos no imperador, como se estivesse acordando de um sonho. Tinham-lhe dito, naquele momento, que, segundo os áugures, os prenúncios eram os piores possíveis para a investidura de um novo imperador — pelo menos, naquele dia.

Nuvens escuras, baixas e pesadas vagavam sobre a cidade: uma tormenta estava prestes a desabar sobre o Palatino. Morto, sentado em sua cama, enrolado em lençóis, o imperador tinha o olhar fixo. Era noite, uma lúgubre noite.

Só uma mulher como Agripina, gélida e insensível, de um rigor a toda prova na consecução de seus objetivos, conseguia dominar os nervos em meio àquela situação. O Império Romano, com seus setenta milhões de súditos, estava sem imperador. O destino de todos repousava nas mão de uma mulher despótica, pois o colosso que fora o imperador estava fora de ação. Um fato de que apenas um punhado de pessoas tinha conhecimento.

O segundo mensageiro, portador da tarefa que Agripina lhe confiara, fora ao Senado, não para falar do falecimento do imperador, mas para informar que ele estava passando mal. Nessa mesma noite, os senadores se reuniram para deliberar o que se faria se o pior acontecesse. Em vários lugares da cidade, foram afixados boletins médicos em que se dizia ser grave o estado do césar, acrescentando-se, porém, que o imperador Cláudio já mostrava sinais de melhora.

O imperador morto permanecia sentado em seu leito. Agripina voltara a solicitar a presença dos músicos.

— Majestade, o que gostaria de ouvir agora? — perguntou-lhe Agripina, aproximando-se do cadáver endurecido de Cláudio. Como este nada respondesse, mandou que a banda tocasse alguma coisa alegre. Entrementes, pôs compressas umedecidas sobre a testa de seu falecido esposo. Senhora de si, a imperatriz viúva foi representando até o fim sua terrificante tragédia. Era preciso esconder até o dia seguinte a morte do imperador.

Cento e oitenta milhões: o preço de um imperador

Para não correr o risco de ser traída por um de seus cúmplices, Agripina solicitou a Burro, o comandante da guarda imperial, que cercasse o palácio. O prefeito pretoriano viu aí o ensejo de mostrar seu reconhecimento. Afinal, a própria imperatriz o nomeara para aquele cargo influente.

Nesse momento decisivo, além de Burro, encontravam-se junto a Agripina Sêneca, então preceptor de Nero, e Palas, conselheiro e amante da imperatriz. Sem rodeios, Burro declarou que já debatera com seus soldados o possível falecimento do imperador e sua eventual substituição pelo jovem Nero. Em princípio, a guarda pretoriana havia concordado com a mudança, mas cada um dos guardas exigira quinze mil sestércios em moeda sonante, soma que mesmo em nossos dias seria bastante elevada. Correspondia exatamente ao que Cláudio tivera de pagar quando de sua ascensão ao trono. Palas, familiarizado com a fortuna de Agripina, fez os cálculos e chegou ao total de cento e oitenta milhões de sestércios, o que não era pouco, mesmo para uma imperatriz. Não havendo outra escolha, restava comprar a anuência da guarda pretoriana. Tendo à sua retaguarda esse corpo de elite, até mesmo um fantoche podia considerar-se meio imperador.

Sêneca, que participava temerosamente das negociações, não ousou interpor qualquer objeção. O preceptor de Nero era um filósofo de nomeada e um brilhante escritor, mas, maltratado pelo destino, era também um espírito conformado, que se guiava pelo seguinte preceito: "Canto a canção de quem me serve o pão". Graças a Agripina, cinco anos antes, ele pudera regressar à pátria, depois de seu exílio na Córsega. Além disso, estava consciente de que não se encontrava sob seus cuidados apenas o filho adotivo do imperador Cláudio, mas igualmente o candidato à sucessão imperial. Nem Sêneca, porém, contara com o fato de que teria em suas mãos um príncipe de apenas dezessete anos.

Britânico, o sucessor legítimo, filho do terceiro casamento de Cláudio com Messalina, fora trancafiado por Agripina numa das alcovas do palácio. Em outro aposento encontrava-se também Otávia, com quem Nero se casara oficialmente um ano antes. O mesmo acontecia com Antônia, filha do primeiro casamento de Cláudio. O que não se sabe ao certo é se Nero estava a par do golpe e do assassinato planejado por sua mãe. É provável que ele de nada soubesse, pois nenhum dos historiadores antigos alude à sua cumplicidade.

Caso o imperador Cláudio viesse a falecer, o Senado, que tinha quase todos os seus membros reunidos na Cúria, exigia que lhe fossem devolvidas as prerrogativas de que fora privado por Cláudio. Mensageiros levaram ao Palatino essa mensagem do órgão colegiado. Nela vinha também assinalado que os senadores, uma vez aceita sua exigência, nada teriam a opor a Nero, caso este viesse a assumir o posto de Cláudio. Tais imposições deixaram Agripina enfurecida, mas ela foi se acalmando diante dos argumentos de Sêneca. Por fim, capitulou. Com isso, abriam-se ao novo príncipe todos os caminhos.

Começara a amanhecer sobre as sete colinas de Roma. Aguaceiros seguidos continuavam fustigando a cidade. As ruas estavam vazias. Tinha-se a impressão de que a metrópole sustinha a respiração. Nesse dia 13 de outubro, o mundo viria a conhecer um novo imperador.

Por volta do meio-dia, conforme prognosticaram os astrólogos e áugures chamados ao palácio, os deuses seriam favoráveis à proclamação de um novo imperador, e como sinal visível disso as chuvas cessariam. Nesse meio tempo, Sêneca e Agripina puseram Nero a par dos acontecimentos. Mas ele, como se soubesse o que o esperava, só a contragosto assumiu o poder que lhe era oferecido. Afinal, jamais escondera que a dignidade imperial simplesmente não lhe interessava. Queria, isso sim, ser escultor, pintor, cantor, condutor de carros de corrida. Mas imperador? E ainda tão jovem?

No entanto, algumas frases, que Agripina, sua mãe, sussurrou-lhe com firmeza e determinação, bastaram para quebrar a resistência de Nero. Só então se proclamou oficialmente a morte do imperador Cláudio. Em seguida, Sêneca começou a exercitar com seu discípulo o discurso fúnebre que este teria de pronunciar. De acordo com a tradição, o panegírico do antecessor era o primeiro ato público do novo imperador e, ao mesmo tempo, sua prova de fogo; um príncipe que fosse bom orador seria recebido com entusiasmo por todo o povo romano. Augusto, afirmava-se, tinha sempre uma resposta na ponta da língua, e falava rapidamente; Tibério, ao contrário, falava com vagar, embora, como diz Tácito, suas palavras fossem ponderadas e, não sem alguma intenção, ambíguas. Até mesmo Calígula, em geral considerado louco, era um orador fascinante, e o próprio Cláudio, não obstante sua senilidade, angariava o respeito dos romanos por ser tão seletivo na escolha das palavras. Mas Nero não passava de um rapazinho de dezessete anos. Sem dúvida, era inteligente, falava fluentemente o grego, mas, para um grande orador, era ainda jovem demais. Portanto, cabia a Sêneca redigir todos os discursos que ele teria de pronunciar.

Enquanto o mestre repetia continuamente as importantes frases a serem declamadas, Nero, preocupado, olhava pela janela. Nuvens negras continuavam obscurecendo os céus. O meio-dia estava cada vez mais próximo, mas os prenúncios favoráveis tardavam a se manifestar. Chovia a cântaros.

Uma liteira desperta lembranças de certas intimidades

O mal-estar que os pesados aguaceiros causavam ao imperador designado devia-se a que ele, como mandavam os usos e costumes, deveria dirigir-se primeiro ao quartel da guarda pretoriana, montado no seu mais belo cavalo. A caserna ficava doze quilômetros a nordeste do centro da cidade, entre a Via Nomentana e a Via Colatina. Não mudasse o tempo, era certo que ele chegaria ensopado da cabeça aos pés e coberto de sujeira — situação nada dignificante para um novo imperador.

Essa perspectiva também não agradava a Agripina. Assim, mandou que aprontassem para o filho uma liteira suntuosa. Ao tomar conhecimento de que seria conduzido ao quartel nessa liteira, Nero viu-se assaltado por sentimentos conflitantes, pois justamente nela sua bela mãe o iniciara nos segredos do amor. Certo dia, enquanto quatro escravos conduziam essa liteira pelas ruas da cidade a passo acelerado, Agripina se desnudara e guiara as mãos de Nero por seu corpo, até o jovem chegar ao orgasmo várias vezes seguidas. "As manchas em suas vestes o atraiçoaram", relata o cronista Suetônio.

Enfim, ao meio-dia, chegou a hora. Os portões do palácio imperial foram abertos. Fascinados, os soldados da guarda imperial fitaram o portal. O primeiro a aparecer foi Burro, que levantou o braço à guisa de saudação. Atrás dele surgiu Nero, envolto em púrpura, com seus cabelos ruivos penteados para a frente ao longo das faces, e de aspetco feio apesar do forte pescoço, dos olhos azuis e da pele clara. A seu lado estava Agripina, majestosa em seus trinta e nove anos, alta, esbelta, com os cabelos recatadamente penteados para trás: toda a tensão daquele momento estava estampada em seu rosto. Otávia, Sêneca e Palas mantinham-se um pouco atrás.

— Onde está Britânico? — murmurou um dos soldados. Rostos altearam-se, ombros se ergueram, olhares se cruzaram. Nesse momento, não se sabe de onde, repercutiu um brado: "Salve césar! Viva o imperador Nero!" E aquele punhado de soldados acompanhou a ovação que se seguiu.

Nero viu-se forçado a sorrir, levantando os braços em saudação, mas sem pronunciar uma palavra. Pôs-se então a descer a larga escadaria, ao pé da qual o esperava a liteira. Agripina ficou parada. Tomando posição atrás da liteira, um grupo de cavalarianos pôs-se em marcha, liderado por Burro e Sêneca, cujos rostos estavam encharcados de chuva. Seria êsse um mau presságio para a aclamação prevista, quando chegassem ao quartel da guarda pretoriana?

Não, os áugures tinham razão, e Nero foi recebido em meio a um grande júbilo. "Salve Nero!", gritavam os soldados. "Salve césar!" Nero pronunciou as palavras escolhidas que aprendera com Sêneca, prometendo — coisa que interessava mais aos pretorianos — que daria a cada qual a mesma soma em dinheiro que Cláudio, seu padastro, distribuíra ao assumir o governo. Com isso, estava removido o derradeiro empecilho no caminho que levava ao trono imperial. Faltava apenas a aprovação formal por parte do Senado.

Agripina já prometera certas concessões aos seiscentos membros da mais elevada aristocracia do Império, de maneira que, por esse lado, quase nada havia a temer. A única questão em aberto era a reação do Conselho dos Anciãos ante a juventude do novo príncipe. O Império jamais fora regido por um adolescente. O divino Augusto tinha trinta e seis anos ao assumir o governo, Tibério, cinqüenta e seis, Cláudio, cinqüenta, e mesmo o mais jovem dentre os seus antecessores, Calígula, irmão de Agripina, contava vinte e cinco anos, portanto oito a mais do que Nero, ao ser-lhe conferido o título de imperador.

Mãe e filho

Sabiamente, Agripina se negou a comparecer à aclamação da guarda pretoriana. Não queria provocar os soldados. Naquela hora, ninguém deveria pensar que por trás de todos os poderes do césar encontrava-se uma mulher. Mas no Senado era diferente. Nesse grêmio político, todos sabiam que dali em diante o mundo não seria regido por aquele moço de dezessete anos, mas por uma mulher de trinta e nove, a quem se dirigiam pelo título de "augusta".

Essa honra imperial lhe fora conferida por seu terceiro marido, Cláudio, em memória ao idolatrado imperador Augusto. Nenhuma mulher tinha tão grande experiência política; Agripina era filha de Germânico, o legendário comandante, irmã e amante do imperador Calígula, esposa e regente do senil imperador Cláudio, e agora, além disso, mãe e amante de mais um imperador.

"Salve Nero César Augusto Germânico!" Com esse brado os senadores receberam o jovem imperador no momento em que este começou a subir os degraus da Cúria. Cumprimentando-os, Nero levantou o braço direito, enquanto se encaminhava para a cabeceira da alta e ampla sala de reuniões. Agripina já se abancara. Sêneca mantinha-se junto a Nero. Seu discípulo via-se diante de sua primeira grande prova. O sucessor já fora aceito pelos senadores, mas era preciso que os dignos senhores o respeitassem também, o que se verificaria a partir do momento em que esse jovem de dezessete anos pronunciasse seu primeiro discurso como imperador.

Aquela não era sua primeira aparição no Senado. Depois de declarado maior, três anos antes, o jovem se apresentara nesse grêmio, com muita habilidade, defendendo uma causa dos cidadãos de Bonônia. Essa cidade, a atual Bolonha, fora destruída por um terrível incêndio, razão pela qual seus cidadãos solicitaram a ajuda de Roma. Em outra ocasião, falando fluentemente o grego, ele fora ao Senado para que este atendesse a um pedido de socorro de Apaméia, na Síria, e a petições enviadas por Rodes e Tróia. Também aí repetira exercícios de oratória elaborados por Sêneca, tarefa que lhe fora confiada por Agripina. Tratava-se, agora, de confirmar aqueles primeiros sucessos.

— Ilustres senadores! — começou Nero, repetindo de cor seu discurso. — Sou jovem, e nada sei de guerras civis e dissidências internas; nenhum ódio trago comigo, jamais sofri agravos, não me movem quaisquer desejos de vingança.

Essa frase, que se devia à inteligente arte oratória de Sêneca, teve o dom de desarmar os espíritos críticos que não viam com bons olhos a juventude do novo imperador. A juventude, conforme estava implícito na frase, tinha também algo de bom naquela época confusa, pois o novo imperador não participava dos complicados vínculos da política de Roma. Tratava-se de uma alusão bastante clara ao imperador Cláudio, que em tempo algum fora senhor de suas próprias decisões.

Nero anunciou então um plano para seu futuro governo, apartando-se nitidamente de seu antecessor:

— Não vou tornar-me juiz de todos os processos, e não tolerarei que, quando acusadores e réus se virem um diante do outro, uma pequena minoria faça a lei. Em minha casa, nada haverá que se possa comprar, nem suas portas estarão franqueadas ao comércio de favores. Hei de separar o Estado e a corte. O Senado reaverá seus antigos direitos!

Aplausos estrepitosos ecoaram saudando o novo césar, em meio a vivas e gritos de "Salve Nero!" Agripina observava a grandiosa estréia de seu filho com aparente frieza, mas na verdade com grande emoção. De fato, Sêneca adivinhara os anseios dos dignos senhores, e o Senado de Roma aplaudia Nero com intenso júbilo.

Quanto tempo esperara Agripina por esse momento! O que não tivera de suportar até então! Passara cinco longos anos casada com um imperador que, além de fraco de espírito, lhe causava asco físico. Cinco longos anos em que temeu atentados e a desgraça dos seus. Quantas e quantas vezes planejara aquele homicídio, quantas tramas urdira, quantas vezes se vira obrigada a recomeçar tudo! Quantos milhões de sestércios dissipara para comprar amigos! Para quantos cargos encontrara substituto depois de convencer o marido! Quantas mortes lhe pesavam na consciência!

Mergulhada nesses pensamentos, ouvia com certo alheamento o discurso programático de seu filho. Ele prometia cuidar pessoalmente dos exércitos que lhe eram confiados; dizia que a Itália e as províncias senatoriais deveriam confiar suas preocupações ao tribunal consular; proibia que se comprassem os juízes encarregados de julgar processos. "Salve Nero Cláudio César!" As aclamações, que se iam repetindo, faziam Agripina cair numa espécie de transe. Seu filho, esse adolescente de dezessete anos, era o imperador de todo o mundo romano, o mais jovem que já havia subido ao trono!

O Senado cumulou o novo césar com todas as manifestações de honra imagináveis. Nero não percebia bem o que estava acontecendo. De quando em quando, lançava um olhar a seu mestre Sêneca, em busca de auxílio. Este o encorajava com um aceno de cabeça. Somente na ocasião em que os senadores lhe conferiram o título honorífico de *pater patriae* ("pai da pátria"), Sêneca conseguiu dirigir-lhe algumas palavras em particular. A seguir, agradecendo a honra que lhe queriam conferir, Nero recusou o título, pois sentia-se jovem demais para usá-lo. Com isso, conquistou o apoio dos últimos céticos entre os velhos senadores.

A sessão do Senado estendeu-se até as primeiras horas da noite. No final, também Agripina foi objeto de honras. Os senadores lhe concederam dois lictores. Tratava-se de funcionários do Estado entre cujas funções estava também a de carrasco, e cujo emblema era um feixe de varas. Nas ruas, abriam caminho à passagem de sua senhora; batiam em determinadas portas, e ali parlamentavam com pessoas a quem a imperatriz-mãe não queria dirigir a palavra. Naquele momento, vestidos de preto em sinal de luto, traziam seu feixe de varas com as pontas voltadas para baixo. Depois de decidir que Cláudio seria divinizado, os senadores encarregaram igualmente Agripina do culto do falecido imperador. Ela tornava-se assim sacerdotisa e uma das mais distintas mulheres de Roma.

Quando finalmente se abriram as altas portas de bronze da Cúria, o Fórum estava repleto. "Salve Nero Cláudio César!" As ruas de Roma estavam apinhadas de gente; somente a custo a comitiva do novo príncipe conseguiu abrir caminho pela Via Sacra, rumo ao Palatino. "Ave, Nero Cláudio César!" Centenas de milhares de vozes ovacionavam Nero à sua passagem. O jovem imperador seguia na liteira, carregado por quatro escravos, que empurravam e eram empurrados pela multidão. Diante dele estava sentada sua mãe, Agripina. Seu rosto irradiava o orgulho que sentia. "Ave, Nero, ave!"

A notícia da morte do velho Cláudio espalhou-se como um rastilho de pólvora. O imperador morrera! Mas essa notícia não provocou desalento. O povo de Roma, sedento de festas, sabia que a entronização de um novo imperador significava dias festivos e a distribuição gratuita de rações de cereais. Além disso, todos tomaram conhecimento da novidade: quatrocentos sestércios, o equivalente ao salário mensal de um trabalhador, seriam distribuídos a cada habitante da cidade. "Ave, Nero!"

Sem lugar para rivais

Na mesma noite em que, no palácio imperial, se faziam os preparativos para o enterro de Cláudio, Agripina já urdia seu próximo assassinato. Um mensageiro foi enviado à Ásia Menor com ordens confidenciais. Eram endereçadas a Públio Célere, um aristocrata romano, bem como a um liberto chamado Hélio, ambos responsáveis pelos domínios imperiais na Ásia. O conteúdo da mensagem: Júnio Silano, procônsul da Ásia, tinha de morrer, e imediatamente.

A pressa de Agripina devia-se a uma razão especial. A mãe de Nero temia a vingança do procônsul, pois, cinco anos antes, levara o irmão mais moço deste a suicidar-se, já que o jovem, em seus dezessete anos, tomara a liberdade de pedir a mão de Otávia, que contava apenas dois anos de idade.

Não era incomum que ocorressem noivados em idades tão prematuras, só que o jovem não podia imaginar que Agripina estava reservando a pequena Otávia para seu filho Lúcio Domício, na época com cinco anos. Por isso, Agripina fez espalhar o boato de que o irmão de Silano, que já era pretor, estava mantendo um caso com sua própria irmã, tão bela quanto leviana.

Na verdade, os cidadãos romanos sabiam muito bem que durante anos Agripina vivera maritalmente com seu próprio irmão Calígula. Mas também era conhecido o provérbio que rezava: "*Quod licet Jovi, non licet bovi*" ("O que é permitido a Júpiter não é permitido a qualquer um"). Por um edito dos censores, o irmão de Silano foi excluído da ordem dos senadores, perdendo ainda seu cargo de pretor. Cláudio desfez o noivado. Três dias depois, a 1.º de janeiro de 49, o infeliz suicidou-se.

Mas Agripina não temia apenas a vingança de Júnio Silano. Silano era, além do mais, bisneto do imperador Augusto! Se acontecesse alguma coisa a Nero, ele poderia reclamar seus direitos à sucessão ao trono, e isso bastava para que ele tivesse de morrer.

Na mesma noite, Agripina mandou prender Narciso, conhecido na cidade como intrigante. Sob o governo de Cláudio, ele ascendera, em poucos anos, de escravo liberto a um dos homens mais ricos de Roma. Sua fortuna, segundo se dizia, chegava a quatrocentos milhões de sestércios.

As maneiras untuosas desse homem tinham encontrado receptividade junto a Cláudio. Esse mesmo Narciso, quando o imperador descansava em Óstia, foi revelar-lhe que sua mulher Messalina mantinha um caso com o belo Caio Sílio. O fato, porém, é que Messalina e seu amante não faziam segredo de suas relações amorosas. Ela cumulava o jovem, que era casado, com dinheiro e cargos honoríficos. Certo dia, fizera com que a mulher dele, Júlia Silana, por ocasião de uma visita de Messalina ao amante, acompanhada de toda a corte, se retirasse de sua própria casa para deixar-lhe o caminho livre. Narciso convenceu o imperador de que não deveria aceitar tal estado de coisas, com o que abriu caminho para o assassinato daquela mulher viciosa. No fundo, Agripina deveria estar agradecida a Narciso por esse feito, pois ele lhe poupara a consumação do mesmo objetivo. Só que Narciso, naquela ocasião, cometera o erro de desaconselhar qualquer ligação do imperador com Agripina. Tal fato a imperatriz jamais esquecera. Narciso foi jogado numa tétrica masmorra e, pouco mais tarde, executado junto à sepultura de Messalina.

Nero não sabia nada disso. Cessada a agitação desse primeiro dia como imperador do Estado romano, entregou-se à meditação sobre seu futuro, que o inquietava. Parecia-lhe que, de uma só vez, todos os seus sonhos se desvaneciam. Em vez de cantar, teria de fazer discursos; em vez de escrever poemas, teria de assinar sentenças de morte; em vez de participar de corridas de carros, teria de realizar incômodas viagens pelas províncias. Jamais alcançaria fama mundial como escultor. Sepultados estavam todos os seus planos de se celebrizar como ator ou dançarino. Era essa a vontade de sua mãe, que não lhe perguntara coisa alguma.

O tribuno da guarda palaciana tirou Nero de seus devaneios:

— César, qual é a senha para esta noite?

Depois de pensar por um momento, Nero respondeu, hesitante:

— Minha mãe é a melhor das mães!

II

Nero e sua época

"Quem deseja ter ciência dos sinistros acontecimentos daquela época, através de meus escritos ou de outros historiadores, deve saber que todo desterro e todo assassinato ordenado pelo imperador foram seguidos de um agradecimento aos deuses."

Tácito

Rolos de fumaça desprendiam-se da enorme fogueira acesa sobre o Campo de Marte. No alto das toras empilhadas via-se o cadáver do imperador. Cláudio fora agraciado com todas as honras de Estado, e seu enterro nada ficara devendo ao que tinha sido oferecido a Augusto. Cidadãos romanos de todas as classes abarrotavam as ruas. Cláudio não deixara de ser estimado pelo povo; além disso, todos queriam ver de perto o novo imperador. Um príncipe de apenas dezessete anos era uma coisa nova em Roma.

Entrementes, circulava pela cidade o boato de que Cláudio, a exemplo de Calígula, seu antecessor, não morrera de morte natural. Era preciso ouvir o discurso fúnebre pronunciado pelo sucessor para se chegar a uma conclusão mais precisa.

Como fizera dias antes, Nero iniciou seu discurso, elaborado por Sêneca, num tom enfático. Lembrou a elevada antiguidade da estirpe de imperadores, enumerou os consulados e os triunfos alcançados por seus maiores, e assinalou que sob o governo de Cláudio Roma não sofrera perda alguma. Sua peroração era interrompida a espaços por aplausos. Com muita seriedade, enalteceu os estudos científicos e históricos do padrasto, mas teve de ouvir risos sarcásticos quando falou na "sabedoria e visão" do imperador. O discurso não continha a menor alusão a um conflito, nenhum resquício de arrogância. Sem escândalo algum a comentar, o povo saiu decepcionado.

Como se dera com Augusto quatro décadas antes, Cláudio foi elevado à condição divina, unificando-se os cultos do *divus Augustus* com o do *divus Claudius*. Cunharam-se moedas com a inscrição *"Divus Claudius Augustus"* para perenizar essa resolução solene.

Todo o espetáculo fora cuidadosamente traçado por Agripina. Secretamente, encarregara-se de destruir o testamento de Cláudio, que, supunha-se, concedia a Britânico os mesmos direitos de Nero. Por sua vez, a divinização de Cláudio não se destinava apenas a perpetuar a memória do imperador, mas também a elevar o prestígio dela junto ao povo romano: Agripina passava a ser a ex-esposa de um deus!

A fim de entender Nero e o desenrolar de uma das épocas mais fascinantes do Império Romano, é preciso, antes de mais nada, conhecer Júlia Agripina, mulher ambígua, sacerdotisa altruísta e lasciva prostituta, serviçal e dominadora, mãe extremosa e fria assassina.

Sua vida se vinculou intimamente à existência de quatro imperadores. Agripina representou assim um emocionante período da história romana.

A personagem chave na vida de Agripina: seu pai

Não resta dúvida de que Agripina possuía extraordinária inteligência, rara beleza, uma singular vaidade e um desejo de notoriedade sem par. A chave de seu caráter anormal encontra-se, é óbvio, na figura de seu pai, Germânico. Ao longo de toda a vida, Júlia Agripina sofreu por não ter visto seu pai, aquele luminoso herói popular, tornar-se sucessor do divino Augusto. Mal completara seus trinta e quatro anos, faleceu, e nessa época Agripina tinha apenas quatro anos de idade. E jamais conseguira esquecer as altas chamas da fogueira instalada na praça do mercado de Antióquia, sobre a qual foi incinerado o cadáver de seu pai. Jamais pudera apagar de sua memória a imagem da mãe embarcando no navio com seus seis filhos, de regresso a Roma, tendo nas mãos a urna com as cinzas de seu pai.

Germânico representava o tipo ideal de um romano. "Sua boa aparência e robustez", escreve o historiador Suetônio, "eram ímpares, e seu espírito, altamente versado na oratória e na literatura grega e romana. De rara afabilidade e votado ao êxito, sabia conquistar as boas graças e o amor das pessoas." O comportamento sóbrio e modesto do pai e seu destino devem ter impressionado Agripina de tal maneira — até mesmo muitos anos após a morte dele — que ela chegou a uma conclusão: um comportamento contrário ao dele lhe seria mais útil e à sua carreira. Germânico fora bondoso e tolerante para com todos; quando se tornou patente que Pisão, o procônsul da Síria, pretendia envenená-lo, limitou-se, seguindo o antigo uso, a renunciar publicamente à sua amizade.

Germânico, pai de Agripina e de Calígula, filho de Nero Cláudio Druso e de Antônia, a Jovem, era, por sua vez, neto de Lívia Augusta e de Marco Antônio, sobrinho de Tibério e sobrinho-neto de Augusto. Com parentes tão nobres, ele estava predestinado a ser o sucessor de Augusto. No entanto, quando este faleceu a 19 de agosto de 14, Germânico marchava com suas tropas pela Bélgica. Mensageiros trouxeram-lhe a notícia de que Tibério fora escolhido como sucessor. Germânico fez o que se esperava de seu caráter: jurou imediatamente fidelidade ao novo imperador.

Suas tropas, que queriam proclamá-lo imperador, se amotinaram de imediato, ameaçando desencadear uma guerra civil. Para impedi-la, Germânico serviu-se de um ardil: redigiu um edito, com a assinatura *"Tiberius imperator"*, no qual prometia aos soldados amotinados elevados favores, aumento do soldo e presentes em dinheiro, o que Germânico acabaria tendo de pagar de seu próprio bolso.

Partindo de Colônia, a capital dos úbios, tribo germânica aliada dos romanos, Germânico encetou uma campanha, no ano 15, contra os catos e os queruscos. O objetivo do empreendimento era enterrar com as devidas honras os soldados romanos mortos na batalha que Varo travara e perdera na floresta de Teutoburgo, bem como recuperar as águias das legiões, símbolos do orgulho romano. Quando Germânico retornou, trazendo consigo uma dessas águias, sua mulher — com quem ele vivia havia dois anos em Colônia, a cidade dos úbios — presenteou-o com uma filha. Germânico deu-lhe o nome de sua mulher, Agripina.

Um ano mais tarde, o bravo general conseguiu recuperar uma segunda águia das legiões, após grande batalha travada além do rio Weser, entre as cidades de Minden e Rinteln. Por fim, o imperador Tibério chamou-o de volta a Roma. Na primavera do ano de 19, ele realizou uma viagem de lazer ao Egito, acompanhado da mulher e dos filhos.

Vipsânia Agripina deu ao marido nove filhos, três dos quais morreram prematuramente. Seis filhos acompanharam os pais na viagem ao Egito. Três meninos: Nero, Druso, Caio César (Calígula), e três meninas: Agripina, Livila e Drusila. As crianças brincaram sobre as planas e escuras rochas da ilha de Elefantina, no rio Nilo; visitaram com os pais a legendária cidade de Tebas, o misterioso santuário de Ápis, em Mênfis, e as portentosas pirâmides. Na viagem de volta passaram por Antióquia, onde Germânico foi surpreendido pela morte.

A viúva de Germânico sentia-se ameaçada pelo imperador Tibério. Ambos se odiavam: por ordem de Augusto, o velho Tibério adotara Germânico, embora tivesse um herdeiro natural na pessoa de seu filho Druso. Vipsânia Agripina era, pois, sua nora. Quando Druso, filho de Tibério, morreu envenenado, a viúva de Germânico exigiu que a sucessão ao trono recaísse sobre um de seus filhos. Daí por diante, Tibério passou a temê-la.

Só bem mais tarde se ficou sabendo que o responsável pela morte de Druso, o filho de Tibério, era um homem chamado Sejano. Este era, ao mesmo tempo, conselheiro do imperador e amante da mulher de Druso. Sejano induzira sua amante a administrar ao esposo um veneno letal. Supõe-se, pelo menos é o que afirma Suetônio, que a morte de seu filho não chegou a comover muito o imperador; o rapaz era leviano e adotara um estilo de vida muito dissoluto. Sejano não demorou a reconhecer que o assassinato de Druso fora inútil, pois, ao pedir a Tibério que lhe desse a mão de sua nora e viúva, recebeu dele uma negativa.

Tibério temia a avó de Nero

A essa altura, Tibério bem sabia quem poderia ser o responsável pela morte súbita de seu filho; mas, ainda mais do que Sejano, ele temia Vipsânia Agripina.

— Crês, filhinha — perguntou ele a sua nora por ocasião de um banquete oferecido no Palatino —, que te fazem injustiça pelo fato de não reinares?

Agripina nada respondeu. Ela se recusou também a provar da travessa de frutas que lhe foi servida, temendo, naturalmente, que pudessem estar envenenadas. Isso deixou o velho imperador ainda mais inquieto.

— Ah, vejo que me culpas de querer envenenar-te! — disse o imperador, agastado. E desse dia em diante não mais convidou sua nora a ir vê-lo no palácio. Isso, porém, não impediu que Agripina o visitasse.

Quando sua tia Cláudia Pulcra foi acusada por um pretor, que acabava de assumir o cargo, de conduta imoral e adultério, bem como de estar preparando poções venenosas e de ter pronunciado imprecações contra o imperador, Agripina foi ter com Tibério. O imperador estava justamente oferecendo um sacrifício diante da estátua de seu divino pai, Augusto.

— Não é de bom-tom — disse-lhe Agripina, ferinamente — oferecer sacrifícios ao eterno Augusto e, ao mesmo tempo, perseguir seus descendentes. O divino espírito de Augusto não se materializa em estátua sem vida. Eu mesma — exclamou ela, batendo com os punhos de encontro ao peito —, eu mesma sou sua imagem viva, pois descendo de seu sangue divino. Pulcra é apenas um pretexto. A única razão para sua desdita é que ela escolheu uma Agripina a quem venerar...

Tibério, que sempre se mostrava calmo e equilibrado, também dessa vez não reagiu. A tia foi condenada; Agripina exasperou-se, caiu doente e pôs-se a chorar em seu leito. Quando o imperador o soube, apressou-se a visitá-la. Era justamente o que ela esperava.

— Tibério, meu pai — soluçou ela —, compadece-te de meu desamparo, dá-me outro marido. Será que já não sou bastante jovem?

Tibério fez um meneio de cabeça, tentando consolá-la.

— Toda mulher honrada — disse Vipsânia Agripina, recomeçando a soluçar —, toda mulher honrada só encontra consolo no casamento. Certamente, existem homens em Roma que se sentirão honrados de receber em sua casa a viúva e os filhos de Germânico.

A compaixão inicial do imperador diminuiu rapidamente, tão logo percebeu todo o alcance político daquela solicitação. Tibério esforçou-se, porém, para esconder sua indignação.

Retirou-se sem fazer à sua nora qualquer promessa. Nas noites seguintes, enquanto todos dormiam, alguém veio bater à porta da casa de Agripina.

— Quem é? — perguntou esta sem abri-la.

— Um amigo — foi a resposta.

Não reconhecendo a voz, perguntou ao visitante o que desejava.

— O veneno já está pronto para ti! — disse o desconhecido.

A seguir, ouviu o ruído de passos que se afastavam.

A mesma coisa repetiu-se por várias noites sucessivas. Tácito supõe que era Sejano o responsável por essa guerra de nervos.

A influência desse favorito do imperador crescia continuamente. O maior empecilho em seu caminho rumo ao poder era a presença de Vipsânia Agripina e seus filhos. Caio César, o futuro Calígula, já tinha dezesseis anos, e Júlia Agripina, a futura mãe de Nero, treze.

Vipsânia Agripina confiou Caio César aos cuidados de sua bisavó, que, no entanto, faleceu pouco depois. Júlia Agripina, de uma beleza escultural, ainda que menina de apenas treze anos, tornou-se a esposa de Cneu Domício Enobarbo, o que naturalmente não impediu que seu irmão Caio César demonstrasse por ela, de quando em quando, um amor pouco fraternal. Ele praticava esse gênero de amor ainda mais freqüentemente com sua irmã Drusila e, às vezes, com ambas.

Ávido de poder, Sejano acusava Agripina, com freqüência cada vez maior, de dirigir palavras insolentes ao imperador e ser demasiado arrogante. Por fim, Vipsânia Agripina foi desterrada para a pequena ilha de Pandatária, a oeste de Cumas. Calígula só conseguiu escapar às acusações de impudicícia e pederastia ao retirar-se para a casa de sua avó Antônia.

Vipsânia Agripina era uma mulher orgulhosa, que não se deixou abater nem mesmo no exílio. Diariamente dirigia devastadores insultos contra Tibério. Isso fez com que ele enviasse a Pandatária um capanga brutal, que a surrou sadicamente. Em conseqüência, ela perdeu uma vista e, daí por diante, rejeitou todo e qualquer alimento. Tibério teve de mandar à ilha alguns homens para que, depois de atada a mulher, que se debateu selvagemente, passassem várias semanas alimentando-a à força. A maior parte ela vomitava. Finalmente, no ano de 33 d.C., aos quarenta e sete anos, ela faleceu.

No momento da morte de sua mãe, Júlia Agripina contava exatamente dezoito anos. As circunstâncias dessa morte tinham-lhe sido transmitidas nos mínimos detalhes. Às lágrimas da ira misturou-se o medo, pois era de recear que se estendessem também às crianças as perseguições movidas por Tibério e Sejano, seu cortesão adulador. Ela estava certa.

O imperador, que negara a Sejano a mão de sua filha Lívia, concordou em que ele se casasse com Júlia, filha de Lívia. O imperador não via malícia no seu favorito, mas teve de mudar de idéia, chocado, quando lhe informaram que Sejano estava tramando seu assassinato. Tibério resolveu submeter o traidor a um processo sumário, prendendo-o e mandando executá-lo ainda no mesmo dia, 18 de outubro de 31. Seus bens foram confiscados. O homem do momento chamava-se Sutório Macro. Tibério nomeou-o prefeito pretoriano.

Um monstro pouco sociável: Tibério

Com maior rapidez do que Júlia Agripina podia imaginar, Tibério transferiu seu ódio para os filhos de Vipsânia Agripina. Seus irmãos Nero e Druso foram os primeiros alvos do déspota. Quando Tibério outorgou a ambos, solenemente, a toga de adulto, Agripina acreditou, por um momento, que com a morte de sua mãe o imperador também houvesse sepultado sua inimizade. Mas então aconteceu algo inesperado: o Senado incluiu os filhos de Germânico em seus votos oficiais do início do ano, e Tibério, daí por diante, passou a temer que ambos tivessem em mira a dignidade imperial e até a vida do próprio imperador.

Tais honras, foi a censura que o príncipe fez aos senadores, só deveriam ser concedidas a homens experimentados e mais idosos. Com isso, ele estava traçando uma linha de separação entre si e os descendentes de Germânico. Todos em Roma ficaram sabendo que, daí em diante, os rapazes não mais se encontravam sob a proteção pessoal do imperador. As portas estavam escancaradas para toda e qualquer intriga e difamação. Pouco tempo depois, Tibério declarou-os publicamente seus inimigos, e ordenou que fossem detidos. Nero foi enviado para a ilha de Pôncia, perto da costa de Terracina, onde ele, esfomeado e enfraquecido, morreu, não antes que um carrasco lhe mostrasse a corda e o laço que lhe eram destinados. Druso consumiu-se em alguma cela úmida dos calabouços do Palatino. Há quem diga que, espicaçado pela fome, chegou a mastigar a palha de seu colchão.

Dos nove filhos de Germânico, somente quatro permaneciam vivos: as três irmãs, Drusila, Livila e Júlia Agripina, bem como Caio César, em quem se depositavam todas as esperanças das irmãs. Se havia alguém capaz de se opor ao sádico tirano, este era Caio César. E Tibério, que estava envelhecendo, percebeu isso muito bem, tanto que justamente com ele estabeleceu uma relação pessoal.

O imperador Tibério transformara-se num monstro que evitava todo contato social. Sua aparência causava repulsa, e até mesmo repugnância: sua pele macilenta estava totalmente coberta de espinhas e rugas. Suetônio descreve-o como de tamanho mediano, forte e robusto, de ombros largos. Era canhoto e, dizem, capaz de furar maçãs com o dedo indicador. Tinha tamanha força no indicador e no polegar que triturava a quem conseguisse apanhar entre esses dois dedos. Deixava crescer os cabelos brancos, que lhe caíam para baixo da nuca, algo incomum em Roma. Seus olhos eram espantosamente grandes. Ao se locomover, jogava a cabeça para trás. Ao discursar, fazia delicados movimentos com os dedos.

Chegou-se a afirmar que o velho Tibério tinha vergonha de sua desagradável aparência, motivo pelo qual deixara Roma. Escondendo a boca com a mão, as pessoas falavam entre si das inacreditáveis orgias e perversões a que se entregava o imperador longe da capital. O fato é que Tibério viajou, no ano de 26, de Roma para *Spelunea*[1], chegando no ano de 27 à ilha de Capri, de onde, durante dez anos, regeu o império até sua morte. Jamais voltou a ver Roma.

Nem por isso diminuíram a influência do imperador, sua crueldade e sua tirania. Ao contrário, seus comandantes levavam a cabo, com desumano servilismo, as mínimas vontades do imperador. Já não havia lugar para gestos de compaixão.

Júlia Agripina, que por um breve espaço de tempo se julgara em segurança, voltou a recear por sua vida. Isso porque seu marido Enobarbo se revelara um libertino desrespeitoso e brutal, que só muito raramente demonstrava algum interesse por ela, e cobiçava outras mulheres, dentre as quais sobretudo sua irmã Domícia

---

1 *"A Gruta", casa de campo do imperador (Suetônio:* Tibério, *XXXIX, e Tácito:* Anais, *IV, 59). (N. do E.)*

Lépida. Temido por sua brutalidade, era conhecido em toda a cidade como trapaceiro. Durante uma campanha no Oriente, surrara até a morte um liberto só porque ele não conseguira beber tanto quanto lhe fora ordenado. Expulso do exército de maneira infamante, sua raiva cresceu ainda mais. Ao retornar pela Via Ápia, atropelou um rapazinho. E fê-lo intencionalmente, segundo afirmaram as testemunhas desse acidente fatal. Quando uma delas, presente no Fórum, censurou seu comportamento, teve um olho arrancado por um bofetão. Como funcionário público, estava encarregado de entregar os prêmios aos vencedores das corridas de carros; Domício Enobarbo o fazia enfiando o dinheiro no próprio bolso. Negócios bancários escusos lhe facilitavam as coisas.

De início, os romanos mostravam-se admirados de que, após cinco anos de casados, Júlia Agripina e Domício Enobarbo não tivessem herdeiros. Depois de algum tempo, ninguém mais comentava o assunto. Era apenas mais um dos milhares de casamentos falidos na Roma libertina do início do século. Agripina, que acabara de completar vinte anos, era bela, mas vivia amargurada. Se seu irmão Caio César não continuasse procurando-a para satisfazer seus apetites, até poderiam chamá-la virtuosa.

Uma vida cercada de medo e terror

Em meio aos jogos amorosos com seu irmão insaciável, Agripina ouvia inacreditáveis histórias. Caio César era um dos freqüentadores daquela ilha rochosa, desprovida de porto, à qual só se podia chegar em pequenos navios conduzidos por pilotos experimentados. Tibério transformara Cápreas — como se chamava o lugar àquela época — num verdadeiro paraíso. Mas só para quem a visse de fora. O que se passava no interior daquelas doze mansões e palácios, recém-construídos sobre as rochas abrasadas pelo sol e nas grutas em que luzia uma cor turquesa, fez Agripina perder a fala, e de tal maneira chocou a jovem que ela, pelo resto da vida, jamais conseguiu se livrar do que ouvira.

Tibério Cláudio Nero fora agraciado, àquela época, com a alcunha de Bibério Cáldio Mero, em alusão a seus hábitos de beberrão e homossexual, e ao fato de que costumava tomar vinho sem misturá-lo com água, como se fazia então. Mas gracejos como esse podiam ser fatais. "Jamais", relata Caio Tácito, "os cidadãos viveram cercados de tanto medo e receio, a ponto de se usar a dissimulação na presença até mesmo de amigos íntimos." Agripina sabia que, tão logo deixasse sua casa, seria seguida de perto, e, quando voltasse, a primeira coisa a fazer era revistar a casa à procura de escutas e espiões indesejáveis. Nem mesmo dormindo era possível sentir-se seguro.

Tício Sabino, um aristocrata romano que costumava visitar Agripina e lhe deplorava abertamente a situação, continuou sendo perseguido por espias do imperador. Certo dia, ele convidou um amigo ao seu quarto de dormir, onde se sentia mais seguro, para lhe contar as novidades sobre os atos de terror perpetrados por Tibério. Mas o teto tinha ouvidos: quatro homens estavam escondidos no sótão e escutaram, por uma fresta, tudo o que o infeliz relatava. Seguiu-se uma carta dirigida ao imperador, e Tício Sabino viu sua existência extinguir-se num cárcere.

As mais temidas eram as tropas constituídas de escravos que, por aquele tempo, vasculhavam a cidade e o campo à procura de lindos rapazinhos e mocinhas — quanto mais jovens fossem, tanto melhor —, a fim de conduzi-los aos prostíbulos imperiais erigidos na ilha de Capri. Caso os pais se negassem a entregá-los, os aliciadores retiravam-se sem dizer palavra. Dias depois, os meninos ou as meninas desapareciam para sempre. Procurava-se adivinhar o que estaria acontecendo com eles. Corriam de boca em boca as histórias mais fantásticas, mas poucos sabiam algo concreto. Agripina era informada disso por seu irmão.

O asqueroso ancião que habitava Capri era quase impotente. Por isso tentava, pelas práticas sexuais mais excêntricas, acender em si mesmo uma tênue fagulha de desejo. A gruta Azul, hoje ponto de atração para milhares de inocentes turistas, foi palco de cenas indescritíveis. Archotes eram presos às paredes que, decoradas com esculturas eróticas, transformavam a cúpula rochosa, com seu lago transparente como vidro, num mar brilhante e reluzente. Ali, Tibério nadava em meio a um punhado de lindos rapazotes, aos quais ele chamava "meus peixinhos", e que tinham sido treinados para, sob a água, chupar-lhe o pênis, mordê-lo e acariciá-lo. Fora d'água, Tibério fazia algo semelhante em seus prostíbulos, mas utilizando bebês que ainda não tinham sido desmamados.

O lúbrico ancião fazia-se servir à mesa por meninas nuas, recém-entradas na puberdade. Em seu quarto de vestir, ficava olhando com entusiasmo decrescente os jogos amorosos a que se entregavam duas meninas e um rapazelho, ou dois homens adultos e uma menina.

Para os atores de tais espetáculos, Tibério criou palavras novas, denominando-os *spintriae* ou *sellarii.*

Em todos os jardins e cavernas rochosas da ilha, o imperador tinha mandado construir os chamados Ninhos de Vênus, onde rapazinhos e meninas fantasiados de efebos e ninfas convidavam os passantes para participarem de entretenimentos sexuais. Nos seus diversos quartos de dormir, mudavam-se com grande freqüência os quadros e esculturas de caráter erótico. A peça mais valiosa dessa coleção, um genuíno Parrásio, o François Boucher da Antiguidade, valia um milhão de sestércios. Ela representava a heroína arcádia Atalante, que levava Meleagro, com sua boca e sua língua, ao êxtase sexual. Depois de se cansar de olhar essas obras, Tibério divertia-se ainda a folhear o livro ilustrado intitulado *Figurae Veneris,* que permanecia sempre sobre sua mesinha-de-cabeceira. Sua autora chamava-se Elefântide, e era reputada na arte da pornografia.

As atrocidades de um louco

Com os sentidos embotados pelo sexo e pelas perversões, Tibério acabou procurando distração em atrocidades repugnantes, das quais não escapavam nem mesmo seus amigos e os poucos que demonstravam entendê-lo. Um pescador da ilha de Capri que certo dia subira a um de seus ninhos rochosos, para presenteá-lo com um enorme salmonete que pescara, foi vergastado no rosto, "em sinal de agradecimento", com esse peixe. "Ainda bem", desabafou o pobre-diabo, "ainda bem que não te dei de presente uma lagosta." Ao que Tibério, ordenando que lhe trouxessem uma lagosta, recortou o rosto do pescador com as pinças desse animal.

Nunca houve tantas condenações à morte como durante a época de Tibério. O príncipe, que era também o juiz supremo, punia com a morte a mais leve suspeita, a menor acusação. O que surpreende é que toda essa máquina de morte funcionasse perfeitamente em Roma, sabendo-se que, afinal, Tibério residia no alto de sua ilha rochosa havia dez anos, e a duzentos e cinqüenta quilômetros da capital. De fato, Tibério governava pelo terror: cada qual temia seu próximo; quem fosse denunciado podia contar com a morte certa; os processos não passavam de uma farsa, as torturas e o suicídio estavam na ordem do dia. Honrados senadores tomavam veneno em plena Cúria — para que todos vissem tais atos com seus próprios olhos —, a fim de escaparem a processos nos quais, fosse como fosse, não seria feita justiça alguma. Sacudidos pelos estertores da morte, relata Suetônio, ainda havia quem os arrastasse à masmorra para executá-los.

Os acusadores — na verdade, delatores —, assim como as testemunhas, recebiam quase sempre elevadas recompensas. O que mais atemorizava os cidadãos era a circunstância de que famílias inteiras, pai, mãe e filhos, eram denunciadas e condenadas pelo mesmo delito. Um edito imperial proibia aos familiares qualquer demonstração de luto. Os carrascos viram-se obrigados a exercer seu ofício em turnos extras, dedicando-se à sua tenebrosa profissão mesmo nos feriados religiosos de mais alta significação. Se lhes caísse nas mãos alguma menina ainda virgem, eles a estupravam antes de estrangulá-la, porquanto, desde tempos imemoriais, estrangular uma virgem era considerado um ato ímpio.

Tibério estava a par de todas essas atrocidades, ainda que não presenciasse a maioria delas. Em Capri, só eram conduzidos à morte os que o próprio imperador condenava, fossem eles parentes ou amigos. Quando se tratava de pessoas do sexo feminino e de aparência razoável, ele abusava delas da maneira mais abjeta durante a noite que precedia a execução. Pela manhã, acompanhava-as até os mais escarpados penhascos de sua ilha, de cima dos quais, sorridente, ordenava que fossem jogadas no mar. Aos homens ordenava que lhes fossem atados fortemente os pênis no cárcere, sendo que, a seguir, lhes era administrado vinho, antes de sofrerem o mesmo e fatal destino.

Tibério, que já não recebia nenhum romano, tornara-se uma horrível personagem lendária. Temiam-se as cartas que regularmente enviava ao Senado, exigindo sempre renovadas atrocidades, cada vez mais absurdas, mas que nenhum daqueles senhores bem-nascidos ousava contradizer. Crescera demais o medo que assolava a todos eles. A única esperança dos romanos era que, com sua morte, o Império se livrasse do tirano. Tibério não estava longe dos oitenta anos, e já mostrava crescentes sinais de degenerescência.

"O que devo escrever a vós, pais da pátria", assim começava uma de suas últimas cartas dirigidas ao Senado, "ou de que maneira vos devo escrever, ou o que não vos devo escrever em minha atual situação... Que os deuses e deusas me deixem morrer miseravelmente, mais do que já me sinto perecer diariamente. Se eu soubesse..."

Embora marcado pela morte, Tibério tinha ainda energias para infligir sentenças de morte e cobrar sua execução. E mesmo Agripina teria certamente caído sob a espada de um carrasco, ou teria sido empurrada do alto de um penhasco de Capri, não tivesse vivido anos a fio em sua casa de verão em Âncio, ao sul de Roma, no mais completo retraimento, ameaçada por boatos e perseguida pelo medo.

Na passagem do ano 36 para 37, Tibério, às portas da morte, quis ver mais uma vez a capital do Império, que ele deixara mais de dez anos antes. Com esse fito, tomou assento numa embarcação movida por três fileiras de remadores. O barco subiu o Tibre até chegar às proximidades dos jardins imperiais. Sentinelas dispostas ao longo das margens formavam uma barreira, de sorte que ninguém podia ver o imperador. Estaria ele com medo de alguma coisa? Seria supersticioso? O fato é que Tibério não saiu do barco; ordenou que dessem a volta e tornou a descer o rio. Alguns dias mais tarde, o imperador foi visto, com sua comitiva, na Via Ápia. No marco número 7, ordenou que parassem, ficou longo tempo observando os muros da cidade que se via à distância e, depois, deu o sinal para que retornassem. Suetônio informa-nos por quê: sua serpente amestrada, com a qual gostava de brincar e que ele sempre carregava num cesto, fora atacada por um exército de formigas e devorada até que restasse apenas seu esqueleto. O supersticioso imperador vira nisso um mau presságio. Tal como a serpente fora atacada pelas formigas, da mesma forma Tibério temia que a população o atacasse e o matasse.

— Voltemos! — gritou Tibério, apontando o sentido contrário ao da cidade. Em marcha forçada, os soldados cruzaram às pressas a Campania, carregando o imperador abalado pelo medo, e, tomando o navio, conduziram-no à ilha de Astura, localizada na foz do rio do mesmo nome. Acessos de febre tornaram necessário um descanso mais prolongado. Mal se recuperara, o adoentado imperador incitou-os a que voltassem ao continente.

O que se passava na cabeça desse ancião marcado pela morte?

Agripina temeu por sua vida ao ouvir que Tibério se encontrava bem próximo do lugar onde ela vivia. Todos os seus parentes tinham encontrado a morte prematuramente. Apenas ela, suas duas irmãs e Caio César tinham sobrevivido. O interesse sexual que um dia Caio César demonstrara por ela havia diminuído sensivelmente. Certamente, ele já estava casado havia três anos com Claudila, mas, ao que parece, ele se apaixonara por sua outra irmã, Drusila.

Tibério sabia dessa relação, mas isso não o importunava. Algumas semanas antes ele havia nomeado Caio César e o primo deste, Tibério Gemelo, seus herdeiros. A partir de então, Caio César não mais saía de seu lado. Assim, acompanhando a comitiva do imperador, mudava de lugar quase todos os dias. Participava de todos os entretenimentos patológicos do velho tirano, de todas as suas atrocidades e de todas as suas perversões, que — como sabia — apenas apressariam o fim inevitável. Caio esperava sua hora.

Como o tio de Nero se tornou imperador

A 16 de março de 37, Tibério chegou ao cabo Miseno, um promontório de cerca de cem metros de altura, localizado no golfo de Nápoles, onde adquirira uma mansão luxuosa de Luculo, um ricaço que era, ao mesmo tempo, político, comandante militar e aficionado das artes. Nos dias mais claros, a ilha rochosa de Capri sobressaía no mar com nitidez. Mas o imperador estava demasiado fraco para ir até a ilha, conforme a opinião do grego Cáricles, seu médico de cabeceira.

O que se passava realmente com a saúde do imperador, ninguém o sabia, nem mesmo seu médico pessoal, pois Tibério procurava encobrir suas fraquezas com todo tipo de brincadeiras. Cáricles via-se forçado a recorrer a artimanhas para conseguir tomar-lhe o pulso. Enquanto segurava respeitosamente a mão do príncipe, ia tentando contar as pulsações de sua artéria. Tibério acabava notando esse estratagema, retirava o braço e convidava a corte para um opíparo banquete, durante o qual não impunha a menor restrição a seu apetite.

— Ele está chegando ao fim — cochichou o médico ao comandante da guarda pretoriana, Macrão —, durará no máximo dois dias.

Discretamente, Macrão deixou os comensais e fez um sinal para os escravos, aos quais sussurrou algumas instruções. Entre os que bebiam copiosamente em volta do príncipe houve inquietação, certo desconcerto e até perplexidade, assim que uns após outros foram sendo informados do fim próximo do imperador. Mensageiros partiram para levar a secreta mensagem aos diversos aquartelamentos militares, e as tropas foram colocadas de sobreaviso. O que iria acontecer?

Tarde da noite, Tibério sofreu uma síncope respiratória. Seu médico pessoal e alguns escravos cercaram o príncipe e transportaram-lhe o corpo inerte para seus aposentos. Mal Tibério saíra carregado pelos escravos, Caio César levantou-se, adentrou com passos rápidos o quarto do moribundo, arrancou-lhe do dedo o anel com o timbre imperial e retornou ao salão, radiante, com ambas as mãos levantadas, mostrando o anel.

— Salve Caio César, salve Calígula! — bradaram os circunstantes. O anel do imperador representava o sinal inconteste: Calígula reivindicava para si o trono.

Em meio àquela ruidosa agitação, o triunfante Caio calou-se, assustado, apontando para o braseiro, cujo lume se apagara horas antes. Desconcertados, todos voltaram para lá seus olhares. Sem que se percebesse o menor sopro de ar, as cinzas recomeçaram a arder, transformaram-se em labaredas, e — o espanto virou horror — ouviu-se no quarto ao lado, lastimosa, a voz de Tibério:

— Onde estão meus servos? Estou com fome...

Muitos convivas, pálidos de medo, dispersaram-se rapidamente. Caio, caindo em si, comprimiu o anel em sua mão direita. De um momento para outro, seu triunfo se transformara em desgraça. Julgando-o morto, arrancara o anel do dedo do imperador e se proclamara seu sucessor, mas o caso é que o velho ainda estava vivo.

Apenas uma pessoa não perdeu a cabeça nessa situação: Macrão, o chefe da guarda pessoal. Dirigindo-se aos aposentos de Tibério, apanhou uma almofada e comprimiu-a com toda a força sobre o rosto do imperador. O corpo soergueu-se por um momento, os braços debateram-se, a respiração tornou-se açodada, desesperada — Tibério não mais vivia.

— Tibério está morto — disse Macrão, ao retornar ao salão, onde ainda se encontravam alguns hóspedes. Caio lançou-lhe um olhar desconfiado. O outro acenou com a cabeça:

— Salve Caio César!

Nessa mesma noite, espalhou-se por toda parte a notícia da morte de Tibério e da assunção ao trono de seu sucessor, Calígula. Agripina foi uma das primeiras a saber disso. Os anos em que vivera perseguida pelo medo e pela insegurança eram agora coisa do passado. Com apenas vinte e um anos, iniciava-se para ela uma nova vida — pelo menos assim lhe parecia.

— Joguem Tibério no Tibre! — era o grito que ecoava pelas ruas de Roma quando a notícia chegou à capital. Ainda dez dias antes de sua morte, o imperador assinara penas de morte, e, segundo rezava a lei, a execução devendo ocorrer somente no décimo dia a contar da data da sentença, os carrascos tinham enforcado muitos delinqüentes justamente no dia em que chegara a notícia procedente do cabo Miseno. Esse fato aumentou o ódio contra o tirano desaparecido. Algumas vozes chegaram a aventar, alto e bom som, que se deveria negar a Tibério um enterro solene; seria melhor, diziam, "assá-lo" no anfiteatro mais próximo. Mas Calígula mandou que se preparassem para o tio funerais dignos de um monarca: a 3 de abril de 37, Tibério foi incinerado no Mausoléu de Augusto, onde foram enterradas suas cinzas.

Calígula tornou-se um imperador bem ao gosto da plebe. Embora tivesse quase vinte e cinco anos, chamavam-no carinhosamente "astro", "menininho", "bonequinha", "bebezinho" ou mesmo "botinha" — significado literal de "Calígula". Tibério Gemelo, seu co-herdeiro segundo os desejos do falecido príncipe, teve de renunciar a suas pretensões após uma resolução unânime do Senado. Em seguida, poucos dias após seu retorno a Roma, Caio, enfrentando um tempo borrascoso, dirigiu-se a Pandatária e à ilha de Pôncia, onde foi apanhar as cinzas de sua mãe e de seu irmão, mortos sob o governo de Tibério, a fim de trazê-las para Roma. Com suas próprias mãos, assinala Suetônio, ele depositou as cinzas em urnas de cerâmica, dirigiu-se de navio a Óstia, e de lá subiu o Tibre até o Mausoléu de Augusto.

Por volta do meio-dia, com o povo apinhado nas ruas, as urnas foram trasladadas sobre dois andores do navio para aquela construção de forma circular. Em memória de sua mãe, Calígula mandou que se realizassem jogos circenses, graças aos quais o príncipe conquistou as boas graças dos derradeiros céticos. Na verdade, sob Tibério já não se celebravam tais espetáculos públicos. Em honra a seu pai, ele ordenou que o mês de setembro fosse denominado "germânico". Ao assumir, em 1.º de julho de 37, as funções de cônsul, dividiu esse cargo com seu tio Cláudio. Suas irmãs Júlia Agripina, Drusila e Livila, por resolução do Senado, foram incluídas em todos os juramentos oficiais. Cada juramento devia terminar com as palavras: "Não amarei a mim mesmo e aos meus mais do que amo Caio e suas irmãs". Os cônsules tinham de findar suas alocuções com a fórmula: "Saúde e felicidade a Caio e suas irmãs!"

Quando ninguém mais esperava, nasce Nero

Não demorou para que começassem a surgir tensões entre as irmãs, principalmente porque Calígula, que até então se divertira na cama com as três, passou a tratar Drusila abertamente como sua esposa. Assim, causou grande sensação a notícia de que Júlia Agripina estava grávida, e isso alimentou durante meses os mexericos da cidade. De início, não houve absolutamente dúvida alguma sobre o pai do futuro herdeiro: só podia ser Calígula, pois até mesmo as crianças de Roma sabiam que ele estava apaixonado por suas irmãs. Afinal, o casamento de Agripina com Enobarbo prolongava-se havia nove anos sem filho algum, e não seria justamente agora que... Não, impossível.

No entanto, o que parecia impossível acontecera. Calígula não fez reivindicação alguma quanto à paternidade, e Cneu Domício Enobarbo, marido de Agripina, declarou-se oficialmente pai da criança. Ainda se levantaram dúvidas sobre um acordo de família para salvar as aparências, mas tais dúvidas não tardaram a desaparecer. No dia 15 de dezembro, em sua casa de campo de Âncio, Agripina deu à luz um menino cujos traços pareciam ter sido recortados do próprio rosto de Enobarbo; à medida que ele crescia, acentuava-se a semelhança entre eles.

Ao vir ao mundo, pela hora do alvorecer, o menino nasceu pelos pés. Na opinião dos áugures, isso não prometia bem algum.

E Enobarbo não se comportou, na ocasião, como o faria um pai feliz. Ao ser felicitado pelos parentes, dava de ombros, dizendo:

— Uma criatura gerada por mim e por Agripina só pode ser um monstro e uma peste para o Estado.

Isso indicava claramente que o bebê nascido após nove anos de vida em comum não era desejado, ou, em todo caso, não o era pelo grosseiro Enobarbo.

Um nascimento era, na Roma antiga, uma festa, e dessa festa participavam todos os parentes. Agripina logo viu-se cercada por parentes próximos e afastados que, ao verificarem que o recém-nascido era um menino, começaram a discutir o nome que lhe conviria.

Calígula, lançando um olhar a seu tio Cláudio, disse sarcasticamente:

— Tem de se chamar Cláudio!

Mas ninguém levou a sério a sugestão, pois já naqueles dias Cláudio era tido na corte como um homem quase maluco. Agripina protestou energicamente, exigindo que seu irmão Calígula escolhesse para o menino um nome aceitável. Finalmente, decorridos nove dias, a família concordou em dar à criança o nome de Lúcio Domício Enobarbo — como o de seu pai.

Domício cresceu sob a asa protetora de sua mãe, que o cercava de ternura. Agripina estava mergulhada em felicidade, encontrara uma nova razão de viver. Aquele medo da morte, que pendera tantos anos sobre sua cabeça, desaparecera de todo. Calígula demonstrou qualidades de um bom imperador, e os romanos o amavam. A justiça — é o que parecia — voltara a reinar em todo o Império.

Calígula ordenou que, numa fogueira pública armada no Fórum, fossem incinerados todos os processos e testemunhos que tinham levado à morte de sua mãe e seus irmãos. Quando, nessa ocasião, um desconhecido se aproximou dele e sussurrou que sua vida estava em perigo, razão pela qual lhe pedia cautela, Calígula respondeu-lhe, demonstrando autoconfiança:

— Não cometi crime algum que possa atrair o ódio de quem quer que seja. — E acrescentou: — Jamais darei ouvidos a delatores!

Finalmente, esse novo príncipe personificava um imperador capaz de conquistar o coração do povo romano. Por duas vezes, os cidadãos romanos ganharam donativos em dinheiro de trezentos sestércios. Os senadores e os aristocratas, junto com suas mulheres e filhos, foram convidados por Calígula a participarem de banquetes no Palatino, oportunidade em que os homens eram presenteados com vestes de estilo oficial, e as mulheres e crianças, com fitas purpúreas. "E, para prolongar eternamente o contentamento público", assinala Suetônio, "ele acrescentou mais um dia aos feriados festivos das saturnais, denominando-o o Dia da Juventude."

Voltaram também as lutas de gladiadores e os espetáculos teatrais. Pugilistas africanos e originários da Campânia enfrentavam-se de punhos nus; a caça a animais selvagens afugentava o tédio; carros de corrida, conduzidos por homens de condição senatorial, disparavam pela pista, enquanto os espectadores recebiam — de graça — cestas carregadas com toda sorte de guloseimas. *Missilia* também eram atirados por sobre os gradis das arquibancadas: eram esferas de madeira em que se fixavam cupons, que podiam ser trocados por roupas, utensílios de cozinha, animais ou escravos.

Assim, como quem desperta de um sonho mau, a plebe esquecera os vinte e dois anos do reinado de Tibério, e ao mesmo tempo elevara o novo imperador às alturas de um ídolo.

Como Calígula era nobre! Ordenara que fossem afogados no mar os *spintriae,* os atores pornográficos dos tempos de Tibério, mas, a pedido do povo, limitara-se a bani-los de Roma. Reabilitou escritores vítimas de denúncias por motivos políticos. O orçamento do Império, considerado tabu à época de Tibério, podia ser examinado por qualquer cidadão. E, embora o Senado houvesse declarado nulo o testamento de Tibério, Calígula mandou que se acertassem as contas, em moeda sonante, com todos os seus herdeiros legais. Até mesmo o testamento de Júlia Augusta, que Tibério ignorara, foi cumprido à risca.

Não admira pois que esse imperador de vinte e cinco anos se tornasse objeto de um verdadeiro culto, que culminou com a decisão do Senado de que, a cada ano, sacerdotes e senadores deveriam conduzir ao Capitólio um busto dourado de Calígula, acompanhados de rapazes e virgens que iam cantando loas às virtudes do jovem *princeps.*

A estranha metamorfose de Calígula

Esses tempos de glória terminaram abruptamente quando, em outubro de 37, Calígula foi acometido por uma grave enfermidade. As fontes históricas nada dizem sobre o caráter da doença, que deve ter posto em risco a vida do imperador, pois este instituiu sua irmã Drusila como herdeira do Império e de sua fortuna. Multidões iam postar-se, dia e noite, diante do Palatino. Muitas pessoas prometiam solenemente sacrificar sua própria vida, se com isso Calígula se restabelecesse.

Desde criança, Calígula fora de constituição delicada. Suetônio afirma que ele não era são de corpo nem de espírito, e que sofria ataques de epilepsia. Em idade algo mais avançada, ele mostrou-se capaz de suportar certos esforços a que, de qualquer maneira, já o obrigava sua vida sexual desregrada. Às vezes, porém, ele desmaiava, não conseguia manter-se em pé mesmo com a ajuda de terceiros, e tampouco podia se locomover. Era grande e bastante obeso, mas tinha finos o pescoço e as pernas. Sua cabeça era quase calva, mas, em compensação, o resto do corpo era coberto de pêlos. Com olhos fundos, têmporas acentuadas e pele macilenta, tinha um aspecto algo estranho. Apesar disso, o povo continuava a orar por ele, tanto que os deuses acabaram por ouvir essas preces, devolvendo a Calígula as antigas forças.

Era, porém, um novo Calígula! Cheio de tiques, aparecendo à sacada com as feições descompostas, não era o Calígula que todos amavam. "Ele próprio", anota Suetônio, "reconheceu seu estado de demência na primeira vez em que sofreu um ataque; seguidamente, pensou em recolher-se a algum lugar em que pudesse se curar." Mas eram bastante duvidosas as possibilidades de que isso acontecesse, pois a degeneração psíquica do imperador se agravava rapidamente, aumentando-lhe, ao mesmo tempo, a mania de grandeza.

"O maior e o melhor dos césares!", era assim que, por seu próprio desejo, as pessoas tinham de se dirigir a ele, e fazia-lhe bem ver-se venerado dessa maneira. Algumas vezes, ele se colocava entre as estátuas dos deuses gêmeos Castor e Pólux, no templo a eles dedicado, e ordenava que os fiéis lhe dedicassem suas orações. Mas logo isso também não lhe bastou. Mandou construir um pequeno templo para seu uso, onde foi colocada uma estátua sua em tamanho natural; um sacerdote devia vesti-la diariamente com as mesmas roupas que o imperador estivesse usando. Passaram a ser-lhe sacrificados flamingos, faisões, pavões, galinhas-d'angola e outras aves consideradas nobres. Estátuas de deidades foram-lhe trazidas da Grécia, entre elas o célebre Júpiter Olímpico, às quais ele mandou cortar as cabeças, substituindo-as pela imagem da sua.

Embora não temesse os deuses romanos, já que os desprezava, costumava assustar-se diante de inofensivos fenômenos naturais. As tempestades levavam-no ao desespero. Quando relampejava, Calígula ia esconder-se embaixo da cama. Mas amava o luar, a deusa Luna, como dizia. À noite, quando sua luz se filtrava pela janela, ele se punha a falar com ela em voz alta, convidando-a, de quando em quando, a dormir com ele.

Calígula dormia pouco, nunca mais de três horas consecutivas. Medrosamente, arrastava-se pelos escuros corredores do Palatino, vítima de delírio de perseguição. A morte violenta de Tibério infundira-lhe na alma o medo de sofrer o mesmo destino.

Historiadores da medicina que estudaram o caráter estranho

de Calígula concluíram que ele apresentava traços esquizóides, ou mesmo esquizofrênicos. Os médicos falam em disritmia motora, devida a uma excitação muito forte, e que às vezes provoca selvagens e estranhos movimentos giratórios como de quem gira o corpo ou escava algo com as mãos. É justamente esse sintoma que Suetônio esboça em sua biografia de Calígula, de forma inconsciente mas bastante exata: "Certa vez", escreve o historiador, "ele se viu dominado pela necessidade de se revolver num monte de moedas. Mais tarde, depois de mandar juntar numa grande sala uma formidável quantidade de moedas de ouro, ficou passeando sobre elas com os pés descalços, ou se debateu durante horas coberto por elas".

Num compêndio de neurologia e psiquiatria, a personalidade esquizóide é descrita da seguinte forma: "O mais fervoroso amor se alterna com um ódio fanatizado; uma sentimentalidade exagerada, uma vocação mística e uma propensão ao sacrifício por outros convivem com a frieza, a crueldade e uma tirania glacial, acompanhadas de superexcitação nervosa, de bloqueio afetivo de uma extrema ambivalência de instintos e sentimentos, tanto na vida íntima como na exterior". Este poderia ser o perfil psicológico do próprio Calígula.

Afora sua irmã Drusila, que ele amava apaixonadamente, ninguém mais se sentia em segurança nas proximidades do príncipe. A avó Antônia morreu envenenada. Calígula assistiu à incineração de seu cadáver da janela de sua sala de refeições. Silano, seu sogro, foi obrigado a cortar sua própria garganta com uma navalha. Tibério, o irmão adotivo, foi assassinado por um tribuno militar, a quem tinham subornado. O imperador sentia-se ameaçado por ambos. Agripina, agora mãe de uma criança com direitos ao trono, passou a temer não só pela própria vida, como pela de seu filho. O medo voltava a envenenar sua vida.

Depois do nascimento de seu filho, Calígula perdera inteiramente o seu interesse sexual por Agripina. Assim, o imperador anunciou que, seguindo o exemplo dos reis ptolomaicos, ele se casaria com sua irmã Drusila. E esse não era seu primeiro casamento do gênero. Suetônio acredita ser difícil distinguir em que momento Calígula era mais condenável, quando se casava ou quando dissolvia seus casamentos. Aos vinte e um anos, Calígula desposara Júnia Claudila, uma das filhas do respeitado Marco Júnio Silano. Não se sabe se ela morreu de parto ou, como pretendem alguns, no exílio.

Seu segundo casamento durou alguns dias. A escolhida chamava-se Lívia Orestila. Calígula raptou-a durante as cerimônias nupciais com outro homem. "Não tentes importunar minha mulher", disse ele ao estupefato noivo. Depois de se casar e dormir com ela, repudiou-a, decepcionado. Foi encontrar consolo junto à bela Lólia

Paulina, mulher de um general de exército aquartelado numa província. Lólia foi raptada, teve de separar-se do marido e casar-se com Calígula, mas — diz Suetônio — este "a despachou depois de pouco tempo, não sem antes proibi-la, para sempre, de dormir com outro homem".

Sua quarta esposa não era exatamente a mais bela, mas foi sem dúvida a mais excitante: "Uma mulher de inacreditável exuberância física e licenciosidade". Vênus agraciara-a com amplos seios e robustas ancas, que continuavam atraentes mesmo depois do nascimento de três filhas. Calígula, pelo menos por certo tempo, esteve perdido de paixão por ela. Todo orgulhoso, costumava apresentar Cesônia, como a chamava, a seus amigos, quando se realizavam banquetes. A horas tardias, aquela esplêndida mulher gostava de se desnudar. Poucos eram então os que recusavam um convite de Calígula para cear no palácio.

Mas o casamento com sua irmã Drusila não chegou a se consumar. Ela faleceu no dia 12 de junho de 38. Todos os cronistas silenciam sobre a causa de sua morte. Demonstrando uma dor desmesurada, Calígula decretou luto nacional. Os tribunais fecharam suas portas, proibiram-se os banhos públicos e os banquetes noturnos. Ele próprio deixou Roma, viajando para Siracusa, de onde voltou algumas semanas mais tarde com uma barba que lhe cobria as faces. Não pronunciava duas frases sem exclamar: "Pela deusa Drusila!"

A personalidade imprevisível de Calígula acabou fazendo crescer a oposição ao príncipe. A certa altura, descobriu-se que o cabeça de uma conspiração era o marido da falecida Drusila, Emílio Lépido. Tratava-se de um amigo muito chegado a Calígula, chegado demais, segundo alguns, tanto que freqüentes vezes havia compartilhado o mesmo leito com o imperador, com Drusila, Livila e Agripina, ocasião em que todos se divertiam com todos. Disso resultou que Emílio Lépido foi detido, julgado segundo as leis e executado.

Agripina também foi denunciada. Acusaram-na de prática de adultério e cumplicidade numa conspiração contra o imperador. Calígula ordenou que a expatriassem.

Os preceptores de Nero: um dançarino e um cabeleireiro

Cneu Domício Enobarbo, marido de Agripina, sentindo aversão por seu filho, que mal completara dois anos, entregou-o a sua tia

Lépida. Na casa desta, os cuidados de que necessitava lhe foram dispensados por um dançarino e um cabeleireiro, dois homens de tendências homossexuais manifestas. Essas experiências precoces teriam influência sobre o futuro desenvolvimento de Nero.

Na Córsega, a ilha dos deportados, Agripina viu-se muitas vezes entre a vida e a morte. O destino que temera ao longo do governo de Tibério lhe era agora infligido por Calígula, seu próprio irmão, que tantas vezes fora também seu amante. Se seus prováveis assassinos não se antecipassem, ela terminaria algum dia como a mãe dela, que tivera de se suicidar. Seu filhinho dera por pouco tempo um sentido à sua existência. Mas ele ainda vivia? Ela não tinha resposta para esta e outras perguntas. Nem sequer soube que seu marido Enobarbo, o pai de Nero, havia falecido no ano 40. O exílio significava ser expulsa da sociedade, sem qualquer direito: equivalia a alguns dias de clemência antes da morte.

Calígula aprendera com Tibério de que maneira um imperador podia manter-se no poder por duas décadas, mesmo sem contar com a simpatia do povo. Ele dispunha de meios suficientes para sufocar qualquer oposição, até mesmo uma conspiração que viesse a germinar. Além disso, ao contrário de Tibério, Calígula era jovem, pois nem sequer completara trinta primaveras.

Graças a sua crueldade, Calígula mantinha atemorizados seus parentes e amigos. Mandar assassinar não passava, para ele, de um passatempo. Seguidamente, sem qualquer razão aparente, soltava uma gargalhada ruidosa. Quando certa vez, em meio a uma orgia, os dois cônsules lhe perguntaram de que estava rindo, ele se vangloriou, dizendo: "Estava pensando que me basta um simples estalar de dedos para mandar que alguém corte vossos pescoços imediatamente!"

As feições dos dois cônsules petrificaram-se, e nenhum deles voltou a provar, nessa noite, bocado algum. Nem mesmo o *strip-tease* de Cesônia, que se tornara famosa, pôde distraí-los. Quando ela, em sua nudez exuberante e irresistível, se postou diante dos convivas, o príncipe se levantou, beijou a amada no pescoço e disse em voz alta, para que todos o ouvissem: "É lindo este pescoço. Mas, se eu ordenar, alguém virá decapitá-lo". Cesônia ouvia tudo aquilo com indiferença, já que tais palavras se repetiam diariamente.

— Por que será — perguntava sempre o imperador —, por que será que te amo tanto?

E quando Cesônia, amuada, dava de ombros, o príncipe a ameaçava:

— Vou te arrancar esse segredo à força, vou mandar que te torturem!

Suas orgias eram muito comentadas e temidas. Não somente convidava os mais belos jovens e as mais atraentes prostitutas de

Roma para partilharem de sua mesa — manteve por longo tempo uma relação amorosa com a meretriz Pirálide —, mas demonstrava preferência pelos descendentes das mais nobres famílias, bem como suas damas. Examinava essas últimas com os olhos de um mercador de escravos, esquadrinhava seus corpos com as mãos e, em pleno banquete, desaparecia em companhia delas num aposento contíguo, de onde muitas vezes retornava "com vestígios de sua libertinagem". Depois, dirigindo-se a todos os hóspedes, discorria sobre "os estreitos quadris", "os pequenos seios, que cabiam na palma da mão" e "os gemidos lascivos" desta ou daquela dama.

Não raramente, os pratos vinham envoltos em folhas de ouro; sua bebida preferida era o vinagre, no qual mandava que fossem dissolvidas valiosas pérolas. Ele inventava iguarias e refeições extravagantes, e imaginava novos tipos de banhos. Calígula gostava de se banhar com essências raras e perfumadas. Seu cavalo, Incitatus, dispunha de um palácio próprio, com criadagem exclusiva. Tudo isso consumia imensas somas de dinheiro. Somente no primeiro ano de seu reinado, o imperador, além de lançar mão de tesouros incalculáveis de sua propriedade, dissipou dois bilhões e setecentos milhões de sestércios da herança deixada por Tibério.

No outono do ano 40, ocorreu uma segunda conspiração contra Calígula, que terminou com o mesmo insucesso das demais e com a morte de todos os participantes. Todos os contestadores do regime concordavam em que um atentado só poderia ter êxito se se conseguisse utilizar poucos cúmplices, e desde que os conspiradores pudessem mover-se na mais estreita proximidade do imperador. Tornara-se claro que os conspiradores deviam pertencer à sua guarda pessoal.

O fim de Calígula

No dia 24 de janeiro de 41, Calígula, por volta do meio-dia, deixou o teatro onde, um tanto a contragosto, assistira a uma representação. Em companhia de Cesônia e algumas pessoas de sua confiança, desceu para a galeria subterrânea do teatro, onde um grupo de lindos rapazinhos asiáticos ensaiavam seus papéis. O imperador ficou um momento parado, apreciando seus movimentos, e a seguir manifestou o desejo de ver os meninos em cena aberta. O supervisor do grupo pediu a Calígula que adiasse essa apresentação, pois estava com febre, e o príncipe acedeu.

Calígula trocou ainda algumas palavras com os meninos, quando ecoaram naquele recinto abobadado as palavras *"Hoc age!"* ("Aja agora!"). Era o grito dos sacrificadores quando levantavam a acha sobre o animal ofertado. No mesmo instante, a pesada espada do tribuno pretoriano Quérea se abateu sobre a nuca de Calígula, abrindo uma ferida funda e mortal, enquanto pela frente o tribuno Cornélio Sabino enterrava sua espada no peito do imperador. Calígula caiu no chão.

Derrubado, coberto de sangue, o imperador virou-se como uma serpente, gritando: "Ainda estou vivo, ainda estou vivo!" Nesse momento, porém, como se obedecesse a um comando, uma turba atirou-se sobre o moribundo, ferindo-o a espada, sendo que alguns se puseram a golpear-lhe os órgãos genitais. Somente então os carregadores da liteira vieram correndo prestar ajuda ao imperador, secundados pelos soldados germânicos da guarda pessoal, que não estavam a par daquela conspiração. No meio do tumulto geral, alguns elementos da guarda pessoal foram mortos, assim como alguns senadores que faziam companhia ao imperador. Ao perceber o alcance dos acontecimentos, Cesônia pôs-se a correr pelas galerias subterrâneas. Sua fuga, porém, atraiu a atenção dos assassinos. Alguns homens saíram em seu encalço, apanharam-na e puseram-se a bater a sua cabeça contra a parede, até que cessaram os sinais de vida.

O enterro foi realizado no mesmo dia, em segredo e sem honras fúnebres. Os cadáveres de Calígula e de Cesônia foram transportados para os jardins da família Lâmia, próximos aos famosos Jardins de Mecenas, onde foram enterrados às pressas, depois de queimados pela metade. Os imperadores romanos pareciam predestinados a uma morte sem glória.

— O imperador morreu!

— Calígula foi assassinado!

Ninguém queria acreditar nos boatos que corriam por toda a cidade. Pensava-se que o imperador estivesse blefando. Calígula queria apenas saber como reagiriam os romanos diante daquela notícia. Sua morte parecia improvável, sobretudo porque ainda não fora dado a conhecer o nome de seu sucessor. Os pretorianos não tinham cogitado num substituto para o imperador, ou, pelo menos, ninguém se oferecera nesse sentido.

Enquanto os senadores discutiam de que modo poderiam restabelecer a República com a ajuda das coortes, os pretorianos, em seu quartel fora da cidade, acabaram escolhendo um novo imperador: Cláudio.

Mesmo entre a guarda pretoriana, havia os que consideravam essa escolha uma piada de mau gosto. Anos a fio, Calígula ridicularizara seu tio Cláudio aos olhos de todos. Acreditava-se que aquele gordo qüinquagenário não regulava bem da cabeça, já que se deixara surrar publicamente por seu imprevisível sobrinho.

Fosse como fosse, ali estava uma pessoa dócil como um carneiro, e que se ajustava perfeitamente aos objetivos dos pretorianos. Sem um imperador, estariam desempregados. A República dispensaria a guarda pessoal. Por isso, se houvesse necessidade, estavam dispostos a lutar por "seu novo príncipe".

Os senadores se opunham a ele, o povo não o levava a sério, e o estado de saúde do cinqüentão não era dos melhores. Somente sua ascendência falava em seu favor: Cláudio era irmão do legendário Germânico, e ponto final! No entanto, o fato de que ele iria reinar catorze anos seguidos, para grande satisfação do povo, era coisa que ninguém julgaria possível naquele ano de 41 d.C.

Cláudio indulta a mãe de Nero

Sentindo-se impotente e manobrado pelo astuto Herodes Agripa, Cláudio procurou logo de início angariar amigos, recorrendo à decretação de uma anistia geral. Foram postos em liberdade prisioneiros que, em tenebrosos calabouços, vegetavam ante um futuro incerto; expatriados voltaram a seus lares, procedentes das terríveis ilhas para onde tinham sido enviados, entre eles uma mulher de nome famoso: Agripina.

Como estava mudada! Profundas rugas marcavam o rosto daquela mulher, que ainda não completara trinta anos. O belo corpo de outrora parecia extenuado, embora Agripina nada tivesse perdido de seu orgulho. Reconhecida por sentir-se salva, jogou-se nos braços de seu tio Cláudio, demonstrando-lhe uma afeição que excedia o relacionamento usual entre parentes. Agripina podia alimentar novas esperanças.

Excetuando-se as crianças, que ainda eram menores de idade, Cláudio e Agripina eram os últimos sobreviventes da dinastia dos Júlios-Cláudios. Parece que, logo após seu retorno do exílio, Agripina pensou em fazer seu filho assumir o trono do Império. Era um projeto ousado, que, devido à questão dos direitos de sucessão, parecia destinado a fracassar. Mas os áugures consultados acharam boas as possibilidades de êxito. Seu filho, prognosticaram eles, iria ascender aos mais altos cargos do Estado. . . depois, porém, ele a assassinaria.

— Pouco importa que me mate — foi a resposta de Agripina

—, contanto que se torne imperador! — Dali em diante, dedicou sua vida a esse único fim.

Primeiro, Agripina contraiu novas bodas. A escolha recaiu em Crispo Passieno, homem bastante insulso. Os motivos desse casamento permanecem obscuros à primeira vista. Dificilmente ela iria agir irrefletidamente, e talvez tenha sido movida por considerações de ordem financeira. Talvez acreditasse que, apresentando-se como mulher casada, despertaria menos atenção ao fazer a corte ao imperador, sempre sensível aos encantos do belo sexo.

Messalina, a terceira mulher de Cláudio, logo percebeu as intenções de Agripina. A imperatriz dera a Cláudio dois filhos: Otávio, no ano 40, e Britânico, no ano seguinte. Ela não tinha dúvida alguma de que seu filho seria imperador. Não admira, pois, que em Roma duas mulheres se odiassem: Agripina e Messalina. Ambas tinham filhos homens, mas só um deles poderia ser imperador.

O casamento de Cláudio e Messalina fora antecedido por duas ligações bastante infelizes. O imperador separara-se de sua primeira mulher, acusando-a de adultério e de querer matá-lo. Druso, seu primeiro filho com Pláucia, morrera sufocado ao comer uma pêra. Cinco meses depois do divórcio, Pláucia deu à luz uma filha, que não foi reconhecida por Cláudio, pois este negava ser o pai da criança. Seu segundo casamento, com Élia Petina, filha de um ex-cônsul, durou pouco tempo. Casou-se depois com Messalina, filha de Marco Valério Messala Barbato e de Domícia Lépida, quando já completara quarenta e nove anos de idade. Messalina tinha apenas trinta e cinco.

Cláudio tinha uma inclinação pelas mulheres dominadoras. Desse ponto de vista, Messalina e Agripina se assemelhavam muito. Possuíam também uma excessiva sensualidade, e viviam sem peia alguma. Nenhuma era inferior à outra no que dizia respeito à inteligência e à agressividade. Messalina, a mais ágil das duas, concorria com Agripina, a mais sensata.

Uma serpente salva a vida do pequeno Nero

Quanto mais Agripina se dedicava a Cláudio, mais decidida se mostrava Messalina na defesa dos interesses de seu filho. A situação se acirrou quando Messalina tentou exterminar o filho de Agripina, que então se chamava Domício. A imperatriz enviou assassinos assalariados a Âncio para que observassem longamente a casa da rival. Eles concluíram que o melhor momento para perpetrar o atentado era a hora do almoço, ocasião em que o pequeno Domício dormia em seu leito. Os assassinos conseguiram penetrar na casa sem serem vistos. Mas, no momento em que se preparavam para estrangular o menino, bem próximos de seu leito, tiveram de recuar, aterrorizados: do travesseiro em que dormia Domício assomava uma serpente.

Na Roma antiga, as serpentes eram o símbolo da divindade. Suetônio relata que, mais tarde, encontrou-se sob o travesseiro a pele que a serpente ali deixara. Em memória dessa milagrosa salvação, Agripina mandou incrustar aquela pele num bracelete dourado, que Nero usou durante muito tempo no braço direito. "Mais tarde", escreve Suetônio, "quando já não suportava qualquer lembrança de sua mãe, Nero acabou jogando fora o bracelete. Porém, nas tribulações por que passou nos últimos dias de sua existência, tentou recuperá-lo, mas em vão."

Cláudio desconhecia as atividades secretas de Messalina. Quando Agripina a difamava, ele não lhe dava ouvidos. Para ele, somente Britânico era o herdeiro legítimo. Os negócios do governo propriamente ditos eram conduzidos então por quatro libertos influentes: Narciso, Palas, Calisto e Políbio. Formavam, com Messalina, um temido quinteto, cujas aptidões políticas eram incontestáveis.

O mais alto objetivo de Messalina continuava sendo a eliminação de Agripina, e sobretudo de seu filho Domício. Ela teria tramado outros projetos de assassinato e, sem dúvida, teria um dia concretizado seus desígnios, se não sucumbisse à própria sensualidade.

Caio Sílio: assim se chamava aquele homem ainda jovem, muito bem-apessoado, mas que, infelizmente, também era casado. No entanto, isso não impediu que Messalina reivindicasse para si aquele Adônis. Júlia Silana, a esposa, foi convidada pela imperatriz a abandonar o leito conjugal. Sílio, que já fora designado cônsul, uma vez conseguido o divórcio, recebeu funções honoríficas e doações em dinheiro para que pudesse dedicar-se apenas ao amor. Quando Messalina o desejava, surgia na vila de seu amado suntuosamente vestida e acompanhada de sua comitiva.

Messalina virara cera nas mãos desse homem, que, no entanto, foi percebendo a impossibilidade de manter tal situação. Assim, certo dia ele colocou sua amada diante da alternativa: "Ou Cláudio, ou eu!" Afinal, divorciado e sem filhos, podia muito bem casar-se com Messalina e adotar Britânico. O amor deixa as pessoas cegas. Essa parece ser a única explicação para o que aconteceu dali em diante. Enquanto o imperador Cláudio se encontrava no vizinho porto de Óstia, participando de um evento oficial, Messalina e Sílio comemoravam seu casamento com toda a pompa.

Estava aberto o caminho para uma catástrofe. Quando Calisto, Narciso e Palas, assessores do imperador, farejaram o que estava acontecendo, ficaram espantados. Se Messalina tivesse oferecido seus favores a um ator, a casa imperial teria sido desonrada, mas não estaria ameaçada. Porém, esse jovem aristocrata, graças a seu porte esbelto, sua argúcia e ao consulado já em vista, deixava-se imbuir de esperanças ainda mais elevadas.

O que os três mais temiam era, porém, a perda de suas posições influentes. Decidiram, pois, eliminar Messalina. Tratava-se de um empreendimento arriscado, porquanto Messalina tinha uma camarilha numerosa. Narciso conquistou o apoio de Calpúrnia e Cleópatra, duas cortesãs que então gozavam da benevolência de Cláudio. Ambas viajaram para Óstia, onde solicitaram uma audiência ao imperador. Ao se apresentarem, Calpúrnia caiu-lhe aos pés e, quase sem poder respirar, exclamou:

— Vim dizer-te que Messalina se casou com Sílio!

Em seguida, voltando-se para Cleópatra, ela perguntou-lhe:

— Não foi o que também ouviste dizer?

A bela mulher acenou que sim.

Cláudio, em geral indiferente às aventuras amorosas de sua mulher, mandou chamar Narciso. Este mostrou-se perplexo e murmurou mil desculpas, pois jamais tinha relatado ao imperador os casos de Messalina. Não lhe cabia, porém, criticar o comportamento adúltero da imperatriz. Disse a Cláudio que não deveria dirigir-se a Sílio, exigindo a restituição do palácio e da criadagem de Messalina, pois ele já tomara posse de ambos. O que devia fazer era rasgar o contrato de casamento e exigir que ele lhe devolvesse Messalina.

— Não sabes — declarou Narciso — que o divórcio foi pronunciado? O povo inteiro, o Senado e o exército foram testemunhas do casamento de Sílio. Se não agires com rapidez, o jovem marido não tardará a apossar-se de Roma.

O imperador convocou os amigos. Lúcio Geta, comandante da guarda pretoriana, e Turrânio, responsável pela distribuição de cereais, confirmaram os fatos e, solicitando que o príncipe se certificasse da lealdade de sua guarda pessoal, deixaram claro que chegara o momento de agir.

— Será que ainda sou imperador? — era a pergunta que não saía da mente de Cláudio.

Em seu delírio, Messalina e Sílio não pareciam desconfiar dos perigos que os ameaçavam.

Transcorria o outono do ano de 48, e ambos organizaram, no palácio de Messalina, uma festa do vinho. As uvas eram espremidas em imensos tonéis, o vinho fluía de ânforas de argila, os músicos tocavam melodias excitantes e jovens seminuas, com longos cabelos soltos, executavam danças arrebatadoras.

Em meio a elas, encontravam-se Messalina e Sílio, loucos de paixão, cada qual com uma coroa de hera na cabeça. Os recém-casados amavam-se à vista de todos, sendo imitados pelos circunstantes. Um dos convidados, um pouco ébrio, trepou numa árvore.

— De Óstia — exclamou ele, da altura em que se encontrava — aproxima-se uma tempestade!

Na verdade, não eram somente nuvens borrascosas o que se via no horizonte. Um mensageiro veio informar que Cláudio estava a caminho. À chuva, que dispersou os participantes da orgia, juntou-se o medo. E, antes que os embriagados convivas tivessem tempo de fugir, chegaram os centuriões, juntaram todos os presentes e lhes puseram grilhões.

Messalina e Sílio conseguiram escapar. Sílio fugiu em direção ao Fórum; Messalina, num dos carros destinados a transportar lixo, dirigiu-se ao encontro do imperador, tomando a estrada para Óstia. Como se tivesse despertado de um sonho, queria implorar o perdão de Cláudio.

Entrementes, o príncipe se dirigia rapidamente a Roma. Viajavam com ele Geta, Vitélio, Largo Cecina e Narciso. Este convenceu o imperador a delegar-lhe, por um só dia, o comando das tropas, do contrário não via esperança para sua vida. Impotente, Cláudio concordou, amaldiçoando Messalina. Mas lembrou-se logo, com saudades, dos belos anos de casamento com ela, lastimou a situação dos filhos ainda menores, e daí em diante manteve-se num silêncio ostensivo. Só Vitélio, suspirando fundo, pensava consigo de quando em quando: "Que escândalo!" E, em voz alta, completava:

— Que ultraje!

De repente, Messalina surgiu diante do carro do imperador. À distância, ela gritou:

— Cláudio, ó césar, ouve o que tem a dizer-te a mãe de Britânico e de Otávia!

O imperador não reagiu.

Narciso apostrofou-a do alto do carro:

— Messalina, és acusada de romper teu casamento com Cláudio e de casar-te com Sílio!

Das dobras de suas vestes, ele retirou um rolo de pergaminho e o estendeu ao imperador. "Lista dos adultérios de Messalina", eis o que estava escrito ali, em grandes letras, seguindo-se uma coluna inteira com nomes, fatos e cifras. Feito isso, Narciso chicoteou os cavalos, deixando para trás a imperatriz.

Mas Messalina não estava disposta a entregar-se sem luta. Alguns quilômetros à frente, o carro imperial estacou diante dos filhos do príncipe, que tinham sido levados àquele local.

— Levai as crianças! — gritou Narciso aos preceptores.

Mal fora cumprida essa ordem, Vibídia, a mais idosa das vestais, pôs-se diante do carro. As guardiãs do fogo eterno de Vesta gozavam em Roma do mais elevado apreço. Durante os trinta anos de um serviço que lhes impunha a virgindade, elas eram consideradas sagradas. Caso lhes cruzasse o caminho um assassino sendo conduzido ao local da execução, este era posto em liberdade. E era precisamente Messalina que exercia havia cinco anos o poder supremo sobre as vestais. Se uma delas fosse surpreendida mantendo relações sexuais, Messalina a condenava a ser enterrada viva.

Vibídia suplicou ao imperador que, antes que sua mulher fosse arrastada à desgraça, lhe fosse dada a possibilidade de se defender.

— É o que será feito — respondeu Narciso pelo imperador, pedindo que a virgem desimpedisse o caminho e fosse dedicar-se a seus misteres sagrados. Por fim, Cláudio e seus acompanhantes conseguiram chegar ao quartel dos pretorianos. Nesse meio tempo, Sílio também fora conduzido para lá.

De início, ele nem procurou justificar sua atitude. Jogara alto e perdera tudo. Dava-se conta disso, e não exigia que se adiasse a merecida pena. Pedia apenas que apressassem o mais possível sua execução.

Instigado por Narciso, Cláudio instaurou nesse mesmo dia uma corte de justiça. Os mais íntimos confidentes e os numerosos amantes de Messalina que puderam ser localizados tiveram de pagar com a vida seu afeto pela lasciva imperatriz. Foram condenados à morte Tício Próculo, o guarda de honra de Messalina, o senador Junco Vergiliano, o chefe da escola de gladiadores, Sulpício Rufo, o chefe dos bombeiros, Décrio Calpurniano, além de Vétio Valente, Pompônio Úrbico e Sanfeio Trogo. Todos eles aceitaram a sentença de morte sem protestos.

Apenas dois condenados ousaram opor uma tímida objeção. O aristocrata Traulo Montano lamentou-se, alegando que não era culpado de ser bonito. Messalina servira-se dele como de um objeto erótico, durante uma única noite, tanto que o mandara embora pela manhã.

Apresentando argumentos parecidos, o ator Mnéster tentou

também salvar sua cabeça. Desvencilhando-se, num só gesto, de suas vestes, desnudou-se e gritou:

— Cláudio, ó césar, olha para estas marcas de chicote em meu corpo! Só me entreguei a Messalina depois de coagido por meio de chicotadas. Não agi como os outros, que se deixaram levar pela ganância do lucro ou pela perspectiva de benefícios futuros!

Suas palavras de nada serviram, porque a sentença de morte foi mantida.

Um homem chamado Cesônio, porém, conseguiu que a espada do carrasco o poupasse, embora houvesse comparecido a todas as orgias de Messalina. Foi-lhe possível demonstrar por seu aspecto exterior e por suas maneiras que, mesmo sendo homem, só mantivera relações com outros homens.

Oscilando entre a exasperação e o arrependimento, Messalina mantinha-se numa mansão construída nos jardins de Luculo. Não ousava retornar a seu palácio. Cláudio, por sua vez, voltando ao Palatino, embebedou-se até perder os sentidos. Também ele já não tinha dúvidas de que Messalina teria de ser penalizada com a morte. Por isso, enviou um mensageiro a essa "infeliz Messalina", como ele dizia, intimando-a a comparecer à sua presença no dia seguinte, a fim de justificar-se. Informado sobre a intenção do imperador, Narciso, agindo antes que Cláudio se deixasse subjugar pela misericórdia e por saudosas lembranças, pôs a caminho um grupo de assassinos profissionais. Era uma ordem do príncipe, esclarecera.

Esse esquadrão da morte, formado por dois centuriões, um tribuno e pelo liberto Ênodo, arrombou o portão da casa onde se encontrava Messalina. Esta não opôs qualquer resistência. Tomando em suas mãos a espada que um dos homens lhe estendia, pressionou-a, trêmula, contra o pescoço. Depois de alguns momentos, baixou-a até o peito, indecisa. Nisso, deu-se uma estocada — o tribuno atravessou-lhe o coração com sua própria espada.

Ao sentar-se para a refeição noturna, Cláudio, bêbado, recebeu um mensageiro em seu triclínio, o qual lhe anunciou: "Messalina está morta!"

O imperador, com os olhos fixos à sua frente, nada perguntou sobre a causa dessa morte. Depois de algum tempo, descerrando os lábios, disse: "Tragam-me outra taça!"

A morte de Messalina quase não causou tristeza. Afinal, muitas tinham sido as vidas humanas que lhe pesavam na consciência: Caio Ápio Júnio Silano, Júlia Livila, Júlia, filha de Druso, Catônio Justo, Marco Vinício, Valério Asiático, Cneu Pompeo Magno e Políbio, o conselheiro do imperador.

Aos onze anos, Nero vê sua mãe novamente vestida de noiva

Agripina deve ter-se sentido aliviada com a morte de Messalina, pois ela e sobretudo seu filho já não corriam mais perigo.

Domício contava onze anos de idade. Era um rapaz robusto, de cabelos ruivos como os do pai, algo pálido, mas de boa estatura e muito simpático. Domício não somente era três anos mais velho do que Britânico, filho de Messalina, mas gozava também da estima dos romanos. Quando, no ano 47, os dois rapazes compareceram a um torneio de cavalarianos, por ocasião das festas comemorativas dos oitocentos anos de fundação de Roma, Lúcio Domício foi recebido com gritos de alegria, enquanto os aplausos dirigidos a Britânico foram apenas formais. O imperador Cláudio, que estava presente no Circo Máximo, deu-se conta disso.

Cláudio aprovou, sem reagir, uma solicitação do Senado para que se retirassem dos lugares públicos todas as estátuas de Messalina, apagando-se seu nome. O imperador tornara-se o mais cobiçado viúvo do Império Romano: já não era tão jovem, e podia-se contar com sua morte para dentro de algum tempo; tinha uma fortuna imensa, o que prometia uma herança incalculável; e era bonachão, de maneira que, com certa manha, qualquer mulher poderia manejá-lo de acordo com suas ambições. Não admira, pois, que numerosas beldades — ou melhor, espertalhonas — do Império procurassem obter as boas graças do príncipe, insinuando-se junto a ele por meio de amigos cuidadosamente selecionados. Sem a ajuda de amigos que freqüentassem a corte imperial, era praticamente impossível aproximar-se de Cláudio. Por outro lado, o imperador, em sua inconstância, era sempre sensível aos conselhos de seus assessores diretos.

Os conselheiros de Cláudio, em busca de uma possível sucessora para Messalina, também estavam envolvidos em exasperantes divergências. Narciso, o mais influente — por ter agido com rapidez no caso de Messalina, foi distinguido com uma questura —, era favorável a Élia Petina, da tradicional e próspera família dos Tuberões, mulher com quem Cláudio já estivera casado. Calisto era a favor de Lólia Paulina, filha do cônsul Marco Lólio. E Palas indicava Agripina, mãe de Nero e filha do grande Germânico.

Como era de esperar, Cláudio mostrou-se indeciso, sem saber a qual dessas mulheres conceder seus favores, inclinando-se ora para uma, ora para outra. Embora Agripina fosse casada com o orador Crispo Passieno, matrimônio que se realizara após seu retorno do exílio, estava decidida a sobrepujar as rivais. Este seria o caminho mais simples para ver seu filho imperador. Um dia, seu marido apareceu morto. Nada se pôde apurar sobre a *causa mortis;* mas, entre o povo, corria o boato de que fora assassinado.

Desde então, Agripina passou a visitar seu tio Cláudio quase diariamente. Vestia-se de maneira provocante, e procurava seduzir o imperador. Não é preciso dizer que teve êxito em seus propósitos. Agripina tinha trinta e três anos; Cláudio, cinqüenta e oito.

Mas as demais candidatas também não permaneceram inativas. Faziam valer sua origem aristocrática, suas riquezas e, finalmente, seus encantos femininos. A corte que todas essas mulheres impunham ao velho imperador já se prolongava havia seis meses, de sorte que todos ansiavam por uma decisão. Cada um dos conselheiros do imperador havia tentado, por meio de conversas pessoais e sigilosas, ganhar o consentimento de Cláudio para sua candidata, e por isso o príncipe convidou os três postulantes, que não se davam entre si, para uma entrevista decisiva.

Narciso, secretário particular do imperador, tentou despertar em Cláudio antigas lembranças de seu segundo casamento, com Petina. Embora tivesse terminado em divórcio, fora um bom casamento, comparado à relação mantida com Messalina. Ambos possuíam uma filha, Antônia, e Petina não iria imiscuir-se nos negócios públicos. Além disso, trataria Britânico e Otávia como se fossem seus próprios filhos.

Era outra a opinião de Calisto. Ele acreditava que, justamente por ter sido casada com Cláudio, Petina não trataria o príncipe com a desejada submissão, o que se poderia esperar de Lólia. Esta, ex-esposa de Calígula, não tinha filhos, o que excluía de antemão todas as manifestações de ciúmes. Portanto, seria uma excelente mãe para seus filhos adotivos.

Palas foi o último a falar:

— A vantagem de Agripina sobre as outras duas é a de trazer para o casamento um neto do grande Germânico. Este é um rebento realmente digno da casa imperial, pois encarna as duas linhagens, a dos Júlios e a dos Cláudios. Por isso, nobre césar, não permitas que essa mulher, comprovadamente fértil e ainda jovem, leve para outra casa a dignidade da estirpe dos césares.

Mesmo que Agripina já não houvesse seduzido o imperador, o argumento de Palas teria sido decisivo. Por sua origem, o filho de Agripina, Domício, era o segundo pretendente ao trono, depois de Britânico. Eis por que Cláudio tinha de considerá-lo um sério concorrente de seu próprio filho. O mais certo, pois, seria aceitá-lo na família junto com sua mãe, a fim de que, pelo menos, pudesse observá-lo de perto. Nessa época, Cláudio ainda estava decidido, no que dizia respeito a Britânico, seu filho epiléptico — sobrinho em terceiro grau do epiléptico César, e sobrinho em segundo grau do alcoólatra Marco Antônio —, a torná-lo seu herdeiro, ou seja, imperador de Roma.

O resultado dessa estranha barganha é conhecido: Palas e Agripina saíram vencedores. Mas, em sua alocução, Palas silenciara o fato de que tivera uma ligação com sua protegida.

Uma lei conjugal para Agripina

Uma única dificuldade emperrava a realização do desejado matrimônio: como tio e sobrinha, Cláudio e Agripina eram parentes consangüíneos, o que legalmente os impedia de se casarem. É verdade que em Roma todos sabiam que o tio acolhia a sobrinha, não apenas em seu palácio, como também em seu leito. No entanto, a legalização esbarrava em sérias objeções jurídicas. Cláudio já planejava um casamento oficial, passando por cima da lei. Mas Agripina fazia questão de que tudo se processasse dentro das normas.

Para isso, ela recorreu a Lúcio Vitélio, um homem que, segundo Tácito, "escondia sob a máscara de censor a falsidade de um escravo". Vitélio, futuro pai do imperador Vitélio e ex-governador da Síria, compartilhava com Cláudio as funções de censor, e gozava de elevado conceito junto ao imperador.

Um dia, Vitélio dirigiu-se à Cúria e solicitou aos senadores que lhe cedessem a palavra, pois a causa que vinha pleitear era do mais alto interesse para o Estado. Com assombro, os senadores ficaram sabendo que o imperador estava cansado de carregar sozinho a responsabilidade por todo o globo terrestre.

— César — exclamou Vitélio — está precisando de ajuda, para que, livrando-se das preocupações domésticas, possa dedicar-se a toda a comunidade romana. Além disso, seria um alívio para o coração de um césar ter uma esposa, uma companheira para os momentos de felicidade ou de perigo, à qual pudesse confiar seus mais secretos pensamentos e seus filhos ainda menores. Afinal de contas, Cláudio nunca se entregou a extravagâncias ou prazeres, tendo obedecido às leis desde sua mais tenra juventude.

No Senado romano, os discursos sentimentais sempre surtiam efeito, mesmo que ocultassem a verdade; por isso, os senadores concordaram com Vitélio. Este, porém, continuou:

— Já que estamos todos de acordo com o novo matrimônio do imperador, cumpre-nos escolher para ele uma mulher que se distinga pela nobreza, pela fertilidade e pela pureza de costumes. Não há dúvida de que a primazia recai sobre Agripina, graças a sua nobre origem. Ela já deu provas de sua fertilidade, e sua vida privada está acima de qualquer censura. Graças à providência divina, realizar-se-ia assim o consórcio entre uma virtuosa viúva e um imperador que jamais cobiçou as mulheres alheias. Vós mesmos ouvistes de vossos pais, ou vistes com os próprios olhos, quantas esposas foram raptadas a fim de servirem à lubricidade dos césares. De tais coisas está distante, por sua moderação, nosso atual imperador. Assim sendo, permiti que o imperador receba sua esposa pelas mãos do Senado. Dizem-nos, porém, que é uma coisa inaudita a união entre um tio e uma sobrinha; é verdade, mas é aceita por outros povos, onde nenhuma lei a proíbe. Mesmo os casamentos entre primos não foram comuns entre nós durante muitos anos, mas, com o passar do tempo, passaram a ser admitidos. Os costumes acabam se adaptando às necessidades específicas, e este caso deverá instituir novos costumes.

Os senadores deviam estar, a essa altura, estupefatos, pois tomavam conhecimento de virtudes que, tratando-se de Agripina, lhes causavam surpresa. Terminado o discurso, porém, pareciam convencidos e opinaram que Cláudio deveria casar-se com Agripina. Entrementes, uma multidão de pessoas já se apinhava diante da Cúria. Aos gritos, diziam que a vontade do povo era que Cláudio se casasse com Agripina.

Tal como fora planejado, Cláudio apareceu no Fórum, onde recebeu os votos de felicidades dos cidadãos romanos. A seguir, dirigiu-se à Cúria, para buscar a anuência oficial do Senado, que legitimava assim os casamentos entre tios e sobrinhas.

No início do ano 49, casaram-se Cláudio e Agripina. Tácito comentou com ironia: "Desse dia em diante, tudo mudou em Roma; na cidade, todos obedeciam à filha de Germânico". Esta, acrescentava ele, "governava com mão firme, com mão de homem". Em público, comportava-se com gravidade, por vezes com arrogância. Sua avidez por riquezas não conhecia limites; justificava-a, porém, afirmando que precisava arrecadar recursos para os cofres do Estado. O que causa surpresa é a menção que Tácito faz à austeridade dos costumes de Agripina, já que todos conheciam sua maneira de viver. Ressalvou, porém, que ela podia esquecer sua educação quando lhe convinha.

Aos trinta e quatro anos, Agripina alcançara, pois, o que jamais teria ousado esperar nos tenebrosos governos de Tibério e Calígula. Era a esposa de um príncipe; mais do que isso, era a imperatriz, e a passividade de seu marido lhe permitia reinar em seu lugar.

Estava agora prestes a obter para Domício a dignidade imperial. De modo prudente, mas sem escrúpulos, ela perseguia o sonho de sua vida, com o qual também se vingaria das injustiças sofridas: era o triunfo da vontade sobre um destino aparentemente sem esperança. Que isso viesse a custar a vida de inúmeras pessoas e sua própria ruína era algo que não a preocupava: "Pouco importa que me mate, contanto que se torne imperador..."

Sua primeira vítima foi Silano, o ex-noivo de Otávia, filha de Cláudio. Ele se suicidou no mesmo dia em que Cláudio e Agripina festejaram seu casamento. Agora, Agripina podia tentar um noivado entre seu próprio filho e a filha do imperador. Ganhou para sua causa o apoio do cônsul Mâmio Polião, o qual sugeriu ao Senado que exigisse de Cláudio o noivado entre Otávia e Domício. Os dois jovens entendiam-se perfeitamente, o que "abriria o caminho para esperanças ainda maiores". Em conseqüência, atendendo ao desejo do Senado, realizou-se o noivado. Cláudio não podia impedi-lo.

Sêneca, o preceptor de Nero

Em seguida, Agripina conseguiu que fosse revogado o exílio de Sêneca, enviado por Cláudio à Córsega, por instigação de Messalina. Agripina queria tê-lo como preceptor de seu filho.

Lúcio Aneu Sêneca era um dos mais eminentes escritores romanos. Boa parte de suas obras sobreviveu, mas conhecem-se poucos dados pessoais, e é com base em seu legado literário que temos de reconstruir os dados de sua vida.

Quem observar, no Museu Arqueológico de Nápoles, o busto de Sêneca, uma das mais belas esculturas da Antiguidade, ficará perplexo com a contradição entre a fisionomia e o que se sabe da vida do escritor. De fato, existem dúvidas quanto à autenticidade do retrato. Por outro lado, os poetas e os filósofos nem sempre têm o aspecto que se espera deles: raros são aqueles que dão uma impressão de nobreza ou espiritualidade.

Esse busto que parece representar Sêneca retrata um homem de cabelos em desalinho, mechas de barba nas faces e no queixo e a base do nariz afundada entre os olhos. Nem esses traços, nem os lábios estreitos e tensos, nem seu olhar agudo correspondem a nossa opinião preconcebida. É assim que imaginaríamos um gladiador, mas não um escritor e um filósofo moralista, que foi, em certo período de sua vida, vegetariano, sofria de tuberculose e tinha de evitar esforços físicos, pois era muito frágil. Calígula, que não tinha piedade de ninguém, a não ser de si mesmo, riscara Sêneca — que era então questor — de sua lista de condenados à morte, pois achava que, de qualquer forma, ele não viveria muito tempo.

Sêneca não era nascido em Roma. Veio ao mundo poucos anos

antes de nossa era, na cidade espanhola de Córdoba, onde seu pai era um reitor famoso. Pai e filho não se entendiam muito bem. Em compensação, sua mãe Hélvia amava-o com verdadeira paixão. Graças a ela, Lúcio, depois que sua família se mudou para a capital do Império, ingressou na escola onde ensinavam Sótion e Átalo. Sótion iniciou Sêneca na doutrina da transmigração das almas, e Átalo ensinou-lhe a filosofia estóica. O pai não dava importância a nada disso. A mãe enviou o enfermiço jovem a uma tia residente no Egito, onde, naqueles tempos, eram tratados os tuberculosos. Mas, apesar de todos os cuidados — o tio era imperial no Egito —, Lúcio não encontrou no clima desértico e seco da região do Nilo a cura que procurava.

Retornando a Roma, o jovem Sêneca iniciou-se na carreira de funcionário público, tornou-se questor e, com isso, sentiu-se provido para as necessidades básicas. Mas logo deparou com dificuldades de ordem política que, sob Calígula, lhe teriam custado a vida, se não desse a impressão de ser muito enfermiço.

Como orador brilhante, que sabia fascinar principalmente os jovens, ocupando-se com problemas que estavam na ordem do dia, tornara-se um homem perigoso. A primeira a perceber isso foi Messalina. Não tolerou que Sêneca continuasse mantendo uma relação adulterina com Júlia Livila, irmã do falecido Calígula. Assim, exigiu e obteve que Sêneca fosse exilado na Córsega, ilha reservada aos criminosos.

Sêneca passou oito anos naquela ilha maldita. De lá enviou à sua mãe uma carta que se tornaria célebre, *Ad Helviam matrem,* "A minha mãe Hélvia", na qual tentava consolar esta última dos infortúnios sofridos por seu filho; através de adulações por escrito, procurou também mudar a opinião de Messalina — em vão, como logo se veria. Alimentava projetos de suicídio, e como sua saúde estava debilitada e ele já se aproximava dos cinqüenta anos, quase ninguém em Roma acreditava no retorno do exilado. Mas o destino dispôs as coisas de outro modo: não foi ele, Sêneca, que se despediu da vida temporal, mas ela, Messalina, sua inimiga.

Agripina experimentara em sua própria pele, dez anos antes, a dura sorte dos banidos. Sabia a que ponto um exilado é indefeso. Mas não foi a compaixão o que a levou a lutar pelo retorno de Sêneca; como muitos outros, ela se deixava fascinar pelas obras daquele homem, que sabia suscitar um verdadeiro entusiasmo entre os romanos: parecia ler o pensamento de todos, e discutia os problemas de cada um com aptidões quase demagógicas. Aquele homem adequava-se exatamente aos planos de Agripina: teria de educar seu filho de maneira a elevá-lo à altura de seu futuro cargo.

O que seduziu Agripina não foi o conteúdo dos escritos de Sêneca, mas sua capacidade de comover o povo. O fato de que ele próprio não levasse muito a sério os princípios que defendia, e não se apegasse às regras e diretrizes de vida que ensinava, não incomodava Agripina. Ao contrário, isso a convenceu ainda mais de que Sêneca era a pessoa indicada para seus objetivos.

A arte de um filósofo

Aquele que mais tarde se tornaria o escritor e filósofo da moda tinha escrito, aos quarenta anos, antes de seu exílio, uma "Carta de consolo a Márcia", que comovera os romanos até as lágrimas, convencendo-os, também, da força de suas palavras. Márcia era filha do historiador Cremúcio Cordo, e acabara de perder seu filho Metílio. Sem que lhe pedissem, sabendo que o luto de três anos de Márcia encontrara forte eco entre a população de Roma, Sêneca enviou à desconsolada mãe um escrito de vinte e seis capítulos, que começa com as seguintes palavras: "Não soubesse eu, Márcia, que as fraquezas de uma mulher te são estranhas, assim como os defeitos, e que em teu caráter sempre se verá a imagem de todas as mães, não ousaria empreender alguma coisa contra tua dor, pois até mesmo os homens costumam sucumbir. . ." Sim, muitos homens famosos haviam sofrido destino semelhante, ao verem falecer seu filho dileto. Aliás, Márcia possuía outros filhos e netos aos quais podia dedicar todo o seu carinho, e é possível que a morte prematura do filho lhe tenha poupado inúmeros tormentos, o que torna imotivado seu luto.

Do exílio, na Córsega, Sêneca enviou o tratado *De ira (Sobre a ira),* de caráter sobretudo pedagógico. No estudo *De otio (Sobre o ócio),* ele tece reflexões sobre a vida contemplativa de um filósofo que, considerada do exterior, parece não resultar em nada produtivo. No escrito *De brevitate vitae (Sobre a brevidade da vida),* Sêneca defende a tese de que apenas as horas que o homem dedica à sabedoria constituem a verdadeira vida. Afinal, é a sabedoria o que abre ao homem as portas da imortalidade.

Alguém tão popular como Sêneca não podia ter apenas amigos. Mas, como escrevia muito, a cada nova obra de moral ou de consolação polemizava com seus críticos. Jamais afirmara de si mesmo que era um sábio, e por isso ele mesmo se excluía dos padrões estabelecidos por suas leis morais. A muitos causara estranheza a submissão com que procurava agradar, ainda no exílio, a Messalina e ao imperador. Após a morte de Cláudio, ele ironizou com ditos mordazes a viagem aos céus e aos infernos do então divinizado imperador, mas, ao mesmo tempo, redigiu a apologia verborrágica que seu discípulo Nero pronunciou entre lágrimas.

Também a austeridade que ele pregava não parecia muito autêntica, já que, após seu exílio, ele se tornara um homem rico, com casas, terras e outras benesses. Quando se aludia a essa contradição, o filósofo objetava "estoicamente" que um sábio podia ser rico, pois somente ele sabia fazer bom uso da riqueza.

Apesar de alguns aspectos problemáticos em seu comportamento pessoal, Sêneca representava para seus leitores um verdadeiro apoio moral. Com efeito, ele tomava posição, nas mais diversas formas, sobre inúmeros problemas de seu tempo e da vida cotidiana. Os romanos amavam-no e até o veneravam, pois ele oferecia uma solução para cada problema, tinha uma receita aviada para cada mal. Além disso, era um homem que, inspirado por sua filosofia, denunciava certos fatos da época, contrariando os hábitos do povo.

No seu tratado *De clementia (Sobre a clemência),* sustentava que as torturas a que eram submetidos os escravos e as execuções que se realizavam em Roma eram simplesmente absurdas. Era inumana a maneira com que se tratavam os escravos, havendo quem os envolvesse em tecido facilmente inflamável, a que se punha fogo só para deleitar os espectadores. Afirmar que os escravos também eram seres humanos — numa época em que ainda se fazia distinção entre escravos e homens — era uma tese provocante. Em suas *Cartas morais,* dirigidas a seu amigo Lucílio *(Epistolae morales ad Lucilium)* — consideradas, ao lado de suas *Naturales quaestiones,* como suas principais obras —, esse problema da crueldade inútil é tratado em profundidade. E era preciso ter coragem para considerar vergonhosas as lutas de gladiadores, o passatempo preferido dos romanos.

Um pai espiritual para Nero

Justamente no que concerne a esse último aspecto, os ensinamentos de Sêneca encontraram em seu discípulo Nero um solo fértil. Mas também de outras formas o jovem candidato ao trono sofria a forte influência de seu educador.

Com vistas à formação escolar de seu pupilo, Sêneca contratara dois professores, Querêmon, de Alexandria, e Alexandre de Egas, um macedônio. O primeiro era diretor do Museu de Alexandria e um filósofo estóico. O último alcançara fama como professor e filósofo da escola de Aristóteles. Dessa forma, Zenão e Aristóteles influíram indiretamente sobre o filho de Agripina. A filosofia grega, a arte e o estilo de vida, ou o que quer que Nero entendesse sob esse conceito, iriam, de fato, influenciar sua breve existência.

O príncipe tinha doze anos quando Sêneca o tomou sob seus cuidados. Seu mestre já contava pelo menos cinqüenta anos. Nero aceitou Sêneca, sem qualquer protesto, como modelo e pai substituto. Seu verdadeiro pai, Cneu Domício Enobarbo, falecera quase dez anos antes.

O estreito relacionamento que se estabeleceu entre ambos não mudou quando o imperador Cláudio, pouco depois, adotou o jovem Nero. Cláudio, apesar de seus tremeliques e esquisitices, que deviam parecer muito cômicos ao garoto de treze anos, continuou sendo para ele o "tio" Cláudio. Certamente o rapaz, de grande inteligência, compreendeu que, com isso, Cláudio estava apenas prestando um favor a sua mãe, um "favor" quase forçado, já que — como se veria em seguida — o motivo da adoção não fora a estima e muito menos o amor. É provável que, a esse respeito, a influência de Sêneca sobre seu pupilo tenha sido negativa. Seja como for, com sua inteligência, o preceptor adivinhou desde o início os planos de Agripina.

O medo e a insegurança em que Agripina vivera longos anos eram agora impingidos aos outros. Toda pessoa que representasse um empecilho ao avanço dessa mulher estaria pondo em perigo sua própria vida. A desgraça de Calpúrnia, uma dama da sociedade acima de qualquer suspeita, deveu-se ao simples fato de Cláudio ter elogiado sua beleza. Agripina fez que fosse enviada ao exílio. Lólia, sua velha rival, sofreu o mesmo destino. Como mulher rica e influente, teve de ser denunciada e julgada oficialmente. Ela, rezava a acusação, mantivera relações com caldeus, ou seja, com sacerdotes orientais, dados à magia e à arte divinatória. E mais: soubera-se que tinha consultado o oráculo de Claro sobre o matrimônio do imperador. A condenação já estava prevista desde o início: o exílio. A fortuna de Lólia foi confiscada, sendo-lhe deixados apenas cinco milhões de sestércios. Onde foram parar os demais milhões, pode-se apenas imaginar. Agripina poupou sua rival da dura sorte do exílio. Enviou-lhe um tribuno que a abrigou a se suicidar.

O poder e a influência de Agripina aumentavam dia a dia. Dominado pela férrea vontade de sua mulher, Cláudio foi perdendo o que ainda lhe restava de iniciativa própria, de forma que Agripina governava praticamente sozinha. A única pessoa a quem a imperatriz dava ouvidos era Palas, com quem de resto continuava a partilhar o leito. Acredita-se que Cláudio desconhecia esse fato, pois continuava aceitando Palas como conselheiro.

Ao adotar Nero, Cláudio assina sua sentença de morte

Depois de um ano de casamento — Domício tinha agora treze anos de idade —, Agripina afastou o último obstáculo que se opunha à ascensão de seu filho ao trono imperial. *De jure,* Domício continuava na condição de filho de Agripina mantido sob os cuidados de Cláudio, o que o colocava após o filho natural do imperador, Britânico, no que dizia respeito à sucessão ao trono. Em suas conversas pessoais com o imperador, Agripina percebera que este não se mostrava inclinado a adotar seu filho. Assim, deixou a questão no ponto em que se encontrava. Mas, a partir de então, Palas tomou a iniciativa.

Na ausência de Agripina, ele procurava convencer o príncipe de que, para o bem do Estado, conviria manter ao lado do enfermiço Britânico aquele forte rapazinho.

— Lembra-te, césar — observou Palas —, que também sob o governo do eterno Augusto os filhos adotivos gozavam de elevado respeito, embora ele possuísse seus próprios netos. E Tibério adotou Germânico, embora também ele tivesse um filho. Por isso, acho que tu, césar, deves adotar o jovem Domício, pois isso poderia poupar-te uma série de preocupações.

As palavras insidiosas de seu conselheiro não deixaram de causar impressão a Cláudio. Não se sabe até que ponto Agripina prestou ajuda no mesmo sentido. O fato é que, pouco mais tarde, Cláudio, apresentando-se ao Senado, pronunciou um discurso semelhante ao que ouvira de Palas. Os senadores apoiaram o projeto do príncipe, chegaram a externar seu agradecimento por sua generosidade e promulgaram uma lei pela qual Domício passou a pertencer à família dos Cláudios. A 25 de fevereiro de 50, realizou-se, oficialmente, a adoção. Lúcio Domício Enobarbo recebeu o nome de Nero.

Em conseqüência dessa adoção, Agripina foi contemplada com altas dignidades. Foi-lhe concedido o epíteto de augusta, que lhe dava a estatura de uma *imperatriz.* Na prática, isso não passava da legalização de uma situação de fato.

Daí em diante, ela exerceu o poder com mais vigor ainda. Mandou erguer para si mesma um monumento na capital dos úbios, a atual Colônia, onde nascera trinta e cinco anos antes, ao fundar uma colônia de veteranos romanos e dotá-la com o *jus italicum.* A cidade, até então chamada Oppidum Ubiorum, passou a denominar-se Colonia Agrippinensis. Conheceu tamanho desenvolvimento que Vitélio, um dos sucessores de Nero, foi aclamado imperador nessa cidade do Reno, e Trajano, no ano 98, ali assumiu o cargo de imperador.

A partir dessa época, Agripina não deixou escapar oportunidades para elevar seu prestígio público e demonstrar ao povo quem realmente reinava no Império Romano. Com seu carro tirado por cavalos, ela pisava o sagrado solo do Capitólio, algo que, até onde alcançava a memória humana, só era permitido aos sacerdotes e ao imperador. Com isso, Agripina queria mostrar publicamente que o imperador era ela, e ninguém ousava contestar essa pretensão.

Ao mesmo tempo, demonstrando grande habilidade, foi apressando a carreira de seu filho. Em 51, no mesmo ano em que nascia o futuro imperador Domiciano, Nero recebeu a *toga virilis,* a toga dos homens. Um ano mais tarde, aos dezesseis anos, foi nomeado prefeito de Roma, e, em 53, casou-se com sua irmã adotiva, Otávia, então com quinze anos — atendendo ao desejo de sua mãe.

Com isso, todos os planos estavam traçados. Nero, nem que quisesse negar-se a isso, teria de ser imperador.

III

As mulheres lhe foram funestas

"Agripina sabia havia muitos anos que fim lhe estava reservado, só que isso pouco lhe importava."

Tácito

— Quem é esta mulher? — sussurrou Nero a seu acompanhante. Sêneca deu de ombros, prometendo informar-se e dar a resposta tão logo lhe fosse possível.

Era uma linda mulher, que os dois haviam encontrado subitamente no palácio. De olhos escuros e cabelos negros, parecia uma estrangeira.

Nero ficou esperando pela resposta, impaciente. Jamais vira uma mulher de tamanha beleza. Ao retornar, Sêneca disse-lhe que a beldade com quem acabavam de cruzar no próprio palácio de Nero era uma das criadas de Otávia. Chamava-se Acte, nascera na Grécia, de pais sírios, gozava do *status* de uma liberta e se prostituía de vez em quando para ganhar alguns trocados.

O jovem imperador solicitava-lhe freqüentemente tais informações, e sempre recebia respostas detalhadas. Mas seu interesse não se limitava, de forma alguma, ao sexo feminino. Sentia-se atraído também por belos rapazes. As mulheres tinham de ser mais velhas do que ele, casadas e do tipo maternal, ou então prostitutas ordinárias, uma das quais se parecia com Agripina. Quando sua sensualidade o dominava, ele reagia desenfreadamente, quase como se cometesse um estupro. Certa vez, sem vacilar, seduzira uma sacerdotisa da deusa Vesta, chamada Rúbria. Isso acabou em tragédia, pois as vestais eram obrigadas a manter a virgindade durante trinta anos, e eram enterradas vivas sempre que quebravam seu juramento. Portanto, todos os que cercavam o imperador alimentavam um certo receio de que Nero — segundo Tácito — pudesse "deixar-se arrebatar a ponto de desonrar ilustres mulheres".

Pela bela síria, porém, o imperador parecia sentir mais do que interesse sexual. Cautelosamente, ele planejou encontros secretos e só revelou seu segredo aos mais íntimos amigos: apaixonara-se. Aneu Sereno prestou sua ajuda ao imperador apaixonado. A fim de que Agripina nada soubesse dessa relação, fingiu estar mantendo um caso com Acte, convidando a beldade a visitá-lo em sua casa, onde então a colocava à disposição do príncipe. A mãe do imperador era absolutamente contrária a toda relação que não tivesse fins políticos.

O amor materno de Agripina: uma relação mortal

É verdade que Otávia, a esposa de Nero, com seus catorze anos de idade, não chegava a ser uma beldade, mas não foi isso o que o levou a jamais consumar seu casamento. Por causa de sua educação, Nero era sexualmente inibido e depravado. Os críticos anos de puberdade, sob os cuidados de um dançarino e de um cabeleireiro com tendências homossexuais, tinham-se gravado nele e iriam influenciá-lo mais tarde, ao ter de assumir seu papel masculino. E uma menina de catorze anos estava longe de ter a necessária experiência para conduzir às trilhas normais o jovem imperador.

Sob esse aspecto, o comportamento incestuoso de Agripina parece menos condenável. Tácito e Suetônio contradizem-se quando tentam estabelecer de quem partiu a iniciativa. Suetônio, sempre contrário a Nero, atribui a este a responsabilidade; Tácito, mais objetivo, faz de Agripina a culpada. O fato é que Nero foi iniciado nos segredos do amor carnal por sua própria mãe. É possível que ela quisesse usar de sua própria habilidade para reagir contra as inclinações homossexuais do filho.

Nero era obediente a sua mãe em todos os sentidos, e essa submissão marcou toda a sua contraditória existência. Agripina exercia o poder com volúpia, deixava-se aturdir por ele. Esquecera-se, ou não quisera ver, que o mimado filhinho da mamãe se tornara um homem de pensamentos e sentimentos próprios. E, quanto mais a mãe procurava prendê-lo, mais aumentava a resistência interior do filho, e mais ódio ela despertava nele. Por fim, não havendo outra alternativa, um dos dois teria de morrer.

Não sabemos com exatidão quando Nero, pela primeira vez, arquitetou o plano de assassinar sua mãe. Mas deve ter sido bem antes de ele pôr em prática seu projeto. Temendo a mãe, e sabendo que um malogro lhe custaria a própria cabeça, pôs-se a agir com o maior cuidado. Além disso, não queria comprometer com um matricídio a afeição de que gozava junto ao povo.

Submisso como uma criança, deixava que a mãe o comandasse à vontade, sentava-se a seus pés nos banquetes e acompanhava a pé a liteira que conduzia Agripina pelas ruas da cidade, durante as procissões solenes. Ele, cercado de aduladores, de sua mãe só ouvia repreensões e censuras. Aos olhos de Agripina, o imperador não passava de uma criança.

Como não era costume o imperador aparecer no Senado acompanhado de sua mãe, ela convidou os senadores a irem ao palácio, onde então realizavam suas assembléias. Num salão de audiências, por trás das filas de cadeiras, ela mandou demolir parte de uma parede, que foi coberta com tecido. Sem ser vista pelos senadores presentes, dali ela acompanhava todos os debates.

Um dia, chegou uma delegação da Armênia para informar Nero da invasão desse país pelos partos e para lhe pedir ajuda. Nero hesitava ainda, quando Agripina apareceu de repente junto à porta. Tinha escutado tudo pela abertura da parede. Sêneca, sentado à direita do imperador, adivinhou a intenção de Agripina: era evidente que ela queria presidir as assembléias do Senado. Sêneca reagiu instantaneamente, sussurrando algo ao ouvido de Nero. Este levantou-se, correu de braços abertos ao encontro de sua mãe, abraçou-a, beijou-a e conduziu-a, carinhosamente mas com resoluta determinação, até a porta. Compreendendo o que se passava, os senadores sorriram. "Assim", observa Tácito, "sob as aparências de respeito filial, impediu-se a degradação do Senado."

A invasão da Armênia pelos partos pôs à prova, pela primeira vez, as aptidões políticas do jovem imperador. As más-línguas de Roma discutiram muito tempo as chances de o imperador, com seus dezessete anos, estar à altura desse desafio, e tentaram adivinhar o futuro comportamento de Sêneca, Burro e Agripina.

O conflito entre mãe e filho era inevitável

Nesse meio tempo, Nero continuava a se divertir secretamente com a bela Acte, dando-lhe presentes valiosos: jóias caras, escravos e algumas mansões no interior. Em sua paixão, prometeu à jovem síria que se divorciaria de Otávia e se casaria com ela. Nero informou a mãe de seus planos, ou Agripina tomou conhecimento da situação por outros meios? Nenhum historiador esclarece essa questão. Tácito diz que ela teve um ataque de furor, seguido de uma tremenda cena de ciúmes, e terminou gritando que não admitiria que uma liberta fosse sua rival e sua futura nora fosse uma ex-escrava.

Depois de tal cena, o rompimento entre mãe e filho tornou-se inevitável. Nero não tornou a falar com Agripina, e confiou-se mais do que nunca a Sêneca. Este achava Acte atraente e digna de ser amada, externando a opinião de que ela, ao contrário do que pensava Agripina, não faria mal a ninguém. Ao contrário, desde que começara a amar a bela síria, Nero estava mais tranqüilo e equilibrado, e começava a abandonar os maus hábitos sexuais que aprendera em sua primeira juventude.

Agripina percebeu que não conseguiria mudar a atitude do

filho com censuras e recriminações. Fingindo-se arrependida, confessou que sua severidade não se justificava. Como sinal de boa vontade, colocou toda a sua fortuna, incondicionalmente, à disposição do filho, fortuna que era quase tão grande como a do próprio imperador.

Mal Nero entrou na posse dessa inesperada herança, Agripina deu a perceber que estava longe de capitular. Certa noite, reclinados junto à mesa e saciados de vinho, Agripina deixou que a túnica lhe caísse dos ombros e, suspirando, pôs-se a acariciar seus firmes seios. A seguir, tomou uma das mãos de Nero e a conduziu, lascivamente, até o ângulo formado por suas coxas abertas. Pouco depois, o jovem imperador sucumbiu aos encantos de sua mãe, e ambos se puseram a ensaiar as mais extravagantes posições amorosas. A todo momento Agripina assediava o filho, instando para que lhe dissesse o que Acte tinha que ela também não pudesse oferecer. Nero se calava.

Aos trinta e oito anos, Agripina ainda não sofrera derrotas como mulher. Agora, justamente seu filho a fazia sofrer a primeira delas, e isso a feria fundamente em seu orgulho, coisa que Nero não deixara de perceber. Sabia que, daí por diante, seriam inimigos.

De início, ambos procuraram dificultar a vida um do outro. No ano 55, Nero destituiu Palas, o favorito e amante de sua mãe, de todas as suas funções e expulsou-o do palácio, onde ele já dispunha de alojamentos. Ridicularizado pelo imperador, Palas mudou-se, seguido de uma grande comitiva. E ainda se deu por feliz ao obter de Nero a promessa de que não seria responsabilizado no futuro por nenhum de seus atos naquele cargo, e que seriam dadas como líquidas e certas todas as contas.

Agripina estava indignada. Palas fora o mais experimentado de seus conselheiros. Mas ela também sabia atingir duramente Nero.

— Britânico já é adulto — declarou ela ao filho publicamente.
— É ele o verdadeiro e digno herdeiro do trono paterno, que neste momento está sendo indevidamente ocupado por ti, o filho adotivo. E tu, mesmo assim, insultas tua mãe! Nada tenho a opor se estão vindo à luz todos os vícios de nossa infeliz dinastia, a começar pelo incesto e pelo veneno. A quem devo agradecer, senão aos deuses e a mim mesma, que meu filho adotivo continue entre os vivos? Vou agora com ele ao quartel dos pretorianos. Deixemos falar a filha de Germânico. Deixemos falar também a oposição, representada por teu aleijado Burro e teu ex-exilado Sêneca, o primeiro com seu braço a menos, o segundo com sua língua de mestre-escola, e que agora pretendem governar o mundo inteiro. . .

Dito isso, ela levantou os braços e evocou a figura do falecido Cláudio, o divino, lamentando-se por ter cometido tantos crimes inúteis.

Nero não podia ouvir tais ameaças sem reagir. Aproximava-se o décimo quinto aniversário de Britânico. O destino que amargava tinha-lhe, entrementes, granjeado muitos amigos no seio do povo. Não transcorrera muito tempo desde que ele, por ocasião das saturnais e na companhia do imperador, cantara uma canção que evocava seu afastamento do trono. Em conseqüência, cresceram a compaixão e a simpatia por Britânico. Como isso poderia tornar-se perigoso para Nero, os conselheiros deste incitaram-no a agir.

Nero queria exilar o filho legítimo de Cláudio. Os conselheiros consideravam arriscada essa medida. Pólio Júlio, comandante de uma coorte pretoriana, estava mantendo sob sua custódia a malafamada Locusta, cuja arte consistia em misturar substâncias venenosas. Locusta, depois de preparar uma poção secreta, entregou-a aos preceptores de Britânico, que, subornados por dinheiro e promessas, a misturaram à comida destinada ao rapaz. Nero não tomara conhecimento de nada, apenas dera seu consentimento no sentido de que Britânico fosse eliminado.

O primeiro atentado falha

Mas, em vez de receber a notícia de que se consumara o atentado, o imperador foi informado de que o irmão adotivo se salvara, vomitando a comida imediatamente, e que desde então vinha sofrendo de problemas digestivos. Temeroso de que o atentado viesse a público, Nero ordenou que lhe trouxessem Locusta ao Palatino, onde, aos berros, lhe disse que não dera veneno a Britânico, mas um remédio. A seguir, com suas próprias mãos, aplicou algumas bofetadas na perplexa nigromante. Suetônio diz que ele literalmente a surrou.

— Tive de usar uma dose menor — defendeu-se Locusta —, a fim de encobrir melhor o crime.

— Claro! — retrucou Nero, excitado. — E eu, que estou sujeito à aplicação da Lei Juliana?

A *Lex Julia* previa, entre outras coisas, penas contra os envenenadores.

Em seguida, Nero arrastou Locusta até seu quarto de dormir, fechou as portas e a obrigou, sob seu olhar atento, a misturar diversos ingredientes, que ela sempre trazia num saquinho, a fim de obter um veneno eficaz. Concluído o trabalho, chamou seus escravos:

— Trazei-me um bode!

Pensando que o imperador quisesse se entregar a seus perversos caprichos, seus serviçais lhe trouxeram um animal de grande beleza. Nero fê-lo engolir a poção. O bode levou cinco horas para morrer. Locusta teve de reforçar o veneno.

— Um porco! — gritou Nero. — Trazei-me uma porca!

Estupefatos, os serviçais levaram o bode morto e arrastaram para dentro da sala um suíno de raça. Mal o porco mergulhou o focinho no elixir, caiu morto. Nero mandou que retirassem o cadáver.

Na hora do jantar, Nero ordenou que lhe trouxessem à sala de refeições um frasquinho com o fatal elixir. Supondo que Britânico nada iria comer, ele derramou o veneno em sua bebida. Ao tomar o primeiro gole, o irmão adotivo caiu ao solo.

— É apenas um de seus ataques epiléticos — disse o imperador, procurando tranqüilizar os circunstantes. Na verdade, Britânico já estava morto.

Agripina, que participava da ceia, ficou petrificada de terror. Foi a primeira a perceber o que estava ocorrendo. Não obstante, demonstrou ostensiva indiferença, e atendeu logo à solicitação de Nero para que todos voltassem a se mostrar alegres. No seu íntimo, porém, alastrava-se o medo: seu filho, que lhe obedecera incondicionalmente até os dezessete anos de idade, incapaz de qualquer iniciativa própria, seu filho eliminara um rival perigoso — sem seu conhecimento, sem sua participação, sem sua ajuda.

De fato, Nero escapara de suas mãos, e ela sabia o que isso significava: ela, Agripina, seria a próxima vítima. Só *ela* podia ainda disputar-lhe o trono.

O assassinato do irmão adotivo não trouxe sossego para Nero. Desesperado, ele procurava a companhia de amigos, e chegou a conseguir alguns, pois presenteava-lhes casas de campo e palácios na cidade. De sua parte, Agripina procurou manter seu poder pessoal, recebendo tribunos e centuriões e agraciando a aristocracia romana com todos os títulos honoríficos imagináveis. Até mesmo Otávia, que, para Agripina, fora por muitos anos um joguete para atingir seus objetivos, tornou-se alvo de suas solicitudes.

As atividades de sua mãe fizeram crescer o ódio de Nero. Embora Agripina, instalada no palácio imperial do Palatino, tivesse sua própria corte, eram inevitáveis os encontros diários entre eles. Por isso, o imperador lhe destinou o palácio municipal, que pertencera a sua avó Antônia, e, para que ela não pudesse transformá-lo num segundo palácio imperial, riscou da folha de pagamentos sua guarda de honra romana e a guarda pessoal de soldados germânicos, a que tinha direito como filha de Germânico. Isso reduziu Agripina à posição de uma simples cidadã.

O terror psicológico que Nero passou a impingir a sua mãe foi realmente demoníaco. Parece que o jovem imperador se comprazia em atormentá-la. Se Agripina passava seus dias em Roma, Nero a assediava com detratores subornados, cujas acusações só se mostravam inconsistentes após uma tremenda guerra de nervos. Se ela se refugiava no campo, em Âncio, comandos terroristas pagos prosseguiam aquele jogo abjeto, faziam-na acordar sobressaltada, provocavam-na com difamações e lhe faziam ameaças.

Agripina pensava cada vez mais em suicidar-se. É claro que seu próprio passado, cheio de inquietude, a impedia de consumar o ato. Anos a fio, temendo ser envenenada, ela vinha tomando antídotos — um costume comum na corte imperial. Estava, agora, imune. Por três vezes atentara contra a própria vida, mas tudo em vão.

Entrementes, Agripina se sentia tão insegura e desconfiada que já não sabia distinguir entre amigos e inimigos. Não confiava mais nos homens, nem mesmo naqueles que lhe tinham caído aos pés; só dava ouvidos a mulheres. Mas mesmo entre elas, não conseguia distinguir quem lhe desejava o bem ou o mal.

A tardia vingança de uma rival

Por essa época, ressurgiu aquela Júlia Silana que, no passado, tivera de ceder lugar a Messalina em seu casamento com Caio Silano. Ela e Agripina tinham sido confidentes uma da outra, pois ambas gozavam da fama de mulheres belas e licenciosas. Ao cortejarem um admirador comum, chegaram a um conflito aberto, sendo que Júlia fora sobrepujada. Ao que parece, havia chegado, para ela, a hora da vingança.

Júlia Silana convenceu Itúrio e Calvísio, dois de seus admiradores, a apresentarem acusações contra Agripina. Na antiga Roma, não existiam advogados. Para iniciar um processo judiciário, bastava que um denunciante nomeasse algumas testemunhas. Prometendo uma recompensa futura, os dois amantes da bela Júlia disseram ao liberto Atimeto que Agripina convidara Rubélio Plauto, um descendente de Augusto pela linha materna, a provocar a queda de Nero. Para esse fim, chegara a prometer que se casaria com ele. Atimeto levou o recado a Páris, um ator que, todos sabiam, mantinha com Nero relações íntimas.

O mímico Páris tinha livre acesso ao palácio. Era já meia-noite quando ele entrou na sala de refeições, o *triclinium*. Reclinado em seu sofá, Nero, bêbado, tartamudeava coisas incompreensíveis. Esperava que seu amigo viesse lhe contar alguma piadinha. Este, porém, aproximou-se de rosto franzido. Nero tentou concentrar-se. Ao insistir em que Páris lhe revelasse o motivo daquela atitude sombria, este transmitiu o que lhe tinham informado. A notícia foi-lhe dissipando a embriaguez. Nero ficou longo tempo pensativo, e depois disse:

— Minha mãe tem de morrer. E Rubélio Plauto também. Imediatamente.

O imperador ordenou que o prefeito da guarda, Burro, fosse destituído. Mas Sêneca desaconselhou tal medida, e mandou que chamassem Burro. Este afirmou que o boato era pura invencionice, e que o imperador devia dar a Agripina uma possibilidade de defesa. Se fosse comprovada sua culpa, ele mesmo se encarregaria de matá-la com as próprias mãos. Essa declaração fez o imperador hesitar. Resolveu adiar a decisão para a manhã seguinte.

Pouco depois do amanhecer, Burro e Sêneca, acompanhados de alguns libertos, foram despertar Agripina de seu sono e confrontaram-na com a acusação que lhe fazia Júlia Silana. Exasperada e destilando cinismo, Agripina defendeu-se, dizendo:

— Não me admira que Silana, que nunca teve um filho, ignore todos os sentimentos de uma mãe. Uma mãe não muda de filhos como uma mulher depravada muda de amantes. E se Itúrio e Calvísio, depois de dissiparem sua fortuna, venderam a uma mulher velha a única coisa que ainda possuíam, ou seja, sua capacidade de acusar, é inútil acreditar que eu venha a assumir a vergonha de um infanticídio, e o imperador, o arrependimento de um matricídio. Eu ficaria igualmente agradecida à minha inimiga Domícia se quisesse concorrer comigo no amor a Nero. Enquanto ela ampliava os lagos de suas propriedades em Baia, eu impunha a adoção de Nero pelo imperador, a transmissão a ele de poderes proconsulares, sua nomeação para o cargo de cônsul e tudo o mais que iria aplainar seu caminho rumo ao trono imperial. O que ela faz agora, usando seu amante Atimeto e o ator Páris, não passa de uma peça de teatro. Sim, espero que se prove que provoquei a insurreição das coortes municipais, que tenho feito vacilar a fidelidade das províncias ou que corrompi escravos ou libertos do imperador para levá-los à prática de crimes. Acaso *eu* estaria viva, se Britânico tivesse assumido o poder? E se Plauto ou qualquer outro assumisse o governo e me submetesse à justiça, será que iriam faltar denunciantes para me recriminar, não com palavras cautelosas, mas por ter cometido verdadeiros crimes, crimes dos quais só meu filho pode me absolver?

A fala de Agripina comoveu Sêneca e Burro, tanto que procuraram tranqüilizar a agitada mãe do imperador. Mas ela exigiu uma entrevista com o césar e um castigo para seus detratores. Como as acusações levantadas contra Agripina passaram rapidamente de boca em boca, Nero não pôde deixar de atender a essa exigência. Júlia Silana foi expulsa de Roma, bem como Calvísio e Itúrio; Atimeto foi decapitado. Plauto conseguiu escapar ileso, bem como Páris, pois este, como observou Tácito sarcasticamente, "era indispensável às extravagâncias do imperador".

Os césares de Roma não amavam apenas as mulheres

Embora mantivesse intensas relações amorosas com mulheres, principalmente com a bela Acte, Nero permaneceu, ao longo de sua vida, bissexual. Na verdade, a homossexualidade na antiga Roma não era tida como condenável ou perversa; ao contrário, era uma prova de refinamento. Os romanos tinham-na importado da Grécia, que lhes servira, também neste particular, de modelo.

Nenhum dos antecessores de Nero estivera livre de tendências homossexuais ou bissexuais. Isso valia para César e Augusto, bem como para Tibério, Calígula e Cláudio. Augusto e Tibério cultivavam até mesmo o amor por meninos, a pederastia. Seus amantes mais jovens não tinham mais de doze anos. Eles podiam ser reconhecidos pelo andar lânguido e pelas coxas que traziam sempre à mostra, porção de seus corpos que os pederastas mais gostavam de apalpar. Parece-nos hoje absurdo que, na época, se tenha tentado legitimar esse fenômeno por meio da filosofia. O "amor grego", eufemismo que designava o coito anal, prescinde, em nossos dias, de justificações filosóficas.

Os atores eram os amantes preferidos dos imperadores romanos. Os favores de Calígula dirigiram-se, de início, a Apeles, um ator trágico; mais tarde, deu preferência ao mímico Mnéster, um dos amantes de Messalina. Também Páris, favorito de Nero, ex-escravo de sua tia Domícia, era mímico. A arte dramática enriquecera Páris de tal maneira que lhe fora possível comprar sua liberdade. Mais tarde, gozando das boas graças do imperador, Páris solicitou que lhe fosse devolvido o valor do resgate, no montante de dez mil sestércios, alegando que jamais fora escravo. Por iniciativa de Nero, o caso foi submetido a um tribunal e a reivindicação foi atendida. Isso fez levantar muita poeira, pois todo mundo sabia que Páris comprara sua genealogia na cama do imperador. Onze anos mais tarde, Nero mandou que seu companheiro de jogos amorosos fosse executado, por motivos que examinaremos mais adiante.

Somente mulheres muito refinadas atraíam o interesse de Nero, mulheres como sua amante Acte, a qual obviamente sabia cativar o imperador, sem lhe ceder tudo. Só assim se explica que Nero passasse anos ligado a essa beldade e que, para o pesar de seus conselheiros, pensasse até mesmo em repudiar sua mulher Otávia para se casar com a linda liberta. Não satisfeito com isso, ordenou que se forjasse para a amante síria uma galeria de antepassados conveniente, porque, afinal, o imperador romano só podia consorciar-se com uma dama de origem nobre. Mas esse casamento jamais chegou a consumar-se.

Em vez disso, Acte apresentou a Nero, certo dia, um de seus amantes, um homem chamado Marco Sálvio Oto. Não havia outro em Roma, relata Plutarco, que fosse mais depravado do que ele. Essa a razão, naturalmente, de ter despertado o interesse de Nero.

Oto tornou-se, segundo Tácito, "o amigo mais íntimo" de Nero. O luxo e a dissipação em que vivia esse homem, cinco anos mais velho do que ele, causaram tremenda impressão no imperador de dezoito anos, e influenciaram sua existência futura. Nero, por natureza econômico, até mesquinho, era, por causa desse traço de caráter, alvo das galhofas de Oto. O imperador se divertia com isso, pelo menos no início.

Ele considerava um luxo prodigioso perfurmar-se com caros óleos de mirra. Também Oto, um dia, teve direito a um jato desse perfume. Depois disso, Oto pediu que o imperador viesse visitá-lo, ocasião em que o conduziu à sua sala de recepção, em cujas paredes brilhavam torneiras de ouro e prata em forma de serpentes. A um sinal do anfitrião, essas torneiras transformaram-se em chafarizes e derramaram sobre o príncipe e sua comitiva ondas de óleo de mirra. Nero riu até as lágrimas, e no palácio, por semanas a fio, tudo recendia a mirra.

Durante essa orgia aromática, o imperador se deixara fascinar pela mulher de Oto, Popéia Sabina. Na opinião de Tácito, essa mulher "possuía tudo, menos um caráter honesto". Era, portanto, uma mulher ao gosto de Nero. Não apenas era extraordinariamente bela, mas tinha cabelos ruivos aloirados como os dele, e era mais velha. Sua pele clara e aveludada fascinava os homens. Popéia sentia-se feliz com o efeito que produzia, e cuidava de seu corpo banhando-se em leite de mulas e usando bálsamos muito especiais, os *pinguia Poppaiana.*

Popéia Sabina era uma mulher com um passado. Sua mãe, de menos renome, alcançara a fama de ser a mais bela mulher do mundo, e ela mesma nada lhe ficava a dever. Muito jovem, Popéia casara-se com o aristocrata Rúfio Crispino, mas levara uma vida bastante livre, virtuosa da porta para fora e lasciva na intimidade. Quando deixava sua casa, o que não acontecia com freqüência, ela se cobria com um véu, para preservar a palidez aristocrática de sua pele e para não inflamar demasiado os desejos dos romanos.

Oto obtivera o divórcio de Popéia, raptando-a, proclamando publicamente seu crime e vangloriando-se de tê-lo executado. O filhinho dela, Rúfio Crispino, ficou com a mãe. Na presença do imperador e com uma incrível ostentação, Oto exaltou certa vez os encantos da mulher com quem acabara de casar-se. Os antigos historiadores questionam se o fazia por estar apaixonado, ou se queria, mais ou menos abertamente, oferecer a Nero sua mulher, a fim de aumentar sua influência junto ao imperador, ou se estava apenas obedecendo a uma solicitação de Popéia. "Vou ver Popéia", dizia Oto quando deixava a mesa imperial, e, antes de sair da sala, enumerava, um a um, todos os encantos anatômicos e intelectuais de sua mulher.

Finalmente, o imperador resolveu convidar para seus banquetes também a esposa de seu amigo íntimo. Popéia aceitou o convite, o que uma mulher honesta, naquela época, não teria feito. Popéia adulou Nero, fez-lhe os mais diversos elogios e deu-lhe a entender que o estimava e que se apaixonara por ele, mas quando o príncipe tentava se aproximar dessa bela e sedutora mulher, ela o rechaçava com brusquidão. Nero fez-lhe inúmeras propostas — debalde.

— Fica comigo — mendigava ele. — Ao menos uma noite!

Popéia mostrava-se melindrada:

— César, sou uma mulher casada. Não posso renunciar a meu casamento. Estou apaixonada por Oto, por sua maneira de viver, e não há ninguém igual a ele.

Isso irritava o imperador, e era exatamente o que desejava Popéia.

— Oto é um homem de muito bom gosto — continuava ela —, e ele adora tudo o que há de suntuoso. Junto a ele encontro tudo o que me leva à mais alta felicidade. Tu, ó césar, continuas preso aos laços de tua amante e serviçal Acte, e desse casamento à moda de escravos só aprendeste hábitos vulgares e sujos!

Então, era isso o que motivava a reserva demonstrada por Popéia: molestava-a ter de concorrer com uma liberta. Popéia também mofava dos hábitos sexuais do imperador. Era uma ousadia bastante incomum, que a qualquer outro teria custado a cabeça ou o pescoço. Popéia provocava-o, jogando cada vez mais alto; tinha, porém, um objetivo definido, uma meta que, de certa forma, podia parecer inalcançável. Afinal, o imperador permanecia casado com Otávia. Além disso, havia também a mãe do imperador, ainda que sua influência houvesse declinado.

Os dias de Agripina estão contados

Mas Agripina não desistia. Principalmente quando seu filho estava bêbado, ela tentava seduzi-lo, desnudando os generosos seios, que Nero então era obrigado a beijar. Popéia sabia disso e escarnecia do imperador, chegando a chamá-lo de criança de peito.

— Não és senhor nem de teu próprio trono — disse-lhe certa vez. — Nem podes agir por livre vontade. Por que adias nosso matrimônio? Talvez porque não sou suficientemente bela, ou por não serem meus antepassados suficientemente gloriosos? Ou te desagrada minha fertilidade? Ou minha sinceridade? Temes que, ao me tomar por esposa, as admoestações dos senadores e a ira da plebe recaiam sobre tua orgulhosa e cobiçosa mãe. Se Agripina só pode suportar uma nora que odeie seu filho, devolve-me então meu esposo Oto. Irei viver com ele em qualquer lugar do mundo de onde se ouçam notícias sobre as afrontas que sofre meu imperador, mas não passarei pela vergonha de presenciá-las, nem me verei envolvida nos perigos que ele corre.

Essas palavras não deixaram de calar fundo no ânimo do imperador. Para ele, a morte de Agripina já estava decidida. Distanciando-se cada vez mais de sua mãe, ia refletindo sobre a melhor maneira de se livrar dela. Sabia que, utilizando-se de um veneno, não conseguiria matá-la. Caso viesse a contratar assassinos pagos, estes certamente executariam sua tarefa, só que, mais cedo ou mais tarde, alguém iria acusá-lo de matricídio. Restava-lhe uma única possibilidade: forjar um acidente.

O ódio por sua mãe, o desejo sexual que o prendia a sua amada e o medo de ser acusado de matricídio, tudo isso o fez conceber os planos mais grotescos. Enquanto Agripina repousava em sua casa de campo, Nero mandou instalar em seu quarto de dormir, no palácio municipal, uma armadilha fatal. Tratava-se de um plano diabólico. Artífices especializados desmontaram o pesado teto de madeira do aposento, afixando-o depois a um complicado dispositivo que o mantinha suspenso, e que poderia ser desarmado de fora da casa. Ao retornar a Roma, Agripina seria esmagada no momento em que o teto desabasse sobre ela. Mas os trabalhos foram ficando cada vez mais complicados, e necessitavam de tantos artífices e materiais que o plano ficou patente, tendo de ser abandonada sua execução.

Aniceto, comandante da frota ancorada diante de Miseno e confidente de Nero desde seus dias de criança, passou a aprimorar, depois disso, um plano tão complicado e caro que, realmente, só um imperador poderia executá-lo. Num estaleiro localizado no litoral da Campânia — a atual aldeia de Miseno —, Aniceto mandou construir um navio suntuoso, que se partiria ao meio quando se apertassem determinadas alavancas. Toda a parte da frente do navio era insubmersível, mas a popa, em cujo camarote foi colocado um magnífico divã, afundaria em poucos segundos.

— Nada é mais sujeito ao acaso do que o mar — disse Aniceto laconicamente, acrescentando: — Se Agripina perder a vida num naufrágio, quem será louco a ponto de atribuir tal fato a um crime, já que a culpa caberá aos ventos e às ondas? E depois, ó césar... depois mandarás consagrar templos, altares e outras coisas a tua falecida mãe, a fim de demonstrar teu amor filial.

A construção do navio, com a anuência de Nero, foi executada às pressas, sob as mais severas medidas de segurança. Por ocasião dos festivais de Minerva, o barco deveria ser lançado ao mar. O príncipe queria que essa festa, consagrada à deusa dos artistas e dos prestidigitadores, durasse cinco dias, de 19 a 23 de março de 59. Sua mãe, que possuía uma casa de campo em Sileno, foi convidada a assistir aos espetáculos de teatro, de canto e dança. Era um convite que ela não podia rejeitar.

Embora tivesse conhecimento do boato de que Nero pretendia atentar contra sua vida, Agripina deu-lhe pouco crédito. Isso porque, não fazia muito tempo, seu filho, num discurso público, afirmara que se devia suportar a ira dos pais, como também ser moderado quanto às próprias ambições. Ela viu nessas palavras uma alusão à tensa relação entre os dois, tanto que se mostrava disposta a uma reconciliação.

O atentado de Baia

Agripina chegou por mar e desceu para o cais numa liteira. Acenando-lhe com a alegria estampada no rosto, Nero foi ao encontro dela, deu-lhe a mão e abraçou-a. Conversando a passos vagarosos, os dois se encaminharam para a mansão situada entre o promontório de Miseno e o golfo de Baia. Esperava-os a criadagem do imperador com um opíparo jantar. A noite chegava, o mar estava tranqüilo.

Archotes foram colocados nas paredes da mansão, escravas serviam vinho, de uma sala ao lado ouvia-se música, na sala de refeições as mesas arqueavam-se sob o peso de assados, cozidos e de aromáticas frutas exóticas. Nero indicou à mãe o lugar de honra, à sua frente. Trocando amenidades, como se jamais tivessem existido quaisquer tensões entre eles, os dois puseram-se a conversar, trocaram olhares afetuosos e, por fim, abraçaram-se com manifesta cordialidade.

Entrementes, no porto, o planejado empreendimento estava sendo ultimado. Mergulhadores inutilizaram para a navegação o rápido veleiro em que viera Agripina. A seguir levaram para junto dele uma velha chalupa, dando a impressão de que esse cargueiro havia abalroado o veleiro.

Um céu limpo, coberto de estrelas, estendia-se sobre o golfo de Baia quando Nero, bem depois da meia-noite, acompanhou sua mãe até o porto. Ruídos e gritos anunciavam que algo havia acontecido.

— Vejam o navio da imperatriz! Está avariado!

Agripina pensou imediatamente num atentado. Mas o imperador a tranqüilizou, oferecendo-lhe seu luxuoso navio. Agripina aceitou a oferta, pois, sentindo-se insegura, queria voltar o quanto antes para sua quinta de Baulos. O que não podia adivinhar é que estava caminhando para uma estrada funesta.

A mãe do imperador foi sentar-se no divã, na popa do navio, sob um pesado baldaquino. A seus pés tomou lugar Acerrônia, sua dama de companhia; Crepereio, seu confidente, ficou atrás dela, nas proximidades do timão. Os três devem ter notado que a maior parte da tripulação se comprimia na proa do navio. Nesse momento, porém, com forte estrondo, o baldaquino desabou sobre o luxuoso divã. Havia placas de chumbo sobre ele, e Agripina e seus acompanhantes se viram soterrados. Crepereio morreu instantaneamente, mas, no lugar em que se encontravam a mãe do imperador e Acerrônia, parece que os deuses estenderam sua mão protetora. O alto espaldar do divã aparou o teto que caía, suportando até mesmo o peso das placas de chumbo.

O crime tão perfeitamente urdido sofria seu primeiro malogro, por não ter sido planejado em todos os pormenores. Outro erro patenteou-se a seguir: nem toda a tripulação estava a par do empreendimento. Por questões de segurança, só os cabeças e as pessoas de maior confiança tinham conhecimento do projeto. Por isso, a tripulação entrou em pânico. Os que nada sabiam começaram a atrapalhar os outros, impedindo que se fizesse funcionar o mecanismo que partiria o navio ao meio.

Entre os que sabiam de tudo estavam os remadores. Percebendo que a popa não iria afundar, eles procuraram fazer que o navio adernasse para um dos lados — sob a mais ferrenha resistência dos que não sabiam o que estava acontecendo. Com isso, a acompanhante de Agripina, Acerrônia, caiu ao mar. Seus gritos por socorro foram inúteis. Quando, porém, com medo de morrer, começou a gritar: "Ajudai-me, sou Agripina, a mãe do imperador!", os remadores repararam na mulher que se debatia ali perto. Incontinenti, começaram a golpear com remos e varas aquela desesperada, até que ela, inconsciente, desaparecesse sob as águas.

Mas Agripina, que até aquele momento continuava presa sob o baldaquino, ainda vivia. Tentou livrar-se daquela cobertura, e logo se pôs a nadar em direção à praia. A meia distância, um pescador içou para bordo aquela mulher, que estava levemente ferida, e levou-a para sua casa de campo, não longe dali, em Baulos. Só então ela teve plena consciência do atentado minuciosamente planejado por seu filho. Embora temesse a morte, pareceu-lhe que, nessas condições, seria melhor fingir que de nada desconfiava.

Assim, enviou a Baia seu liberto Agerino, que entregou a Nero a seguinte mensagem: por mercê dos deuses e para sorte dele, Nero, ela escapara a um grave acidente. Mas se essa mensagem viesse a assustá-lo pelo perigo de morte que ela correra, pedia-lhe, de qualquer modo, que não lhe fosse fazer uma visita. No momento, ela estava precisando de repouso, nada mais.

O último ato do drama

Ao ser informado de que o atentado malograra, Nero enfureceu-se. Mas sua ira logo cedeu lugar ao medo. Conhecia sua mãe e sabia que ela, de sua parte, iria fazer o impossível para eliminá-lo. "Ela não tardará", murmurava medrosamente o imperador. "Sua vingança não se fará esperar. Há de armar seus escravos, amotinar a soldadesca e dirigir-se ao Senado ou ao povo, para me acusar pelo naufrágio, por seus ferimentos e pela morte de seus confidentes. O que posso fazer?"

A pergunta fora endereçada a Burro e a Sêneca. Tácito não confirma se eles estavam a par do atentado contra Agripina. O que se sabe é que, por muito tempo, permaneceram calados. A seguir, voltando-se para Burro, Sêneca perguntou:

— Não se pode ordenar aos soldados que matem Agripina?

— O juramento de fidelidade dos pretorianos vale para toda a dinastia dos césares, e certamente, em memória de Germânico, não farão mal algum a sua filha. Acho que cabe a Aniceto levar às últimas conseqüências o que prometeu.

Aniceto aceitou imediatamente a incumbência, exigindo, porém, o comando do empreendimento. Nero anuiu. Nesse momento, chegou o mensageiro enviado por sua mãe. Enquanto este lia a mensagem de Agripina, Nero deixou cair a seus pés um punhal.

— Prendei-o! — gritou o imperador. — Minha mãe o enviou para que me assassinasse.

Com isso, iniciava-se o último ato do drama.

No litoral da Campânia, espalhara-se, ainda durante a noite, a notícia da catástrofe. À luz de archotes agrupavam-se muitas pessoas; algumas subiam ao alto dos diques, outras saíam remando mar adentro à procura do navio avariado; muitas se lamuriavam e oravam, pois os boatos se sucediam sem parar. Diante da casa de campo de Agripina, preocupados, estavam reunidos vários vizinhos. Mal podiam acreditar naquela milagrosa salvação.

À primeira claridade do amanhecer, surgiu a galope um esquadrão de cavalarianos fortemente armados, liderados por Aniceto. Agripina despertou quando os soldados se puseram a forçar a porta de entrada. Alguns escravos, que tentaram impedi-los, foram detidos e afastados dali. A vigilância do quarto de dormir de Agripina estava entregue a uma criada. Quando os gritos se tornaram mais fortes, esta fugiu.

— Até tu me abandonas? — exclamou Agripina, vendo-a desaparecer. Súbito, deparou com Aniceto. Atrás dele apareceu Herculeio, um capitão de navio, e, por fim, Obarito, o centurião da frota.

Agripina conhecia essas três figuras sombrias, e sabia o que significava sua presença. Nem por isso perdeu o orgulho e o autodomínio. Aparentemente tranqüila, voltou-se para Aniceto:

— Se vieste para me visitar, podes dizer a teu senhor que já me recuperei. Se, porém, vieste para me matar, devo dizer que não acredito que tal ordem tenha partido de meu filho. Não se pode ordenar o assassinato de uma mãe.

Ignorando suas palavras, os três a jogaram sobre a cama. Com um cacete, Herculeio golpeou a cabeça da indefesa mulher. Um filete vermelho de sangue escorreu de sua boca, mas ela se manteve consciente. O centurião desembainhou a espada.

— Golpeia-me o ventre! — gritou Agripina, ao mesmo tempo em que suspendia sua camisola transparente e abria as coxas. Obarito fincou-lhe a espada.

"Pouco importa que me mate, contanto que se torne imperador!", dissera certa vez Agripina, e agora, depois de alcançar tudo o que desejava, sentia um certo prazer com a chegada da morte.

Informado de que as ordens tinham sido cumpridas, Nero dirigiu-se às pressas a Baulos, nessa mesma noite. Queria rever sua mãe. Sentimentos contraditórios devem ter dominado a mente do jovem imperador quando viu sobre a cama, ensangüentado, o cadáver seminu. Nero achegou-se ao leito e apalpou o corpo de Agripina. "Vejam a beleza desses seios!", disse ele a seus acompanhantes. Estes se entreolharam, horrorizados, e acabaram por lhe voltar as costas, enquanto Nero salientava outras características do corpo de sua mãe.

— Estou com sede — disse subitamente o imperador. Estenderam-lhe uma taça de vinho. Nero esvaziou-a, com o olhar fito no cadáver de sua mãe. Devolveu-a e dirigiu-se, demonstrando indiferença, à sala contígua. Lá, pôs-se a fitar silenciosamente o chão. De tempos em tempos, dava um salto, olhando medrosamente em torno de si. A seguir, sentou-se, perturbado. Para onde quer que olhasse, via a sombra de sua mãe. As Fúrias, com açoites e archotes chamejantes, apareciam por toda parte. Esses fantasmas o perseguiram pelo resto da vida.

Um césar órfão de mãe

Mal amanhecia quando os centuriões e os tribunos foram acordar o imperador. Apertaram-lhe a mão e lhe deram parabéns, de forma até exagerada, por escapar ao vergonhoso atentado que sua mão perpetrara. No decorrer do dia, procedentes de lugarejos das vizinhanças, foram chegando legações, a fim de manifestar ao imperador sua alegria pelo final feliz do episódio. Assim, o príncipe, antes perturbado, começou a acreditar no que lhe diziam, ou seja, aquilo que ele mesmo forjara e que os outros agora simulavam em sua presença. Subjugado pela tristeza, lamentava-se por ter salvado sua própria vida, e chorava a morte de sua mãe.

Ainda nessa noite, o cadáver de Agripina foi incinerado sobre o mesmo divã onde ela se reclinava para as refeições. Mnéster, um de seus libertos, jogou-se contra sua própria espada ao ver as labaredas consumirem o corpo da imperatriz. A urna com as cinzas de Agripina foi enterrada numa cova rasa, sem qualquer inscrição. Só mais tarde, após a morte de Nero, seus antigos serviçais mandaram levantar um montículo de terra nas proximidades da estrada que levava a Miseno, perto da quinta de Caio Júlio César.

Quanto mais passava o tempo, mais a morte de Agripina parecia a Nero monstruosa e abjeta. Acreditava ouvir, vindos da cova de sua mãe, lamúrias e sons de tuba. Por fim, não mais suportando viver nas vizinhanças do túmulo materno, refugiou-se na grega Nápoles. De lá, enviou ao Senado uma carta de justificação: relatou que Agerino, um dos homens de confiança de Agripina, fora detido quando, com um punhal na mão, tentara atentar contra sua vida, e que sua mãe, que planejara o atentado, sentindo-se culpada, se suicidara. Nero imputou ainda a Agripina certas atividades subversivas, e finalizou dizendo que a morte dela fora uma verdadeira bênção para o Estado.

O Senado aceitou essa versão, ordenou que se rezassem orações em ação de graças em todos os templos da cidade e, por resolução de seus membros, passou a considerar o aniversário de Agripina como um dia nefasto do calendário. Mesmo assim, o príncipe permanecia em dúvida, sem saber se o povo estava convencido de sua inocência. Embora os cortesãos lhe garantissem, a cada dia, que sua popularidade aumentava ainda mais depois da morte de Agripina, Nero, nos primeiros dias, não ousou retornar à capital. Inquieto, andava de uma cidade a outra, na Campânia. Detinha-se alguns dias para desaparecer em seguida, tão secretamente quanto chegara.

Com generosas atitudes, procurava obter as boas graças dos cidadãos romanos. Concedeu anistia a duas damas da sociedade, Júlia e Calpúrnia, bem como aos ex-pretores Valério Capitão e Licínio Gábolo, que amargavam o exílio por iniciativa de Agripina. Também foram indultados Itúrio e Calvísio, que ele próprio havia expatriado. As cinzas de Lólia Paulina foram levadas a Roma e mereceram um túmulo, por ordem de Nero. Tudo isso acabaria causando alguma impressão.

Chegada a hora do retorno, um esquadrão de assessores se adiantou ao imperador, preparando sua chegada a Roma. Tácito relata que o povo romano recebeu seu príncipe com mais entusiasmo do que se esperava. Centenas de milhares de cidadãos saíram ao encontro do imperador, tendo à frente os senadores em trajes de gala. O Senado recebeu uma ornamentação festiva, e mulheres e crianças estavam presentes, agrupadas por sexo e idade.

Num carro tirado por três cavalos, Nero vinha amedrontado, respondendo com tímidos gestos da mão às ovações de seu povo. Mas, à medida que os gritos de entusiasmo aumentavam, sua autoconfiança foi se restabelecendo, até ficar convencido de que o povo o amava.

Nos poucos quilômetros que separavam os muros da cidade do Capitólio, sob o aplauso da multidão, Nero se transformou, realizando o sonho que sua mãe lhe preparara cinco anos antes: era o imperador de todo o mundo romano.

Eis a descrição de Tácito: "Assim Nero, na condição de vencedor de um mundo escravizado, foi subindo em direção ao Capitólio, onde fez uma prece. Depois, entregou-se a todas as libertinagens a que, diga-se de passagem, não se furtara anteriormente, embora, por uma espécie de respeito à mãe, as praticasse com moderação".

Divórcio à moda de Nero

A decisão de mandar assassinar sua mãe se devia, sem dúvida, à influência de Popéia Sabina. Mas a cocote continuava a fazer exigências antes de se entregar a ele: Nero mantinha seu casamento com Otávia, que continuava a viver na mais completa reclusão. A única possibilidade de afastar a infeliz esposa da convivência com o imperador parecia ser um golpe de Estado. Como as coisas não andavam tão depressa quanto ela queria, Popéia passou a cuidar da execução do plano.

Oferecendo uma considerável soma em dinheiro, ela conseguiu subornar o flautista Evoero, natural de Alexandria, um escravo de Otávia. Ele passou a afirmar que mantivera um caso com Otávia. Daí resultou um processo de divórcio, que terminou de maneira insatisfatória. Algumas criadas da imperatriz, mesmo submetidas a torturas, juraram que sua ama jamais tivera relações com outro homem. Uma testemunha chegou a declarar que seu sexo era mais limpo que a boca de Nero.

Os advogados do imperador tiveram de forjar outros argumentos. A nova acusação era tão falsa quanto a precedente, embora juridicamente mais defensável. Passou-se então a pedir o divórcio pretextando a esterilidade de Otávia. Ambos estavam casados havia quase nove anos e ainda não tinham um herdeiro. Como o casal jamais tivesse mantido relações físicas, esse fato não podia causar admiração.

Era evidente que o príncipe, ao lhe ser concedido o divórcio, não se sentiu bem, tanto que cumulou sua ex-mulher de indenizações em dinheiro, casas de campo, outras propriedades e um palácio na cidade — presentes verdadeiramente principescos. Enfim, o caminho estava livre para Popéia Sabina.

Mas Nero e seus conselheiros haviam subestimado a opinião pública. Por toda parte surgiram manifestações de protesto; grupos de pessoas iam postar-se sob as janelas da casa de Otávia para ovacioná-la. O príncipe viu-se obrigado a enviar Otávia, sob escolta militar, para uma de suas quintas na Campânia. Nem por isso cessaram as manifestações de simpatia pela imperatriz repudiada. Numa espécie de histerismo, a plebe espalhou o boato de que o imperador, arrependido de seu vergonhoso ato, pedira a Otávia que voltasse.

Dando mostras de regozijo, multidões marchavam pelas ruas, exibiam retratos de Otávia, colocavam estátuas suas no Fórum, que logo adornavam com flores, e derrubavam todos os bustos que representassem Popéia. No Capitólio, ecoavam as orações de ação de graças dedicadas à imperatriz, e logo uma multidão de romanos se constituiu em cortejo, dirigindo-se para o Palatino.

Como uma estátua de sal, por trás das janelas do grande balcão do palácio encontrava-se Popéia Sabina. Medrosamente, fixava o olhar no ruidoso burburinho da plebe. Em Roma, os maiores triunfos sempre alternavam com as maiores desgraças.

Popéia saiu correndo à procura de Nero. Orgulhosa como era, jogou-se a seus pés e clamou, em profundo desespero:

— Não gostaria de lutar por meu casamento, embora eu o prefira à própria vida. Os bandos de clientes e criados de que dispõe Otávia estão pondo minha vida em iminente perigo. Agindo em nome do povo, ousam realizar em tempos de paz coisas que não acontecem em tempo de guerra. Tais armas estão sendo levantadas até mesmo contra o imperador. O que lhes tem faltado até o momento é apenas um líder, mas, em meio a essa confusão, será fácil encontrar um que sirva à causa deles. Tudo o que Otávia tem a fazer é deixar a Campânia e vir para Roma. Bastará então que dê um sinal para termos desordens por toda parte.

— Afinal, que mal fiz eu? — continuou a lamentar-se Popéia. — Que gesto *meu* pode ter ofendido alguém? Será que me perseguem porque darei à casa imperial filhos dignos dela? Será que o povo romano prefere que o herdeiro de um flautista egípcio assuma a dignidade de um imperador?

Oscilando entre o medo e a ira, Nero decidiu livrar-se definitivamente de Otávia. Doze dias após seu divórcio, casou-se com Popéia, cujas estátuas, que tinham sido derrubadas, tiveram de ser reerguidas. O imperador mandou chamar Aniceto, o autor do matricídio, e lhe confiou a tarefa de eliminar sua ex-mulher Otávia. Dessa vez, nem foi necessário que Aniceto desembainhasse a espada. Foi suficiente declarar publicamente que tivera um caso com Otávia. Ele, Nero, teve naturalmente de desterrar o amigo, alojando-o na Sardenha; lá não lhe faltaria nada, e ele poderia fazer o que bem entendesse.

Nada mais restou a Aniceto do que submeter-se às exigências do imperador. Depois de executar sua tarefa de forma absolutamente satisfatória, passou a viver na Sardenha uma existência sem quaisquer preocupações, e lá mesmo veio a falecer de morte natural.

Otávia, porém, teve de responder a novo processo. Qual a acusação? A de que tinha seduzido Aniceto a fim de ter a frota à sua disposição. Além disso, foi ainda acusada de ter feito um aborto. Qual a sentença? O exílio na ilha de Pandatária. "Nenhuma outra expatriada", escreve Tácito, "inspirou tamanha compaixão."

Poucos dias depois da chegada de Otávia a Pandatária, desembarcava na ilha uma tropa de execução. Quando Otávia percebeu que sua vida estava em perigo, caiu de joelhos diante dos carrascos e, invocando seus ilustres antepassados, implorou por piedade. "Não passo de uma irmã do imperador!"

Mas aqueles algozes tinham uma cruel tarefa a executar, a mando de Popéia. Depois de atá-la, os soldados lhe abriram as veias dos punhos e dos tornozelos. Como o sangue não escorresse tão rapidamente quanto queriam, arrastaram a moribunda para uma sala de banhos. Em meio aos vapores quentes, o sangue fluiu mais depressa. Otávia perdeu a consciência, e logo estava morta. A seguir, um dos verdugos tomou da espada e cortou-lhe a cabeça. Juntando-a à sua bagagem, os assassinos retornaram a Roma. Popéia recebeu-os com gritos de alegria, e não deixou de examinar a cabeça de sua antecessora.

A doce vida de um imperador

Quanto mais o príncipe se afundava em atrocidades, mais estranho se tornava seu comportamento. Em breve, ele parecia um animal acuado que, na luta pela sobrevivência, ataca todos os seres que lhe cruzam o caminho. Era de se esperar que a lasciva Popéia atenderia a todas as exigências sexuais do jovem imperador; no entanto, isso não aconteceu.

Em trajes de escravo, Nero podia ser visto, à noite, na ponte Múlvia, local de encontro para aventuras amorosas noturnas, onde as mais caras prostitutas de Roma, com seu séquito, ofereciam seus encantos aos clientes abastados. Algumas vezes, antes do amanhecer, o imperador saía pelas ruas em companhia de desocupados, e aproveitava a ocasião para submeter a grosserias os passantes. Mas nem sempre escapava indene dessas provocações. Não raro, com os ossos moídos de pancadas e os olhos roxos, via-se obrigado a adiar os negócios do Estado, por lhe ser impossível aparecer em público daquela maneira. Quando os ferimentos começaram a se multiplicar, conseguiram convencer o príncipe de que, caso quisesse continuar participando dessas escapadas noturnas, devia cercar-se de um grupo de gladiadores. Infeliz de quem reconhecesse o imperador durante uma de suas arruaças! Foi o que se deu com o senador Júlio Montano, que logo foi obrigado a praticar suicídio.

A gravidez de sua mulher Popéia teve, ao que parece, um efeito benéfico, pois o imperador voltou a levar uma vida normal. Na expectativa de ser pai, Nero entregou-se a uma alegria delirante. Embora, por natureza, não fosse devoto, prometeu aos deuses sacrifícios para que lhe nascesse uma criança saudável. Quando Popéia, no início do ano 63, deu à luz uma filha, seus sentimentos paternais já não conheciam limites.

Nero mandara Popéia para Âncio, pois desejava que a criança nascesse na cidade em que também ele nascera. A fim de apresentarem congratulações, todos os quinhentos senadores tiveram de se deslocar para lá. Seguindo o exemplo dos Júlios, que anualmente davam uma festa em Bovilas para honrar seus antepassados, Nero instituiu uma festa em honra aos Cláudios, a ser celebrada também anualmente em Atenas, acompanhada, como era natural, de jogos circenses. Além disso, mandou erigirem um templo dedicado à fertilidade e esculpirem estátuas de ouro das deusas da felicidade, a serem expostas no templo de Júpiter Capitolino. Só que esses planos não chegaram a se realizar, pois a pequena Augusta, filha de Popéia, faleceu antes de completar quatro meses de idade.

Sob o impacto da dor, Nero se comportou tão desmedidamente quanto ao sentir-se alegre. O imperador chorava sem parar, amaldiçoava a si mesmo, sua mulher e os deuses, e, revela Suetônio, "foi passando daquelas secretas travessuras de rapaz para infâmias graves, praticadas abertamente, pois já não se dava ao trabalho de dissimulá-las".

Já não comia, e sim devorava, entregando-se a essa atividade do meio-dia até depois da meia-noite; vez por outra, dependendo da estação do ano, tomava banhos quentes ou gelados, ocasiões em que gostava de ser acariciado por serviçais do amor ou por exímias flautistas. Quando, de navio, descia o Tibre em direção a Óstia, era convidado a visitar pavilhões construídos especialmente para ele, onde o esperavam certas damas muito conhecidas naqueles lugares.

Seus excessos sexuais nunca eram suficientemente inusitados ou perversos. Como todos os seus antecessores no trono imperial, Nero tinha encontros amorosos com rapazes. Toda mulher casada que ele viesse a conhecer e que lhe agradasse tinha de lhe fazer as vontades.

Os jogos amorosos a que se entregava durante os banquetes no Palatino foram detalhadamente descritos por Suetônio: tão logo se embebedava, começava a escolher os convivas que mais lhe aprazíam. Homens e mulheres tinham então de despir-se e eram amarrados, nus, às colunas e pilotis do salão. Entrementes, Nero vestia uma pele de leão ou de tigre e entrava numa jaula para animais ferozes. De repente, saltava dali imitando um animal selvagem, entretendo-se então com os pênis dos visitantes masculinos e satisfazendo as damas com a língua. Sentia-se recompensado quando tais pessoas gemiam de prazer, e ele próprio arremedava, quando um de seus libertos o satisfazia, os gritos e queixumes das mulheres estupradas.

No ano 65, quando Nero fez vinte e oito anos, Popéia ficou grávida pela segunda vez. Mais uma vez, o imperador extravasou aquela mesma alegria que acompanhara o nascimento de sua filha Augusta. Se a morte daquela criança, aos quatro meses de idade, representara um choque psicológico para Nero, o golpe do destino que então sofreu fê-lo perder completamente o juízo.

Quando o imperador voltou tarde da noite depois de uma bebedeira, Popéia, que estava grávida, começou a repreendê-lo. Nero, ainda sob o efeito do álcool, viu-se tomado pela ira e desfechou-lhe um pontapé. Pela forma como a acertou, a criança morreu no ventre. Naquela época, isso significava também a morte quase certa da mãe.

Alguns historiadores atribuem o falecimento de Popéia a um envenenamento, mas mesmo Tácito acredita num acidente, lembrando: "Ele queria ter filhos e amava sua esposa".

Existem três indícios de que Nero continuava amando sua mulher Popéia, mesmo depois de três anos de casamento. Contrariando o costume romano, o imperador mandou embalsamar o cadáver de sua mulher, sepultando-o no mausoléu dos Júlios. Por ocasião da solenidade pública em homenagem à falecida, ele mesmo pronunciou o discurso fúnebre, sem poder conter o choro, lembrando sua beleza e denominando-a "mãe de uma criança divina".

Um homem substitui Popéia

Apesar de seu luto pela perda de Popéia, que o fazia sentir-se culpado, Nero pôs-se a procurar algo que substituísse sua amada mulher. Com isso, acabava-se a tranqüilidade de todas as mulheres de cabelos ruivos, de pele clara e de formas exuberantes. Mas o único ser que, a seus olhos, se aproximava dos encantos de Popéia era um homem. Chamava-se Esporo, e era um homossexual conhecido na cidade inteira.

A pedido de Nero, Esporo concordou em deixar-se castrar e submeter-se a uma inversão de sexo. Ao se casarem, suas vestes ostentavam os ornamentos das imperatrizes, e tampouco causou admiração o fato de ser conduzido pelas ruas da cidade numa liteira. Um cortejo esplendoroso, com damas de honra, levou o amante ao palácio imperial no Palatino, onde Nero, depois de adorná-lo com o véu vermelho das noivas — como relata Suetônio —, "com ele realizou, solenemente, as cerimônias de casamento".

Afirma-se que passaram a viver como marido e mulher, trocando publicamente beijos afetuosos.

Os romanos já se tinham acostumado a certas extravagâncias de Tibério, Calígula e Cláudio, mas nem por isso deixou de representar uma desilusão para muitos o fato de que justamente Nero, em quem depositavam tão grandes esperanças, começasse a praticar as mesmas perversões. Foi assim que surgiu um dito picante: teria sido uma bênção para a humanidade se Domício, o pai de Nero, tivesse se casado com uma "mulher" assim.

Era visível que Esporo se deleitava com os galanteios do imperador, mas caiu na mais profunda depressão quando a estima de Nero arrefeceu em pouco menos de um ano. Não obstante, permaneceu fiel ao príncipe até a morte deste, entregando-se depois ao prefeito pretoriano Ninfídio Sabino e ao imperador Oto. Vitélio, sucessor deste último, o obrigou a se apresentar no teatro, em cena aberta, vestido de mulher. Pouco depois, Esporo — figura realmente trágica — se suicidou.

Com vinte e nove anos de idade, um ano depois da morte de Popéia Sabina, Nero voltou às caçadas dos tempos de solteiro. Dessa vez, seu interesse foi despertado por uma mulher: Estatília Messalina.

Filha do ex-cônsul Estatílio Tauro, já deixara para trás quatro casamentos, o último deles com Vestino, então amigo íntimo de Nero. Amigos havia bastante tempo, já não se suportavam mais, pois o caráter de um era justamente o oposto do outro. Vestino debochava de Nero publicamente, chamando-o de frouxo, enquanto Nero não demonstrava senão desprezo pela exuberante vitalidade do cônsul Vestino. Quando este se apoderou também da mulher que Nero havia muito tinha em vista, a situação chegou a um impasse.

Nero acusou Vestino de exercer atividades subversivas, aliás não sem motivo, embora fosse impossível imputar-lhe um crime concreto. Vestino morava numa mansão de luxo pouco acima do Fórum e, para proteger-se, vivia cercado por uma tropa de jovens escravos. Certa noite em que Vestino oferecia um grande banquete, o tribuno Gerelano apareceu acompanhado de um médico e de uma coorte de soldados, pedindo para falar com o cônsul.

Os soldados empurraram Vestino para dentro de seu quarto de dormir e amarraram-no, deixando que o médico, com uma faca, abrisse as veias do pulso do homem indefeso. Nesse meio tempo, os outros membros do bando de assassinos mantinham sob controle os convidados, que imploravam por suas vidas. O cônsul, já se esvaindo em sangue, foi arrastado para o banheiro, onde o mergulharam em água quente. Não demorou muito, e toda a água adquiriu uma coloração pardo-avermelhada. Vestino estava morto.

No início do ano 66, Nero casou-se com a viúva do cônsul. Meio ano mais tarde, Messalina acompanhou o imperador em sua viagem à Grécia, de onde se infere que ele lhe devotava grande afeto. Fora isso, quase nada se conhece sobre a relação que mantiveram. Messalina sobreviveu a Nero. Mais tarde, o imperador Oto quis fazer dela sua esposa.

Para determinarmos até que ponto os excessos de Nero correspondiam aos hábitos da Roma de então, ou podiam ser atribuídos à sua própria formação, é preciso examinar o papel e a posição da mulher naquela época.

A mulher na Roma antiga

No século I depois de Cristo, o papel da mulher romana era tão diferenciado quanto o era a população em geral. Sua extensa gama abrangia desde a mártir e a vestal até a megera e a hetaira. A diferença residia na classe social e na cultura.

O ideal da maioria das mulheres espelha-se em numerosas inscrições tumulares que chegaram até nossos dias. Eis alguns exemplos:

"Aqui repousa Amimone, esposa de Marcio", é o que está gravado num grande sarcófago. "Era boa e bonita, laboriosa fiandeira, econômica, caseira, recatada, casta e piedosa."

Outra inscrição diz: "Era a primeira a deixar o leito, a última a buscar o repouso, depois de colocar em ordem toda a casa. Jamais, a não ser por motivo imperioso, deixava de fiar a lã".

"Por que citar aqui", perguntava, numa das inscrições, o marido de uma certa Túria, "virtudes caseiras como a castidade, a submissão, a amabilidade, a condescendência, a assiduidade no trabalho da lã, a devoção livre de superstições, a ausência de qualquer exagero no vestir? Por que citar tudo isso aqui? Por que falar no amor que tinhas aos teus, em teu apego aos parentes? Honraste minha mãe tanto quanto a teus próprios pais, e estendeste teus cuidados àquela tanto quanto aos membros de tua família. Tiveste, em suma, todas as qualidades das mulheres que honram seu sexo."

E em outro epitáfio: "Ela foi o espírito protetor de minha casa, minha esperança, toda a minha vida. O que eu desejava, ela também o desejava; o que eu evitava, ela também o evitava. Jamais me escondeu seus pensamentos mais íntimos. Também não lhe faltava operosidade ao fiar a lã, e era econômica, mas generosa no amor que dava a seu marido. Sem mim, não lhe apeteciam a comida nem a bebida. Judicioso era seu conselho; inteligente, seu juízo; imaculada, sua reputação".

A mulher ideal tinha seios pequenos e quadris largos. Para consegui-lo, já nos primeiros anos de adolescência as meninas apertavam os seios com as chamadas "faixas mamilares". Normalmente, a criança recém-nascida não era amamentada por sua própria mãe, mas pela ama, que também a educava daí em diante. As crianças brincavam com bonecas de marfim ou terracota, conchas e pedrinhas coloridas. Mais tarde, as meninas aprendiam a fiar e a tecer. Augusto, por exemplo, só usava vestes tecidas por sua mulher ou por suas filhas. Por motivos difíceis de entender, os bordados eram tarefa reservada aos homens. Toda mulher que bordasse era considerada demasiadamente emancipada.

A idade escolar começava aos seis ou sete anos. As filhas de famílias ricas tinham aulas particulares, em casa. Literatura era a principal matéria, o que incluía, naturalmente, os poetas romanos, sendo que o maior interesse era despertado pelas histórias de amor de Ovídio, Horácio e Terêncio. Não raramente, essas aulas particulares em casa propiciavam relações amorosas entre o professor e a aluna. As meninas aprendiam a ser graciosas graças à música e à dança. E muitas donzelas dançavam e tocavam instrumentos — afirma Salústio — melhor do que convinha a uma mulher decente. Para os autores dos primeiros tempos do cristianismo, essa exibição dos encantos femininos era condenável. Por isso, na opinião de São Jerônimo, a mulher cristã deveria ser surda aos sons do órgão, e tudo ignorar da flauta, da lira e da cítara.

Aos doze anos, toda menina romana já pensava em se casar, e os pais se esforçavam para encontrar-lhe um bom partido. Em determinadas circunstâncias, uma menina podia casar-se antes mesmo de completar doze anos de idade, mas, comumente, a idade em que se casavam ia dos doze aos dezesseis anos. Aquela que, aos dezoito anos, ainda não fosse casada era considerada, em Roma, uma solteirona.

A *Lex Julia,* promulgada por Augusto, tinha, entre outros objetivos, o de evitar a redução do número de habitantes, tanto que previa severas penas para as mulheres que, aos vinte anos, ainda não fossem mães.

Plínio, o Jovem, ficou apaixonado quando conheceu a filha do cônsul Caio Minício Fundano: "Ainda não completara treze anos e já possuía a prudência e a dignidade de uma mulher, unindo a graça da meninice ao recato de uma virgem. Com que ternura se atirava ao pescoço do pai! Com que afeição casta nos abraçava a nós, amigos de seu pai! Como amava suas educadoras, seus pedagogos e seus mestres, cada qual segundo sua importância! Quão diligente se mostrava e quanta aplicação dedicava aos estudos! Quão rara e sensatamente podíamos vê-la brincando! Com que serenidade, paciência e força suportou sua última doença!" Essa menina faleceu aos doze anos, onze meses e sete dias.

No caso dos homens, a idade adequada para o casamento era bem mais elevada. Quase nenhum rapaz se casava antes dos dezoito anos. A lei que punia a falta de filhos só se aplicava aos homens que completassem vinte e cinco anos. O fato de Nero ter ficado noivo aos doze anos e de ter se casado com Otávia, filha de Cláudio, aos dezesseis pode ser considerado uma exceção, e apenas comprova a ambição de sua mãe. De outro lado, eram comuns os noivados que os pais negociavam para seus filhos ainda crianças. Os pais ou os casamenteiros profissionais tomavam todos os cuidados necessários para que os dotes em dinheiro fossem equivalentes, e a tradição de uma família correspondesse à tradição da outra. Os jovens envolvidos em tais negociações podiam, é verdade, contestar a escolha, mas o fato é que, na Roma antiga, era simplesmente inconcebível que um homem apresentasse um pedido de casamento a uma mulher.

O casamento era uma festa familiar, o que desde então não se modificou muito. Já naquela época era costume tomar nos braços a noiva e atravessar com ela a soleira da porta. Uma vez casada, porém, o *status* da mulher alterava-se profundamente. Os bens da mulher, que desempenhavam um papel considerável na instituição do casamento, não eram acrescentados aos do esposo. O casamento era realizado sob o regime de separação de bens. Portanto, o homem não podia dispor a seu bel-prazer dos bens de sua mulher.

Se o montante da fortuna fosse considerável, a mulher trazia para o casamento seu próprio administrador, ou mesmo um procurador. Não poucas vezes, esse procurador englobava as funções de gerente, conselheiro, amigo e amante. Marcial, poeta satírico contemporâneo de Nero, perguntou, certa vez, a um desses maridos indulgentes: "Quem é esse homenzinho de cabelos encaracolados que nunca sai de perto de tua mulher, que está sempre lhe sussurrando alguma coisa ao ouvido e que, sentado com ela no sofá, enlaça-lhe a cintura com o braço direito? É ele que cuida dos negócios de tua mulher? Certamente, deve ser um homem de confiança e sério, já que, pelas feições, reconheço nele um procurador. Em sutileza não o sobrepuja nem mesmo Aufídio de Quio" (um jurista romano, conhecido pelos adultérios que provocava). "É ele então que cuida dos assuntos de tua mulher? Tolo, ele está cuidando dos assuntos que deveriam ser teus!"

Os casamentos de conveniência e os divórcios estavam na ordem do dia

Na opinião de Marcial, nada era mais insuportável para um homem que um dote de um milhão. O que o poeta queria dizer é que as mulheres ricas assumiam a supremacia no casamento, de forma que o marido menos afortunado não tinha muito a dizer dentro de casa. Por trás da fachada das rigorosas leis conjugais, aconteciam freqüentemente situações grotescas: casamentos de conveniência eram aceitos por homens menos favorecidos financeiramente para que mulheres ricas pudessem deixar de ser solteiras, ou então celebravam-se casamentos sem papel passado, principalmente entre pessoas de classes sociais diversas, coisa que a lei conjugal proibia.

Ao contrário das atenienses, para as quais a vida da mulher findava à soleira da porta, as mulheres romanas desempenhavam certo papel na sociedade e na vida pública. Acompanhavam o marido a banquetes e iam com ele ao teatro, não sofrendo coação alguma quando se apresentavam em público. A emancipação da mulher, que supomos ser uma invenção de nossos dias, já era praticada na Roma antiga, com todas as suas vantagens e desvantagens.

Ao tempo de Nero, os divórcios alcançaram uma freqüência até então desconhecida. Algumas mulheres, diz Sêneca, não contavam os anos pelos cônsules — como se procedia oficialmente para contar o tempo —, mas pelos maridos que tinham. E Juvenal, o poeta satírico contemporâneo de Tácito, comenta, com sua habitual ironia, que certas mulheres solicitavam o divórcio antes que murchassem os verdes galhos que decoravam a porta dos recém-casados.

As mulheres permitiam-se gozar dos mesmos direitos reconhecidos aos homens. Por isso, um poeta como Propércio se queixava de que era mais fácil secar os mares e fazer as estrelas descerem à Terra do que impedir que as mulheres prevaricassem. Ou, na expressão de Ovídio: em Roma encontrava-se tudo, menos mulheres virtuosas. As mulheres só eram castas quando ninguém se interessava por elas. Sêneca foi ainda mais incisivo: a castidade de uma mulher, segundo ele, era apenas devida à sua fealdade! Chamava-se casamento à ligação com *um só* amante, e as mulheres que não sabiam disso eram simples de espírito ou antiquadas.

As insinuações dos poetas romanos são às vezes de uma atualidade surpreendente: "Há muito já concordamos que tu farias o que bem entendesses e que eu também viveria como me apraz!" Essa frase, pronunciada por uma mulher cujo marido a surpreendera nos braços do amante, não foi pinçada num romance de nossos dias. Quem a escreveu foi Juvenal, nascido no ano 67 d.C.

Não era somente como espetáculos que o teatro e o circo desempenhavam um papel importante na vida da mulher romana. O que mais apreciavam, no caso, era a possibilidade de se exibirem e estabelecerem novas relações, de que tiravam grande proveito. As damas da sociedade, devidamente ataviadas, vinham acompanhadas de uma donzela, uma criada e dois escravos, que a transportavam de liteira até o local do evento. Ao chegarem à arquibancada ou ao lugar que lhe fora reservado, os escravos tiravam as barras que serviam para transportar a ama, e esta dispunha assim de um excelente assento, cercada por admiradores que a abanavam, ajeitavam as almofadas e lhe ofereciam refrescos. Nesses lugares, acontecia um verdadeiro *show* de moda. Determinados vestidos, sobretudo quando favoreciam a exibição dos dotes físicos, eram assuntos de conversação por várias semanas. O manto de Agripina, mãe de Nero, todo tecido com fios de ouro, que pôde ser admirado durante a naumaquia realizada no lago Fucino, parece ter excitado de tal forma os romanos que aparece citado nas obras de três historiadores antigos.

A aparência vale mais do que a essência, essa era a divisa já naqueles tempos. Toda mulher romana que não pudesse renovar seu guarda-roupa para cada espetáculo podia apelar para um serviço especial, oferecido pelo teatro, que lhe alugava desde o vestido até a liteira ou a criada — com a maior discrição, é claro. No teatro, homens e mulheres sentavam-se separadamente, sendo que as damas ocupavam as fileiras superiores; no circo, o público se misturava.

Atores, condutores de carros e gladiadores eram, declaradamente, os favoritos das mulheres romanas. Para obter o favor de um desses astros, elas inventavam os meios mais extravagantes. Uma mulher casada conseguiu encontrar ocupação como criada do ator Estefânio, aparecendo de cabelos curtos e vestida como rapaz. O artista ficou encantado, mas não o imperador Augusto, que ordenou que o açoitassem publicamente, no palco do teatro, e o baniu da cidade.

As damas dos círculos mais elevados, que não podiam fazer a corte abertamente a homens de condição inferior, pagavam quase a peso de ouro os favores de um belo astro. Messalina, a terceira mulher do imperador Cláudio, alugou por uma noite o aplaudido ator Mnéster. Talvez só quisesse saber o que a bela Popéia via naquele rapaz.

Emancipação, palavra de ordem que não inventamos

Na Roma antiga, a mulher não era, de forma alguma, um bichinho doméstico preso ao fogão, nem um simples objeto de prazer de uma sociedade masculina dada a excessos de libertinagem. Ao contrário, a mulher romana saía à caça de homens. Ou melhor, ela deixava-se carregar. Uma mulher que se prezasse não punha os pés no pavimento irregular das ruas da cidade; era levada numa liteira por escravos musculosos, vindos do estrangeiro. Este era o símbolo de *status* de então, comparável ao automóvel de luxo de hoje.

Na época de César, somente as mulheres de mais de quarenta anos tinham o direito de utilizar uma liteira, cobrir-se com roupas de púrpura e colares de pérolas. Mais tarde, esse privilégio coube apenas às esposas de senadores, mas, como esclarece Díon Cássio, tais prescrições eram violadas com freqüência. Isso porque, para uma mulher, era excitante "deixar-se carregar numa liteira e ficar exposta aos olhares, sem se importar com as pessoas que a contemplavam", escreve Sêneca criticamente. É verdade que o decoro exigia cortinas cerradas, mas, devido à coqueteria feminina, essas estavam quase sempre abertas de par em par, principalmente quando havia decotes fundos ou algo a mais para se admirar.

No que diz respeito à emancipação da mulher, na Roma imperial ela era um fato: havia mulheres que bebiam mais do que muitos homens, mulheres que participavam das lutas de gladiadores, mulheres que — como diz Juvenal — viviam movendo processos. Tais hábitos acabaram resultando em certos aspectos positivos. A mulher romana participava dos acontecimentos políticos, interessava-se pela vida nas províncias e em países distantes, e usufruía, na medida em que lhe permitia seu *status,* de uma formação que nada ficava a dever à dos homens. Daí resultou que determinadas mulheres, por viverem na companhia de grandes homens, exerciam bastante influência política. Agripina, mãe de Nero, é apenas um dos exemplos, e todas as mulheres de Nero, com exceção de Otávia, infantil por natureza, souberam, cada uma à sua maneira, influenciar o imperador.

Essa ambição pelo poder não era, certamente, generalizada, mas não deixava de ser um sintoma daqueles tempos. A mulher romana de origem nobre preferia conversar em grego e, mesmo quando não o fazia, ornava sua fala com algumas expressões ou aforismos desse idioma. Era bastante estreito seu relacionamento com a literatura, lia poetas e prosadores e sabia de cor muitas passagens literárias. Afirma-se que a mulher de Plínio, o Jovem, sabia de memória todos os livros do marido; cantava seus poemas acompanhada por uma cítara, e — acreditava Plínio — só devia esses talentos a um único mestre: o amor. Agripina escreveu sua autobiografia, a que Tácito recorreu abundantemente, e a terceira mulher de Nero, Estatília Messalina, começou a aprender oratória depois da morte do marido. No século I d.C. houve várias poetisas; seus nomes nos são conhecidos, mas suas obras se perderam ou foram merecidamente esquecidas.

A propensão para a poesia quase não era levada a sério, mas os homens romanos sentiam-se ameaçados pelas ambições das mulheres que se dedicavam a estudos científicos e filosóficos. Poucos, a exemplo de Plutarco, mostravam-se favoráveis a uma formação científica para a mulher. Apesar disso, Plutarco defendia a opinião de que um nobre espírito não poderia ser, ao mesmo tempo, vaidoso, supersticioso e tolo, acrescentando que nenhuma mulher capaz de entender matemática saberia dançar convenientemente. Certas damas romanas, cujos dotes espirituais ficavam um tanto aquém de suas possibilidades financeiras, faziam questão de ter em casa um filósofo assalariado, que passava o tempo escrevendo belos pensamentos e cuidando do cãozinho de sua patroa.

Embora a tendência apontasse na direção do esclarecimento e da razão, as ciências ocultas continuavam levando a palma. A mulher, sobretudo, era altamente supersticiosa, e se impressionava com presságios fornecidos pelos astrólogos e arúspices. Orientadas por astrólogos e áugures, marafonas iam tocando seus negócios escusos, e auferiam maiores ganhos quando também sabiam misturar poções venenosas e conduzir rituais mágicos.

Locusta, já citada anteriormente, punha sua charlatanice a serviço dos mais elevados círculos sociais, inclusive do próprio imperador, pelo que gozava, em igual medida, da estima e do ódio de muitos. Cercava-se com uma auréola mágica, apartando-se de todas as coisas terrenas — excetuados os honorários extorsivos que cobrava por cada envenenamento bem-sucedido. Procedentes de longínquas regiões colonizadas pelos romanos, as tropas vitoriosas, em seu retorno à pátria, traziam consigo bruxas e santas que praticavam as mais diversas artes. As misteriosas poções que constituíam os elixires de amor eram as mais cobiçadas.

A mulher romana deixava-se também seduzir pelos cultos exóticos importados do Oriente. Sua doutrina, freqüentemente moralista e ascética, despertava um sentimento de pureza, em contraposição ao cotidiano, impregnado de luxúria e sensualismo. Quanto mais rigorosas eram as exigências de um profeta estrangeiro, tanto maior era o número de seus adeptos. Juvenal relata que os monges esmoleiros da Grande Mãe convenceram numerosas mulheres a doar vestidos em que tivessem descarregado todos os seus desgostos.

Outros religiosos mergulhavam em pleno inverno no Tibre, ajoelhavam-se e, seminus, ficavam escorregando de um lado para outro sobre blocos de gelo flutuante. Havia mulheres que viajavam ao Egito para ajudar os camponeses a tirar água do Nilo, só porque tinham sonhado que Ísis assim o ordenara.

Desde o século II d.C., essa deusa egípcia tinha muitos adeptos em Roma, embora o Senado houvesse tentado por todos os meios reprimir seu culto. Sob o governo de Calígula, chegou-se a discutir a possibilidade de proibir esse culto. Mas, em vez dos adeptos de Ísis, acabaram sendo enviados ao exílio, na Sardenha, quatro mil libertos, "contaminados pela superstição judaica". "No mesmo ano", refere Tácito, "tentou-se, por meio de rigorosas resoluções do Senado, dar novos rumos à vida dissoluta das mulheres. Todas as mulheres cujos avós, pais e maridos pertencessem à aristocracia foram proibidas de se entregar por dinheiro. . ."

Sexo nos templos e nos palácios

Até mesmo moças e mulheres da mais alta da sociedade praticavam a mais antiga das profissões. O que, no começo da época imperial, não passava de uma moda, transformou-se aos poucos num verdadeiro flagelo. De início, só as escravas, as libertas e as estrangeiras faziam comércio com seu corpo, e seu número era bastante elevado. Mais tarde, quando a prostituição invadiu templos e palácios, já não se encontrava quem a denunciasse publicamente, pois o número de casos tornara-se grande demais. Não obstante, para não se verem perseguidas pela justiça, mesmo damas bem-nascidas registravam seu ofício junto ao edil, que era a autoridade competente no caso. Tibério determinara que, quando mulheres casadas levassem uma vida depravada e nenhum acusador público as denunciasse, os parentes deviam convocar um conselho de família e "intervir segundo os costumes da era republicana".

Certos cultos religiosos admitiam a prostituição sagrada. Oficialmente, era considerada uma oferenda à divindade, o que de fato acontecia, pois os ganhos obtidos atrás das paredes do templo eram incorporados ao tesouro desse mesmo templo — desde que o "cliente" não fosse sacerdote, já que os desta categoria eram "servidos" gratuitamente. Hoje, pode nos parecer chocante o que se passava nos templos de Roma, mas deve-se levar em conta que, na Antiguidade, a prostituição em si não era julgada segundo critérios morais — contanto que as mulheres que se vendessem pertencessem às classes mais baixas.

Somente o cristianismo, com sua visão ascética da sexualidade, condenou a prostituição como coisa imoral e pecaminosa. Na época dos imperadores, porém, certos cultos, como o de Ísis, tampouco eram vistos com bons olhos. As sacerdotisas e os sacerdotes desse culto exerciam seu ofício de alcoviteiros de modo lucrativo e, além disso, burlavam o fisco, portanto, desde o reinado de Calígula, toda mulher de costumes fáceis estava obrigada a pagar diariamente ao Estado, a título de imposto, a soma fixada para um coito. Tal era a lei.

Uma lei complementar submetia também as antigas meretrizes e alcoviteiras ao imposto de renda. Calígula pensou até mesmo em cobrar tributo sobre o coito matrimonial. Não sendo possível estabelecer um sistema de controle, esse último artigo da lei não chegou a ser aplicado. Em algumas salas de seu palácio, havia câmaras secretas em que damas casadas, de famílias nobres, iam prestar seus serviços amorosos. Os chamados *nomenclatores,* homens que conheciam pelo nome as mais importantes pessoas da cidade, dirigiam-se aos mercados e às basílicas para, por solicitação do imperador, fazerem propaganda oral em favor dessa picante instituição. Se algum noivo ou namorado estivesse atravessando um período de penúria financeira, o salário da luxúria podia ser-lhe adiantado — a juros escorchantes, é claro. Seu nome era afixado publicamente na cidade, mas não por ignomínia, como se poderia pensar, e sim para divulgar a voluntária ajuda financeira prestada pelo imperador. A concorrência era grande.

Uma horinha de prazer com uma serviçal do amor de sangue azul era tida como um grande atrevimento, justamente porque isso não convinha a uma dama da aristocracia. Para merecer tal atração, os romanos gastavam grandes somas de dinheiro. Deixavam sobre a mesinha-de-cabeceira até mesmo dois *aureoli,* o que era uma fortuna, quando se sabe que um simples *as* bastaria. Mas isso só em lupanares, isto é, nos bordéis públicos.

Sob o governo de Tibério, no ano 19 d.C., um aristocrata chamado Décio Mundo apaixonou-se perdidamente por uma dama igualmente aristocrática de nome Paulina. A pretendida, porém, era um modelo de pureza e virtude. Décio só conseguiu seduzi-la servindo-se de um ardil que demonstra o quanto influíam sobre as mulheres romanas os cultos orientais. A dama era adepta do culto de Ísis, e os sacerdotes dessa deusa lhe comunicaram, certo dia, que o deus Anúbis manifestara o desejo de ter com ela um encontro amoroso no templo. O que ela não sabia, naturalmente, é que Décio subornara os sacerdotes com cinco mil denários. Assim, o homem que dormiu com ela na noite seguinte não foi o deus Anúbis, mas o próprio Décio, que se fantasiara.

O embuste, no entanto, foi descoberto. Tibério desterrou Décio Mundo e ordenou que crucificassem os sacerdotes estrangeiros, demolissem o templo e atirassem às águas do Tibre a estátua da deusa Ísis.

Como se vê, a libertinagem não se limitava à corte imperial. Aquela época saíra dos trilhos, e por isso estava exigindo um imperador incomum.

IV

Pão e circo

"Nero desejava apresentar-se em palcos públicos cada dia com mais insistência. Até esse momento, ele só cantara em seu palácio ou nos jardins, durante os juvenais..."

Tácito

Centenas de milhares de romanos vinham cercando havia dias os portões do anfiteatro que Nero mandara erguer no Campo de Marte. Esse edifício, que media cento e noventa metros de comprimento por quase cem de largura, com sua monumental arquibancada de madeira onde podiam acomodar-se cem mil espectadores, fora construído por Nero em menos de um ano. Inicialmente, essa esplêndida construção, que ocupava os terrenos em que hoje se ergue o Vaticano, fora concebida como uma sala de espetáculos privada, para uso do imperador. Mas os crescentes sucessos do imperador nas corridas de carros e como artista encorajaram-no a se apresentar também em público. Ver um imperador guiar carros de corrida e vê-lo cantar acompanhando-se de uma cítara era realmente uma novidade, e despertou vivo interesse no seio do povo.

No século I d.C., um em cada cinco romanos (de um total de aproximadamente duzentas e cinqüenta mil pessoas) vivia à custa da assistência do Estado. Esses homens estavam desempregados e compravam a preços mais baixos, ou recebiam gratuitamente, porções de cereais. Mas esse exército de desempregados não sabia ocupar-se, e isso passou a se refletir no aumento da criminalidade. O ócio tornou-se um problema político.

Panem et circenses, pão e circo: as famosas palavras de Juvenal expressavam perfeitamente todos os desejos do populacho. Havia muito os espetáculos tinham perdido seu caráter religioso. Só serviam para tornar os imperadores populares junto ao povo. A generosidade que os césares tinham demonstrado no princípio logo passou a ser encarada como um direito do povo: o príncipe tinha o dever de divertir seus súditos. E quanto mais exótico, selvagem e divertido fosse o entretenimento, melhor para o imperador!

O espetáculo mais original e apreciado em Roma era a dança pantomímica. Nessa arte, os maiores destaques eram principalmente os gregos da Ásia Menor. Nero estava tão fascinado que, quando uma apresentação lhe agradava de modo especial, ele concedia o direito de cidadania a cada um dos diversos mímicos, logo após o espetáculo. Para manter entretidos os romanos, mal-acostumados nesse sentido, os organizadores dos espetáculos tinham de encontrar idéias cada vez mais excitantes, cada vez mais refinadas.

Sodomia em palco aberto

A pantomima cujas personagens centrais eram o legendário rei de Creta, Minos, e sua sensual esposa Pasifaé tornou-se, semanas a fio, assunto de conversas entre os desocupados de Roma. Muitas coisas os romanos tinham visto nos anfiteatros, mas nada tão excitante quanto esse espetáculo. Muitas pessoas faziam fila dias e noites só para conseguir um lugar, porque a entrada era grátis, e tempo era o que mais tinham.

Como todas as peças de teatro encenadas na Roma antiga, esse espetáculo também era muito realista. A rainha de Creta, como todos sabiam, tinha se apaixonado por um touro que, como se poderia prever, não queria saber dela. Por isso, ela mandou que o artífice Dédalo lhe construísse uma vaca móvel, de madeira, coberta com uma pele de novilha. Metendo-se dentro dessa máquina engenhosa, aproximou-se do touro e ofereceu-lhe o róseo traseiro. A essa altura, milhares de pescoços se espichavam. Ávidos, os espectadores procuravam não perder nenhum detalhe. E, de fato, a cada espetáculo, o touro, vivo e real, montava na atriz protegida sob a pele de couro e fazia o que dele se esperava. Aos gritos, incitando-o, os espectadores procuravam excitar ainda mais o impetuoso animal. Os espectadores deliravam quando, por fim, a intérprete do papel de Pasifaé, quase desfalecida, desfazendo-se da pele de vaca, saía cambaleante palco afora. Nero acompanhava a cena de seu camarote imperial, onde comia, bebia e recebia visitas, porque, afinal, tratava-se de um espetáculo que durava um dia inteiro.

O segundo momento culminante do espetáculo era a interpretação da lenda de Ícaro: Dédalo, juntamente com seu filho Ícaro, eram mantidos presos pelo rei Minos na ilha de Creta. Para poderem deixar a ilha, ambos puseram-se a construir asas, com o auxílio de cera, cordões e penas.

Tal como os jogos amorosos com o touro, também a tentativa de voar tinha de ser encenada realisticamente pelos intérpretes de Dédalo e Ícaro. No meio da arena, fora levantada uma estrutura do alto da qual os intérpretes, com suas enormes asas de penas, tinham de pular. Assim que Dédalo aterrizava na areia, o público, aos berros, demonstrava seu regozijo. A seguir, era a vez de Ícaro saltar. Em certa ocasião, ao invés de descrever uma curva suave e pousar na areia da arena, o intérprete foi projetado contra o camarote do imperador. Ouviu-se um grito e Nero abaixou-se, enquanto o corpo se estatelava contra o branco mármore do chão. Sangue esguichou no rosto do imperador. Mas os espectadores não foram tomados de terror, ao contrário: vociferavam, gritavam, pulavam, davam vivas ao césar, pois acabavam de assistir a mais um espetáculo a seu gosto.

Enquanto Nero, perturbado, deixava a arena por uma saída privativa, o povo continuava berrando nas arquibancadas. Na verdade, o espetáculo havia terminado. Mas agora entravam em cena arautos conduzindo seus carros. Esses veículos vinham abarrotados de presentes, de gaiolas com aves exóticas, de guloseimas procedentes das províncias romanas, de estojos de jóias e valiosas roupas. Tudo isso, em meio ao trajeto que percorriam, ia sendo atirado ao povo. Muita coisa terminava rasgada, despedaçada, pisoteada.

Os espectadores brigavam mais entre si quando lhes atiravam pequenos rolos de papiro. Neles podiam encontrar cupons que valiam um escravo ou um navio. Alguns desses desocupados deixavam a arena transformados em ricaços, pois tinham apanhado um cupom que valia um terreno ou mesmo um imóvel valioso.

No princípio da era dos imperadores, esses espetáculos adquiriram uma nova significação, que ultrapassava seu valor como mero entretenimento. As grandes encenações, presenciadas pelo imperador e seus conselheiros, representavam uma excelente oportunidade para identificar os sentimentos e as tensões que predominavam entre o povo. Dado que, na arena, o povo gozava da mais completa liberdade de expressão, os cidadãos podiam ali, durante a saudação oficial, no início dos jogos, ovacionar ou apupar as personalidades presentes. Por outro lado, o lugar que essas personalidades ocupavam, mais perto ou mais longe do imperador, um olhar que subentendesse uma promessa ou o gesto de quem ignora um visitante, falavam mais alto que muitos dos boletins da corte sobre os efêmeros favores do imperador.

No início, Nero evitava esse confronto, pois mandara guarnecer com cortinas seu camarote, o que lhe permitia ver o que se passava na arena sem se mostrar. Os romanos jamais sabiam com certeza se o imperador estava ou não presente. Só mais tarde, quando percebeu que o povo o amava tanto quanto aos seus jogos, passou a assistir a todos os espetáculos com as cortinas inteiramente abertas. Nessas ocasiões, gostava de assistir às cenas usando uma esmeralda polida diante dos olhos — não porque fosse míope, como muitos chegaram a supor, mas porque, visto através do prisma, o espetáculo parecia ainda mais estranho.

Em seu camarote, o príncipe ficava inteiramente exposto à opinião pública predominante. Os espectadores exerciam influência sobre o programa a ser apresentado, sobre a contratação dos melhores artistas, sobre a libertação de um ator — que normalmente provinham da casta dos escravos —, e, de quando em vez, conseguiam impor o perdão a um criminoso sentenciado à morte que se mostrasse corajoso na arena. O historiador Suetônio afirma que a aversão do imperador Tibério por atores teve início quando, depois da apresentação de uma comédia, foi obrigado a libertar o comediante Áccio por imposição do público.

No teatro, faziam-se reivindicações das mais diversas espécies. No ano 9 d.C., por ocasião dos jogos chamados "Triunfais", foi solicitada a Augusto a revogação da lei matrimonial, tida como demasiado rigorosa. Devido a um escândalo surgido durante uma representação teatral, Tibério teve de devolver uma valiosa estátua grega que ele transportara, às escondidas, para seu palácio. Calígula foi pressionado, na arena, a baixar os impostos. Após mandar prender e matar os que tinham gritado mais alto, sofreu no mesmo dia um atentado fatal. Não havia melhor lugar para se realizarem manifestações políticas do que no teatro. Até César passara por essa desagradável experiência: no ano 59 a.C., fora recebido com um silêncio desaprovador, e até mesmo com assobios, na arena dos gladiadores e no teatro.

Mas os espetáculos eram, antes de tudo, um acontecimento social. A etiqueta exigia o traje de gala, ou seja, a toga. Os funcionários públicos tinham de envergar seus trajes oficiais. Postados nas entradas do teatro, edis zelavam pela manutenção da etiqueta referente ao vestuário. Quanto à obrigatoriedade do uso de calçados, cada imperador decidia diferentemente. No reinado de Augusto, podia-se ir descalço ao teatro; no de Tibério, isso era proibido. Calígula voltou a permitir que se entrasse descalço, e concedeu aos senadores o direito de usar chapéus que os protegessem do sol. Nero não revogou essa permissão.

O dia em que se realizavam jogos era considerado feriado. E, como a plebe exigia cada vez mais jogos, o número de feriados cresceu rapidamente. Na época de Augusto, havia sessenta e cinco feriados anuais; Tibério estendeu-os para oitenta e oito; no reinado de Nero, chegou-se a mais de cem, e nos séculos subseqüentes o número elevou-se para cento e setenta. Embora Nero houvesse inventado dois novos tipos de jogos, não conseguiu chegar nem aos pés de seus sucessores, Tito e Trajano. Tito inaugurou, no ano 80 d.C., o Anfiteatro Flávio com festas que duraram cem dias; Trajano festejou seu segundo triunfo sobre os dácios, no ano 107, durante cento e trinta e dois dias.

A par das festas e dos jogos regulares, como os Jogos Romanos, que duravam dezesseis dias, de 4 a 19 de setembro, ou as Festas de Apolo, que se estendiam de 6 a 13 de julho, cada imperador sentia-se obrigado, freqüentemente por pretextos fúteis, a introduzir novos jogos. Nero promoveu juvenais, ou jogos da juventude, no ano 59. Há quem afirme que o fez para festejar o dia em que mandou raspar a barba pela primeira vez. Durante esses jogos, eram representadas peças de teatro latinas e gregas, além de espetáculos de mímica e recitais de canto. Em torno, erguiam-se pequenas tavernas e, como nos informa Tácito, tendas de prazeres. "Desde então", escreve o historiador, "passaram a predominar a depravação e a impudicícia."

Esses jogos, instituídos por Nero ao completar vinte e dois anos de idade, definem bem seu caráter. Ele não era, de forma alguma, um *voyeur* sedento de sangue; sentia-se muito mais atraído pela arte dramática e pela poesia. A festa realizou-se num bosque que Augusto mandara plantar ao redor de um lago destinado a batalhas navais. Todos os espetáculos tinham entrada franca. Pessoas mais necessitadas recebiam até mesmo uma soma em dinheiro para que pudessem usufruir das tentadoras coisas que ali eram oferecidas.

Com os juvenais, Nero perseguia um objetivo preciso: ao permitir que, ao lado de atores profissionais, provenientes da casta dos escravos, também se apresentassem aristocratas empobrecidos, aos quais eram pagos generosos cachês, procurava eliminar os preconceitos que se opunham às suas próprias inclinações artísticas. Tácito, a quem isso desgostava, não deixou de criticar o que via: "Nem o nascimento, nem a idade ou quaisquer funções que houvessem exercido representavam empecilhos para os que desejassem exercer a arte de um ator grego ou romano, utilizando-se, para tanto, até mesmo de gestos afeminados. Mulheres de origem nobre também se entregavam a ações desonrosas". Daí resultou, naturalmente, um escândalo, porque a dança, a pantomima e a comédia ainda eram consideradas atividades degradantes, razão pela qual só eram exercidas por escravos. Porém, depois que os próprios senadores começaram a se apresentar nos palcos, nada impedia que o imperador representasse perante o público.

O imperador sobe à cena

Tácito relata como foi a primeira apresentação do imperador: "O próprio Nero subiu ao palco, experimentou com extremo cuidado as cordas da lira e aguardou que vários mestres-cantores fizessem sua entrada. No palco, estavam também uma coorte de soldados, os centuriões, os tribunos e Burro, que, embora consternado, aplaudia. Pela primeira vez, um corpo de cavaleiros romanos que se distinguiam por sua juventude e vigor foram chamados augustanos. Alguns deles eram, por natureza, atrevidos, enquanto outros alimentavam a esperança de obter influência política. Esses augustanos passavam dia e noite a aplaudir e elogiavam, elevando-as até os céus, a beleza e a voz do imperador. Em troca, como se se tratasse de um verdadeiro salário, viviam cercados de honras e glória".

Tácito acrescenta: "Não se contentando com a glória de um simples ator, Nero ambicionou também a de poeta. Reuniu todos os que tinham talento para a poesia, mesmo que não fossem célebres. Essas pessoas sentavam-se com o imperador, lapidavam os versos que tinham trazido ou que lhes ocorriam naquele momento, e assim ia Nero complementando seus próprios versos, que produzia de quando em quando. No entanto, o aspecto formal de suas poesias é a melhor prova de que lhe faltavam vigor, talento e uniformidade de estilo".

Com essa crítica, Tácito contradiz outros historiadores, que creditam a Nero um verdadeiro talento poético. Tácito, que tão pouco valor atribui aos dons artísticos do imperador, observa que não faltavam pessoas para acorrer às representações do *princeps.*

Enquanto constituíram novidade, as apresentações desse imperador, que tanto admirava os gregos, contaram com grande afluência de público. Por isso, um ano depois dos juvenais, Nero mandou encenar outro espetáculo, até então desconhecido, denominado "nerônios". Tratava-se de concursos de canto, música, poesia e oratória, que se prolongavam por vários dias, sob a presidência dos cônsules. Eram divertimentos intelectuais, tipicamente gregos, e, como tais, estranhos à rude natureza dos romanos.

Com sua "Laudes Neronis", uma ode dedicada ao imperador, um sobrinho de Sêneca obteve o primeiro prêmio. Chamava-se Lucano, tinha vinte anos e era um dos maiores talentos poéticos romanos depois de Virgílio. Desde tenra idade, sua produção e seu talento causaram sensação. Nero o incluiu entre seus amigos e concedeu-lhe altos cargos na administração, para os quais, dada sua idade, faltava-lhe ainda a necessária experiência. Sua principal obra, sobre a guerra civil romana, intitulada *Farsália,* compreendia dez volumes, mas permaneceu incompleta, pois, após cinco anos de trabalho, ele rompeu com Nero.

O responsável por essa desavença foi o imperador. Durante muito tempo ele rivalizou com o amigo na arte de escrever poemas, mas teve, por fim, de reconhecer que o outro tinha mais talento. Nero, porém, não podia suportar que Lucano, sempre que suas poesias eram declamadas em público, recebesse aplausos. Daí em diante, seu amigo ficou proibido de se dedicar à arte poética. Lucano, que passou a hostilizar Nero, participou mais tarde de uma conspiração contra o imperador e foi obrigado, em 30 de abril de 65, a se suicidar.

Os nerônios deveriam realizar-se a cada cinco anos, mas só foram repetidos uma única vez, no ano 65. Os relatos sobre esse acontecimento se contradizem. Enquanto Suetônio afirma que Nero foi assediado pelo povo, ávido por ouvir sua voz, Tácito diz que o Senado ofereceu a Nero, antecipadamente, o prêmio da vitória em canto, a fim de evitar a vergonha de uma apresentação pública do imperador. Indignado, ele se recusou a aceitar tal oferta, pois pretendia ganhar o primeiro prêmio participando honestamente do concurso. Assim, mandou inscrever seu nome na lista dos concorrentes e sorteou, numa urna, a ordem em que se daria a competição.

Um público manipulado

Entrementes, as apresentações de Nero se tinham tornado bastante profissionais. Subia ao palco acompanhado de dois prefeitos da guarda, um dos quais trazia a lira, dois tribunos militares e, a seguir, toda uma multidão de amigos. Certa vez, o cônsul Clúvio Rufo dirigiu-se à frente do palco e, levantando os braços, pediu silêncio à multidão. Anunciou que o príncipe iria cantar "Níobe", uma musicalização de uma história comovente, a da filha de Tântalo, rei da Ásia Menor. Ouviram-se aplausos nas arquibancadas. Nero deu início à sua apresentação.

Nas palavras de Tácito: "Ele teve de se submeter às regras impostas a um cantor acompanhado de lira: não pôde sentar-se, mesmo quando estava cansado; era obrigado a enxugar o suor do rosto com sua própria túnica, e não podia espirrar nem tossir". Para entender que esforço isso requeria, basta lembrar que a primeira das peças cantadas pelo imperador durou da manhã até o fim da tarde.

Os amigos de Nero sabiam da importância que o *princeps*

emprestava às apresentações; por isso, tudo era organizado nos mínimos detalhes. Nas muitas fileiras das arquibancadas, havia soldados da guarda pessoal que sempre davam início aos aplausos, incentivando o povo a bater palmas com mais entusiasmo, "pois", como escreve Tácito, "não deveria transcorrer momento algum sem aclamações ou um silêncio indiferente". Em meio ao público, estavam espalhadas pessoas cuja única função era observar as reações de alegria ou de mau humor dos espectadores, anotando os nomes dos que se comportavam de forma inconveniente. Se é verdade o que nos refere Tácito, várias pessoas das classes mais pobres foram condenadas à morte, sem processo algum, por não terem rido ou por tê-lo feito no momento errado. E Vespasiano, o futuro imperador, foi admoestado em pleno teatro por Febo, um liberto, simplesmente porque adormecera durante uma declamação de Nero. Só a intervenção de homens influentes poupou Vespasiano da morte.

Não surpreende que o público começasse a dar sinais de cansaço. Toda vez que o imperador se entusiasmava com sua própria arte, o espetáculo parecia não ter fim. Certa vez, chegou ao ponto de cantar um dia e uma noite inteiros, obrigando o público a acompanhar atentamente, e sentado, sua apresentação. Algumas pessoas, principalmente as mais idosas, cansavam-se de aplaudir depois de algumas horas e, vez por outra, encontrava-se em algum lugar da arquibancada um espectador morto, pois não era permitido perturbar a apresentação do imperador para retirar um cadáver. Por vezes, deixavam o teatro mais pessoas do que as que tinham entrado, pois mulheres davam à luz durante o espetáculo.

Nero, convencido de que a massa estava fascinada com suas produções, multiplicava os espetáculos. Ora se apresentava fantasiado, ora mascarado, fazia papéis de homens e mulheres, de deuses e heróis, de deusas e heroínas, e as máscaras que usava em seus papéis femininos reproduziam as feições de sua amante daqueles dias. Nero encenava *O nascimento de Canace,* lenda da filha de Éolo, o deus dos ventos, que dera à luz um filho concebido por seu próprio irmão; interpretava também a *Lenda de Orestes, o matricida,* que tinha, para Nero, certo resquício picante, ou *O cego Édipo,* que se casara com sua mãe, bem como *A fúria de Héracles,* visto que este era o herói favorito dos romanos. Nero, porém, nem sempre conseguia cantar, e por isso os outros espetáculos eram encenados por seus sequazes.

Os romanos eram apaixonados por teatro, circo e jogos de arena. Ai do *princeps* que não satisfizesse essa necessidade da massa! Acrobatas, atletas, cantores, atores e gladiadores eram parte da paisagem urbana de Roma, tanto quanto seus aquedutos. As noites viravam dia, o óleo fumegava nas gigantescas piras, e nas paredes das arenas palpitavam as chamas coloridas dos archotes.

Circo, somente circo!

A par do canto, Nero tinha uma inclinação especial pelo circo. Desde a mais tenra idade, os cavalos eram sua paixão. As corridas de carros no circo constituíam o principal tema de sua conversação. Durante os primeiros anos de seu reinado, o jovem imperador ainda brincava, quando ninguém o via, empurrando sobre uma mesa cavalinhos atrelados a pequenas quadrigas de marfim e fazendo-os competir entre si. Mesmo quando passava alguns dias em uma de suas casas de campo, não deixava de assistir, na cidade mais próxima, a corridas de cavalos de amadores, e conferia as palmas da vitória.

De início, evitando a presença de espectadores, ele próprio ia se exercitando como condutor de carros nos jardins do Palatino. Mais tarde, passou a se apresentar em público na grande arena da cidade, o Circo Máximo, monumental hipódromo construído, não sabemos quando, aos pés do Palatino. Reconstruído na época de César, coube a Augusto completar a obra. A arena propriamente dita media quinhentos e cinqüenta metros de comprimento por cento e cinqüenta de largura, sendo que o conjunto da construção tinha seiscentos e cinqüenta metros. As tribunas, dispostas em três pavimentos, podiam abrigar de cento e oitenta a cento e noventa mil espectadores, separados da arena por uma vala de três metros de largura. Apenas a galeria inferior era construída com pedras; o segundo e o terceiro pavimentos eram feitos de madeira, sendo que, por vezes, não suportavam o peso da plebe que ali se comprimia. No reinado de Antonino Pio ruíram arquibancadas, o que causou a morte de mil cento e doze pessoas.

Nero mandou eliminar a larga vala que, a princípio, servia de proteção contra animais selvagens. Em seu lugar, foram construídas arquibancadas para visitantes de honra, senadores e aristocratas. Ele próprio tinha ali um camarote de honra. Um estreito muro no meio da arena, a *spina,* dividia a pista de corrida em duas metades. Augusto mandou erigir sobre esse muro um obelisco trazido do Egito, que hoje se encontra na Piazza del Poppolo. Na entrada da arena, no lado mais estreito da construção, erguiam-se torres; logo a seguir vinham os salões de espera e as estrebarias subterrâneas. As abóbadas que cercavam todo o hipódromo serviam de abrigo a centenas de pequenas lojas e quiosques, que funcionavam mesmo nos dias em que não havia espetáculo. Era o lugar onde se encontravam áugures e moças de vida airada, que, ao som de címbalos e castanholas, exibiam-se em danças excitantes.

Os romanos partilhavam da paixão de Nero pelas corridas de carros. Os carros de dois ou de quatro cavalos eram, geralmente, conduzidos por escravos. Oficialmente, praticavam esse esporte, que lhes podia custar a vida, para ganhar um ramo de palma ou uma coroa de louros. Mas sabia-se que certos condutores de carros queriam sua libertação, para se candidatar aos elevados prêmios em dinheiro ou para receber suntuosas vestes. Os melhores eram venerados como astros. Um deles, segundo se disse, chegava a ganhar quinze bolsas de ouro numa hora; o outro tinha um rendimento mensal correspondente ao de cem advogados.

Incentivando esses heróis, formavam-se verdadeiros blocos, ou partidos, dotados de cores próprias: os Vermelhos, os Verdes, os Brancos. Costumavam comprar o aplauso dos espectadores e mandavam erigir estátuas para honrar os vencedores. Há inscrições que lembram esses heróis de então, como Orescente, nascido no norte da África, que já conduzia quadrigas com treze anos de idade, e participou de seiscentas e oitenta corridas, embolsando assim 1 558 346 sestércios. Um superastro desse ofício, Caio Apuleio Diocles, que viveu cerca de meio século depois de Nero, chegou a participar de quatro mil duzentas e quarenta e sete corridas, das quais venceu mil quatrocentas e sessenta e duas. Aos quarenta e dois anos, ao se afastar das corridas de carros, ganhara 35 863 120 sestércios.

O entusiasmo de Nero pelas corridas de carros provém certamente de sua infância. Seu pai, Enobarbo, antes de granjear fama como comandante militar na Germânia, celebrizara-se em Roma como condutor de carros. Isso era incomum para um homem de tão nobre condição, mas abriu um precedente. Calígula, embora nunca tenha se apresentado em público como condutor de carros, era um partidário ardoroso dos Verdes. Depois de um banquete para festejar a vitória de Eutico, corredor dos Verdes e o favorito da época, o imperador presenteou-o com dois milhões de sestércios. E Vitélio, de quem ainda falaremos, conquistou as boas graças de Nero por ser uma pessoa que gostava de domar cavalos.

Por isso, é de admirar que um dos primeiros editos de Nero proibisse um antigo costume dos condutores de carros: reuniam-se em grupo e logo saíam berrando e saqueando pelas ruas da cidade. Ninguém ousava protestar contra esses ídolos da plebe. Nero acabou com essas desordens. Não se sabe se agiu por respeito à ordem ou se pretendia aumentar o prestígio de um ofício que ele tanto apreciava. A verdade é que todo aficionado por cavalos ou corridas encontrava sempre no imperador um ouvinte atento.

Tigelino, um dos melhores amigos do príncipe, procedia de família modesta e fora exilado por Calígula por causa de suas relações com Júlia Livila, irmã do imperador. Ao retornar da Itália meridional, organizou uma criação de cavalos e passou a fornecer a Nero animais de boa raça. O imperador, em agradecimento, nomeou-o *prefectus vigilum,* elevando-o mais tarde a comandante da guarda pretoriana, posição em que Tigelino, bem mais idoso que seu benfeitor, exerceu cada vez mais influência sobre ele.

Cavalos, triunfos e partidos

Os cavalos mais apreciados eram os dos hirpinos, povo da região montanhosa do Sâmnio, bem como os animais originários da Sicília. Os cavalos começavam a ser adestrados aos três anos de idade, mas só podiam participar de corridas depois dos cinco. Eram em geral garanhões; nos monumentos dedicados a condutores de carros raramente vêem-se éguas. Até as crianças conheciam o nome, a idade, a origem e o número de vitórias dos melhores cavalos. E eram muitas as histórias que circulavam nessa época. Segundo uma delas, por ocasião dos Jogos Seculares do imperador Cláudio, um condutor de carros dos Brancos caiu ao chão logo após o início da corrida. A parelha de cavalos, mesmo sem condutor, assumiu a dianteira, foi avançando habilmente e manteve distância dos concorrentes até atravessar a linha de chegada, onde, como se fosse a coisa mais natural do mundo, se deteve.

O melhor cavalo de uma quadriga corria sempre por fora, do lado esquerdo. As corridas se faziam sempre no sentido horário, e a decisão dava-se nas curvas, onde era vital a rapidez do cavalo de fora. Muitas vezes, na lista dos cavalos inscritos constava apenas esse animal, pois os demais não tinham lugar fixo.

Esses cavalos valiam milhões de sestércios, eram mais caros do que os mais bem pagos artistas, cantores ou gladiadores que se pudessem comprar. Incitatus ("o exaltado"), o cavalo de Calígula, era guardado numa estrebaria com paredes de mármore e manjedoura de marfim; trazia no dorso mantas de púrpura, e sua rédea era incrustada de pedras preciosas. Às vésperas de uma corrida, soldados postavam-se nas vizinhanças das estrebarias, para que ninguém incomodasse os cavalos com ruídos. Suetônio chega a afirmar que Calígula nomeou seu cavalo Incitatus para o cargo de cônsul. Diante disso, pode-se dizer que a paixão de Nero pela equitação era relativamente normal.

As corridas de cavalos, que já tinham escapado ao controle, foram reconduzidas, pelas mãos de Nero, às trilhas normais. Nero condenou a vitória a qualquer preço e incentivou a competição genuinamente esportiva. Aos condutores de carros que alcançavam o ápice de suas carreiras, ele concedia pensões em dinheiro, para que cedessem lugar aos mais jovens. Ao assumir o governo, no ano 54, o imperador atendeu às reivindicações salariais dos diversos grupos de condutores de carros.

Aliás, naquela época ocorrera um escândalo. Dois partidos só queriam participar das corridas se pudessem inscrever suas parelhas em várias competições, afirmando que entrar numa única corrida era pouco lucrativo. O pretor Aulo Fabrício, organizador dos jogos, resolveu mandar à arena, no lugar dos cavalos daqueles partidos, duas parelhas de cães. Nero resolveu intervir, fixou honorários, e o espetáculo realizou-se como fora programado.

Quatro partidos lutavam entre si, cada qual procurando conquistar o maior número de adeptos. Mantinham coudelarias próprias, estrebarias e, naturalmente, condutores de carros, chamados *agitatores,* cujos alojamentos ficavam aos pés do Capitólio. Além disso, ofereciam pão e trabalho a artífices, médicos, monitores, empregados da administração e diretores.

Os mais antigos partidos eram os Brancos e os Vermelhos. Os melhores, pelo menos à época de Nero, eram os Verdes e os Azuis. Mais tarde, ocorreram fusões entre os Brancos e os Verdes, bem como entre os Vermelhos e os Azuis. Nero sempre fora um torcedor dos Verdes, e prestava-lhes favores sempre que possível. Quando conduzia carros, vestia as cores dos Verdes, e mandou que se espalhasse pelo circo uma areia esverdeada, ao invés da amarela geralmente empregada.

As corridas de carros serviam também para desviar os cidadãos das questões políticas. Sêneca, o mestre de Nero, deve ter falado sobre isso a seu discípulo, argumentando que, enquanto a plebe sofresse com o insucesso de um condutor de carros mais do que com a invasão de um exército estrangeiro, o trono do imperador não correria perigo. Juvenal disse certa vez que, quando os Verdes perdiam, Roma ficava tão consternada e decepcionada quanto depois da derrota de Canas. E a torcida pelos partidos — Calígula e Nero a favor dos Verdes, Vitélio e Caracala a favor dos Azuis — avivava as emoções. Em épocas de crise, quando os imperadores romanos, levados à loucura pelas pessoas que os cercavam ou por uma predisposição hereditária, agiam como déspotas imprevisíveis, as corridas de carros tornavam-se um assunto de conversa sem perigos e conotações políticas.

Nos tempos de Nero, Roma vivia em função das corridas. O circo tornou-se para os cidadãos um lugar de encontro, o templo e a meta dos inúmeros desejos. Aristocratas e escravos encontravam-se no circo, velhos e jovens ali se aglutinavam, formando pequenos grupos. Homens idosos gabavam-se da experiência granjeada ao longo de sua existência, e juravam por suas rugas e cãs que o Império não duraria se não se fizesse o que preconizavam.

Uma excitação contínua dominava a cidade nesses dias. Por toda parte pessoas faziam suas apostas, áugures não tinham mãos a medir, mágicos eram requisitados com súplicas e dinheiro. Em placas de chumbo colocadas sobre sepulturas, recorria-se aos demônios para que ferissem determinados condutores, paralisassem certos cavalos, fizessem quebrar este ou aquele carro. Muitas dessas placas foram encontradas junto às sepulturas ao longo da Via Ápia.

O desfile antes das corridas

Quando em Roma ainda era noite, a plebe já estava a caminho do hipódromo. Certa vez, por volta da meia-noite, Calígula foi despertado do sono por pessoas que se dirigiam ao hipódromo. Assustando-se, lançou contra elas sua guarda pessoal. Estabeleceu-se o pânico, devido ao qual perderam a vida quarenta homens e mulheres da aristocracia, e um número desconhecido de pessoas das classes inferiores.

O tumulto era inevitável, pois nem mesmo o Circo Máximo podia conter a massa humana que afluía a tais espetáculos. Somente os aristocratas e os senadores tinham lugares reservados. Os menos nobres que dispusessem de bastante dinheiro compareciam acompanhados de dois escravos que, com empurrões e safanões, iam abrindo caminho em meio à multidão.

Quando o frescor da noite cedia lugar ao calor da manhã, os jogos começavam com uma procissão festiva, que, saindo do Capitólio, passava pelo Fórum, dobrando então à direita, ao longo das lojas dos túsculos, daí pelo terreno pantanoso do Celabro até o Mercado dos Bois, de onde se dirigia para a entrada principal do circo. Conforme o patrocinador, fosse o imperador ou a cidade de Roma, à frente da procissão vinha o imperador ou um cônsul num carro de combate. Vestindo trajes de triunfo, com uma toga bordada a ouro sobre uma túnica purpurina, trazia na mão um cetro de marfim com a águia imperial. Atrás dele, no carro, vinha um escravo, que segurava sobre a cabeça do patrocinador uma coroa de folhas de carvalho douradas, incrustada de pedras preciosas.

Atrás vinham os músicos, principalmente flautistas e tocadores de tuba, seguidos de perto por homens que carregavam andores e tronos com os bustos dos deuses que lembravam as origens religiosas do espetáculo. Acompanhados de sacerdotes e servos do templo, seguiam-se asnos, cavalos e até mesmo elefantes com os atributos dos deuses.

O cerimonial a que cada espetáculo devia obedecer do começo ao fim estava prescrito nos mínimos detalhes. Se uma dessas prescrições, mesmo as menos importantes, fosse desrespeitada, os jogos tinham de ser reiniciados. Por isso, para que os jogos durassem mais tempo, certas pessoas procuravam violar os regulamentos do cerimonial, obtendo assim a desejada repetição. Somente o imperador Cláudio conseguiu acabar com esses abusos.

Quando o cortejo chegava ao circo, o público punha-se de pé. Ouviam-se aplausos, gritos de regozijo, palmas, invocações aos deuses: os apaixonados invocavam Vênus, os soldados, Marte, os camponeses, Ceres. As estátuas da família imperial eram recebidas com vivas, mas também acontecia, às vezes, serem apupadas. O desfile parecia não ter fim. Isso levou o sóbrio Sêneca, certa vez, a comparar o desfile a um prólogo enfadonho.

Finalmente, dava-se início ao espetáculo. Quatro carros, cada um com quatro cavalos, mantinham-se impacientes por trás de um cordão, junto à entrada principal do estádio. Os garanhões, inquietos, bufavam e revolviam a areia com seus cascos. O alarido cedia lugar a um murmúrio de gente atenta; aguardava-se o sinal de partida, um lenço branco, que o patrocinador jogava do alto de uma das torres. O cordão voava pelos ares e as quadrigas lançavam-se numa corrida desenfreada, que levantava uma nuvem de poeira e impedia os espectadores das tribunas inferiores de ver o que se passava. Tinham de dar sete voltas pela arena, o que correspondia a um percurso de aproximadamente oito quilômetros. Sete delfins dispostos no meio da *spina,* o muro central, assinalavam as voltas que faltava completar; depois de cada volta, um era retirado de seu pedestal.

Uma corrida não podia passar dos quinze minutos. Naturalmente, os romanos achavam esse tempo exíguo demais. Por isso, durante cada espetáculo, eram programadas várias corridas. No início do Império, realizavam-se dez ou doze provas; sob o governo de Calígula, o número elevou-se para vinte ou vinte e quatro, sendo que, no tempo de Nero, as corridas começavam de manhã e estendiam-se até a noite.

Em geral, os carros de duas rodas, de estrutura muito baixa, eram tirados por quatro cavalos. Parelhas de três cavalos ocorriam raramente. As de dois cavalos eram para os principiantes. Os melhores condutores de carros dirigiam parelhas com seis, sete ou oito cavalos. Nero tentou, certa vez, conduzir um carro puxado por dez cavalos, mas caiu ao chão.

Havia momentos de grande perigo para os competidores, principalmente quando os carros passavam pelas longas curvas, nas extremidades da arena. Cada condutor procurava aproximar seu carro do lado interno da pista, descrevendo a curva mais fechada, ocasião em que ocorriam choques entre os diversos carros; alguns se quebravam, e os cavalos de outros caíam, às vezes de maneira fatal, arrastando consigo seus condutores. Quanto mais brutal o espetáculo, maior a loucura que se alastrava pela multidão de espectadores, que berrava, sapateava, jogava lenços na pista, abraçava-se na maior efusão ou chorava de raiva. Mas nem mesmo essa exacerbação dos nervos parecia suficiente para os romanos.

Os romanos queriam ver sangue

Para conquistar a simpatia da plebe, Nero mandou construir seu próprio circo nos chamados Jardins de Agripina, na margem direita do Tibre — próximo ao eixo longitudinal que passa hoje pela Basílica de São Pedro e pelas colunatas de Bernini. Essa nova construção, menor que o Circo Máximo, que só servia às corridas de carros, destinava-se às lutas de gladiadores, o passatempo favorito da antiga Roma.

Seu estilo arquitetônico não pode ser reconstruído, pois apenas suas fundações eram de pedra, e o restante da construção era de madeira. Mesmo os muros primitivos não subsistem, pois foram utilizados para edificar as diversas versões da Igreja de São Pedro. O obelisco levantado sobre a *spina* da arena de Nero conservou-se no mesmo lugar até 158, mais ou menos onde hoje se vê a torre do relógio da fachada esquerda da Igreja de São Pedro. Naquele ano, a pedido do papa Sisto V, Domenico Fontana transladou o obelisco para o lugar que ocupa atualmente na Praça de São Pedro.

Desde a época da República, certos criminosos não eram punidos com a morte, mas condenados a lutar com animais selvagens. Se sobrevivessem, passavam a gozar de inteira liberdade; se sofressem morte cruel na arena, a justiça fora feita. Seja como for, deixavam de representar um ônus para o Estado.

Os antecessores de Nero, Cláudio e Calígula, tinham granjeado a estima do povo com tais combates. Imprevisível como era, Calígula mandou certa vez que se atirasse à arena um espectador, só porque seu luxuoso manto de púrpura atraía os olhares dos presentes. Tendo de enfrentar gladiadores pesadamente armados, acabou perdendo a vida.

Não teve melhor sorte Ésio Próculo, filho de um oficial, conhecido em toda a cidade como um belo homem. Num desses espetáculos, foi empurrado das arquibancadas para a arena, onde teve de enfrentar um espadachim trácio e em seguida um gladiador grego pesadamente armado. Depois de vencer a ambos, contra toda expectativa, foi amarrado para que um terceiro pudesse estrangulá-lo. O público delirava. Agradava-lhe surpresas desse gênero, pois estava cansado do sangue dos gladiadores.

Conta-se que Cláudio chegou a lançar às feras simples trapaceiros. Dezenove mil sentenciados tiveram de participar de uma batalha naval no lago Fucino, encenada por Cláudio para comemorar a inauguração de um canal. Os pobres-diabos tiveram de lutar por suas vidas diante de uma gigantesca platéia.

Nero não era adepto de crueldades. Preferia cantar canções e declamar poesias, com o que procurava, de início, satisfazer a ânsia por novas sensações de seus vassalos. Numa piscina cheia de água do mar, na qual nadavam animais marinhos mais ou menos raros, ele organizou um simulacro de batalha naval. Outra sensação foi a luta com espadas entre quatrocentos senadores e seiscentos aristocratas romanos. A sensação residia no fato de que, até então, apenas escravos e criminosos se enfrentavam como gladiadores. Mas em breve o povo voltou a exigir sangue. Aos cidadãos romanos, não interessavam essas lutas simuladas.

Os cidadãos dessa cidade em agonia gostavam de assistir à morte de outros homens. Assim, Nero voltou a promover as desejadas lutas de gladiadores. Mas, escreve Suetônio, "ele não permitia, nessas lutas, que ninguém fosse sacrificado, nem mesmo criminosos sentenciados". Ou seja, as lutas de gladiadores continuaram a ser simples exibições.

Como era possível que o imperador poupasse os gladiadores? A insatisfação com os espetáculos culturais era cada vez maior. A muito custo, seus conselheiros conseguiram convencer o príncipe que deveria conceder à plebe o que ela exigia: sangue. Os divertimentos intelectuais de Nero surpreendiam os romanos, mas não os fascinavam. O imperador Tibério, que se recusara a promover quaisquer tipos de jogos, se distanciara da plebe, coisa que ainda não estava esquecida. O que mais restava a Nero senão curvar-se ao desejo do povo?

Os gladiadores eram os favoritos das massas

No lugar em que hoje se encontra o Coliseu foi construída uma escola de gladiadores, uma espécie de internato, em que criminosos, escravos e libertos eram treinados na mais diversas disciplinas marciais. O ensino fundamental consistia no manejo da espada. Os *ratiarii* utilizavam como armas uma rede e um tridente; os *laquearii* lutavam com um laço e um bastão; os *dimachaeri* defendiam suas vidas com uma espada curta em cada mão.

As lutas de gladiadores já haviam assumido, no século I a.C., uma dimensão tal que o Senado teve de fixar o número máximo de lutadores que um cidadão romano podia possuir. O pretexto para esse decreto do ano 65 foram os jogos extremamente dispendiosos promovidos por César, na qualidade de edil. Ele acabava de contratar uma enorme massa de gladiadores, e seus adversários ficaram desconfiados. Mesmo assim, seiscentos e quarenta gladiadores combateram até a morte. Sob Augusto, que, devido à sua política externa, foi chamado o imperador da paz, nada menos que dez mil homens, para alegria da plebe, se embrenharam em luta sanguinolenta. À medida que o Império Romano ampliava suas fronteiras e incorporava regiões cada vez mais distantes, eram trazidos para Roma prisioneiros cada vez mais exóticos. Levados à arena, matavam-se uns aos outros, para grande regozijo do público: ruivos vindos da Bretanha e da Gália, loiros do Reno, morenos da Mauritânia, negros do interior da África e até brancos capturados nas estepes próximas ao mar Negro. Acredita-se que, no governo de Nero, ocorreram pela primeira vez lutas entre mulheres, de que participavam ora escravas, ora nobres romanas. Para manter o bom humor do público, o imperador viu-se forçado a inventar lutas cada vez mais bizarras: anões armados enfrentavam mulheres nuas, negras tinham de lutar contra negros, homens, contra animais.

Tal como se dava com os condutores de carros, também entre os gladiadores o povo tinha seus favoritos. Combatiam pela vida e podiam ser agraciados com a liberdade após um desempenho particularmente aplaudido, e por isso eliminavam pessoas e animais com o mesmo furor. Era o público que decidia sobre a vida ou a morte de um gladiador. O polegar voltado para cima significava vida e liberdade; para baixo, a morte.

Ave, Cæsar, morituri te salutant! Com essas exclamações os gladiadores entravam na arena: "Salve, César, os que vão morrer te saúdam!" Seguiam-se aplausos, apupos, os primeiros embates acompanhados de clamores, exibições aos sons de música, arremesso de tridentes. De repente — após um sinal de trombeta —, o entretenimento transformava-se em combate sangrento. Os gladiadores esperavam, controlando os nervos sob a incitação do povo, aproximavam-se cautelosamente, desviavam, avançavam rapidamente, davam uma estocada, eram feridos.

— Mata-o, açoita-o, queima-o! — vociferava o público.

— Por que ele tem tanto medo de golpes?

— Por que hesita em dar o golpe de misericórdia?

— Por que aquele lutador morre se queixando?

Era o que se gritava do alto das arquibancadas. Imóvel, o combatente ferido permanecia deitado na arena. Via-se um ferimento aberto em seu ventre. A areia tingia-se de sangue. O público aplaudia.

Num dos lados da arena, abria-se uma porta. Um escravo vinha correndo com um ferro em brasa, que pressionava sobre o corpo exâmine. Chamuscando-se, a carne chiava, mas o corpo do combatente abatido não dava sinal de vida. Era assim que se comprovava se o gladiador estava apenas fingindo de morto. Entravam então as pessoas encarregadas de remover os cadáveres; vinham mascaradas de demônios e arrastavam as vítimas para uma câmara mortuária, nos subterrâneos da arena. Se o corpo ainda se mexesse, decepavam-lhe a cabeça.

O vencedor ganhava um ramo de palma. Se aquela não fosse sua primeira vitória e ele já tivesse fãs, jogavam-lhe presentes, moedas de ouro, dinheiro. Não eram raros os gladiadores que haviam obtido mais de mil vitórias.

As mulheres, sobretudo, sentiam-se atraídas pela força desses homens, e lhes faziam às vezes propostas claras. Seduzir um gladiador era um orgulho para toda mulher casada. Mas a maioria das romanas não consumava seus sonhos.

Há cerca de cem anos, os arqueólogos encontraram numa casa de Pompéia inscrições murais que mencionam exclusivamente gladiadores. Celado, nascido na Trácia, era denominado "a saudade e o orgulho das mulheres e das moças". E o reciário Crescente era chamado de "médico das mocinhas". Ninfídio Sabino, prefeito da guarda pretoriana no governo de Nero, era filho do gladiador Marciano, por quem sua mãe, uma liberta, se apaixonara. Afirmava-se também que mais de um imperador romano teve por pai um gladiador.

Só em Roma, ao tempo de Nero, havia dois mil gladiadores. Além disso, cada cidade de província mantinha uma espécie de caserna para gladiadores, semelhante a uma prisão, com cubículos que não mediam mais de quatro metros quadrados. Os gladiadores, em geral prisioneiros de guerra ou criminosos, só recebiam as armas de combate quando entravam na arena, tendo de devolvê-las na volta. Eram tratados com dureza extrema. Só a alimentação era satisfatória, já que os lutadores tinham de dispor de toda a sua força durante os combates. Comumente, serviam-lhes refeições à base de cereais e grãos. As massagens e as fricções destinavam-se a fortalecer os músculos.

As orgias do desespero

Tendo a morte diante dos olhos todos os dias, a existência do gladiador era indigna e deprimente. Sua única chance era matar o companheiro, e este via as coisas da mesma forma. Por trás dos muros da escola de gladiadores ocorriam dramas terríveis, mas só raramente tais incidentes vinham à luz. Sêneca cita o caso de um gladiador que, a caminho da arena, aproveitando-se de um momento de desatenção, enfiou a cabeça entre os aros da roda de um carro, para quebrar a nuca. Tácito teve conhecimento de uma tentativa de fuga de gladiadores, ocorrida no ano 64, em Preneste.

Os cidadãos romanos, com seu desejo pervertido de sensacionalismo, aproveitavam toda e qualquer oportunidade para se regalar com o sofrimento dos outros. Na véspera de sua apresentação na arena, oferecia-se um grande banquete aos candidatos à morte. Sob forte vigilância, os gladiadores podiam degustar pratos em que havia anos não tocavam. O vinho fluía à vontade, mulheres passavam de mão em mão: eram as orgias dos desesperados. Quem estivesse disposto podia participar desse licencioso espetáculo; por fim, com o clarear do dia, abriam-se as portas que davam para a arena e ouvia-se a conhecida saudação: *"Ave, Cæsar, morituri te salutant!"*

Uma variante especial de combates de gladiadores eram as lutas contra animais selvagens. Diz a tradição que Marco Fúlvio Nobílior, o conquistador da Etólia, mandou realizar os primeiros espetáculos desse gênero em Roma, no ano 186 a.C. Nessa época, os romanos já conheciam as lutas de gladiadores havia quase um século.

Esse espetáculo, que em pouco tempo degenerou até transformar-se em verdadeira loucura, teve uma origem bastante inofensiva: os conquistadores romanos traziam para casa, de suas incursões de rapina em terras distantes, animais exóticos, testemunhos vivos de suas vitórias. Leões, panteras, ursos e crocodilos, que de início eram mostrados ao público em jaulas, passaram pouco depois a se integrar aos espetáculos circenses, onde os gladiadores deviam enfrentá-los.

Em meados do último século antes de Cristo, realizaram-se em Roma três jogos com animais selvagens, dos quais ainda se falava nos tempos de Nero. Por ocasião das festas do Escauro, no ano 58 a.C., foram apresentados em Roma, pela primeira vez, crocodilos e hipopótamos. Três anos mais tarde, Pompeu, ao inaugurar o teatro que levava seu nome, fez com que os gladiadores enfrentassem linces e rinocerontes. No ano 47, Caio Júlio César festejou seus triunfos com festas que duraram cinco dias, e nas quais os romanos viram girafas pela primeira vez.

Os animais exóticos sacrificados num só dos grandes espetáculos circenses poderiam encher, hoje, todos os jardins zoológicos da Europa. Augusto, que se confessava grande apreciador das lutas entre gladiadores e feras, deixou que fossem despedaçados três mil e quinhentos animais raros das florestas africanas em apenas vinte e seis jogos circenses. Mais tarde, César e Pompeu conseguiram ultrapassar esses números nos espetáculos que patrocinaram. No governo de Nero ocorreram poucos jogos com animais selvagens. Os cidadãos cartagineses, líbios e egípcios não censuravam os romanos pela exterminação em larga escala de seus animais selvagens, pois isso lhes permitia lavrar os campos sem receio de serem atacados.

Durante os treinos, os gladiadores inventaram certos truques necessários para enfrentar tais feras. Com isso, sem querer, criaram uma nova forma de espetáculo: o adestramento de animais. Marco Antônio, acompanhado da atriz Citéris, exibiu-se pelas ruas num carro tirado por leões. Macacos representavam peças teatrais. Touros caminhavam sobre as patas traseiras. Elefantes se ajoelhavam diante do imperador. Num de seus espetáculos circenses, Nero divertiu-se a valer com um elefante que avançava, balançando, sobre duas cordas, levando sobre a cabeça um aristocrata romano.

Tais coisas eram aplaudidas enquanto constituíam novidade, mas logo se voltou a ouvir o velho brado: "Queremos sangue! Queremos sangue!"

Uma vez mais, o imperador teve de dobrar-se à vontade da plebe. Criminosos condenados nos tribunais passaram a ser executados publicamente. Nos Jardins de Nero, situados no Campo de Marte, atavam-se pessoas em pilares, deixando-as entregues às feras. Outras eram obrigadas a vestir a *tunica molesta,* um tecido facilmente inflamável, que as transformava em tochas vivas. Só tinham alguma chance os que, desarmados, defendiam sua vida contra animais selvagens ou gladiadores. Quanto mais cruel a execução, mais excitante. Celso e Galeno informam que os médicos de então mostravam especial interesse por tais espetáculos, pois tinham assim a possibilidade de estudar nos cadáveres a anatomia do corpo humano.

Não há dúvida: cruel não era Nero, mas o povo. Se o *princeps* quisesse manter-se à frente do governo, tinha de se dobrar à vontade das massas. E essas massas clamavam por sangue.

V

Nero como político

"Engrandecer ou estender os limites do Império escapava a seus desejos e ideais; ele até acalentava o pensamento de retirar as tropas da Bretanha. Só o deteve o temor de que, assim, poderia causar dano à glória de seu avô."

Suetônio

Nero gostava de divertimentos, mas odiava a guerra. Julgava indigna de um homem livre toda luta com uma arma na mão. Por isso, não empreendeu campanhas militares. Na Germânia, onde os romanos um século antes haviam perdido três legiões inteiras, as tropas de ocupação entediavam-se de tal maneira que seus comandantes, Paulino Pompeu e Lúcio Veto, procuraram mantê-las ocupadas.

Pompeu completou com seus soldados o *limes* do Reno, muralha divisória que tivera sua construção iniciada, antes da passagem do século, por Druso. Veto fez os preparativos necessários para ligar o Mosela ao Saône por meio de um canal. Graças a isso, seria possível viajar de barco, pelo Ródano, do mar do Norte ao Mediterrâneo. Essa idéia acabou em conflito. Não com tropas estrangeiras, mas com as de casa: Élio Gracílio, o comandante das tropas de ocupação belgas, advertiu seus companheiros de que o imperador não veria com bons olhos sua eventual popularidade junto aos inimigos. Não se passou, pois, da fase de planejamento. A atitude negativa de Gracílio devia-se apenas às suas ambições profissionais: com esse projeto, o outro comandante possivelmente granjearia fama.

A passividade dos legionários romanos fez correr entre os germanos o boato de que os soldados de Roma não podiam lutar, pois o imperador os proibira de fazê-lo. Essa situação induziu dois príncipes germânicos, Malórix e Verrito, a protagonizar um dos episódios mais cômicos dos anais da história romana.

Julgando que sua pátria, a Frísia, se tornara demasiado estreita e pouco hospitaleira, os dois príncipes propuseram a suas tribos colonizar o território romano entre o Vecht e o Yssel, na margem direita do Reno. Ninguém precisaria ter medo dos romanos, pois aqueles efeminados não ousariam levantar a espada.

Inicialmente, os soldados romanos nem notaram a pequena invasão comandada por Malórix e Verrito. Somente quando começaram a descobrir povoações novas e plantações onde antes só havia terrenos incultos, foram relatar a novidade ao comandante Dúbio Avito. Depois de ameaçar os invasores com o poderio do exército romano, em cuja capacidade de luta ele certamente já não acreditava, Avito acabou aconselhando os chefes germânicos a viajar para Roma. Talvez o imperador lhes permitisse permanecer nos lugares que haviam colonizado.

Dois germanos dirigem-se a Roma

Escoltados por soldados romanos, Malórix e Verrito dirigiram-se à capital do Império, onde foram recebidos com as honras devidas a ilustres visitantes estrangeiros e puderam admirar os monumentos históricos da cidade. No teatro de Pompeu, assistiram a uma peça teatral. Mas os dois visitantes do norte, desconhecendo a língua, nada entendiam do que estavam vendo, e o interesse deles voltou-se para o público. Quiseram saber quem eram aquelas pessoas luxuosamente vestidas, e foram informados de que se tratava de aristocratas e senadores. Entre os espectadores, havia também homens vestidos de maneira exótica.

— Que gente é aquela? — perguntou Malórix.

— Embaixadores estrangeiros — responderam-lhe. — Pessoas que se distinguiram por sua valentia e por serem amigos de Roma, e que por isso podem sentar-se no Senado romano.

Ouvindo isso, Malórix levantou-se em meio ao espetáculo e gritou:

— Nenhum povo do mundo supera os germanos em valentia e fidelidade!

Fez-se um grande silêncio no teatro. Todos os olhos convergiram para o germano.

Malórix, então, puxando seu amigo Verrito pela manga, desceu com ele alguns degraus até os lugares reservados aos senadores, onde ambos se acomodaram. Só então os romanos entenderam o que estava acontecendo. Aplaudiram Malórix e Verrito, que ficaram acenando e rindo para o público.

O incidente virou assunto de conversa em toda a cidade, e terminou chegando aos ouvidos do imperador. Quando os dois germanos se apresentaram à audiência marcada para o dia seguinte, Nero saudou-os com grande cordialidade e lhes concedeu todos os direitos de um cidadão romano. Quanto ao pedido de se instalarem em território romano, o imperador rejeitou-o. Transcorria então o ano 58.

Mal os germanos originários da Frísia foram desalojados dos territórios romanos, surgiram novas contrariedades na mesma região, entre o Vecht e o Yssel. Aquele solo negro com prados verdes e férteis atraiu outra tribo germânica, a dos ansibários. Procediam do curso inferior do rio Ems, tendo sido expulsos de lá pelos caúcos. Dessa vez, Dúbio Avito mandou que suas tropas os interceptassem. Não chegou a ocorrer uma batalha, mas uma memorável troca de palavras.

— Chamo-me Boiocalo — disse o chefe dos ansibários ao comandante romano —, servi sob as ordens de Tibério e Germânico e quero coroar meio século de fidelidade submetendo minha tribo à soberania romana.

"É tão pequena", continuou o velho guerreiro, "a terra inculta que aí está, onde meus guerreiros tentam cuidar de suas ovelhas e seu gado! Assim como os céus pertencem aos deuses, também a terra pertence aos homens, e, como está vazia, queremos reparti-la."

A seguir, Boiocalo, levantando o olhar para o sol, citou pelo nome os demais astros, e terminou exclamando em voz alta:

— Pretendeis ter sob vossos olhos esta terra vazia? Seria preferível deixardes que o oceano o cobrisse, punindo assim os ladrões de terras!

O romano Avito estava comovido, mas logo se refez:

— Devemos nos dobrar às ordens do mais forte — disse. — Aos deuses que invocaste, parece agradar que os romanos sejam os únicos juízes do que pretendem dar ou do que querem tirar.

E, baixando a voz, Dúbio Avito acrescentou que o próprio Boiocalo, como prêmio por sua lealdade, receberia um pedaço de terra.

O velho guerreiro rejeitou decididamente a oferta, por considerá-la um ato de suborno. Em sua imensa ira, disse:

— Podeis tirar-nos a terra em que vivemos, mas não a terra em que iremos morrer!

Voltando-se então para seus homens, sem esconder sua amargura, deu-lhes o sinal de retirada. Pouco mais tarde, os ansibários aliaram-se aos brúcteros e aos teutões.

Dúbio Avito tinha maus pressentimentos. Desde a funesta batalha na floresta teutônica, onde os romanos perderam três legiões, os germanos eram temidos por sua valentia. Por isso, Avito solicitou a ajuda de Curtílio Mância, comandante supremo das tropas de ocupação aquarteladas no alto Reno. Instou com ele para que atravessasse o Reno e surpreendesse os ansibários pela retaguarda.

Esse pedido de ajuda devia-se à insegurança em que viviam as tropas de ocupação romanas e a seu poder quase nulo. Excetuadas pequenas escaramuças, os soldados romanos estacionados na Germânia havia anos não travavam uma batalha. Não fosse o gélido vento norte, que às vezes soprava desagradavelmente, o serviço militar às margens do Reno era perfeitamente suportável. Avito penetrou na região dos teutões e dos brúcteros, conseguindo intimidar com ameaças os líderes dessas tribos e fazendo-os abandonar os ansibários. Com isso, estava selado o destino desses últimos. Depois de se retirarem para junto dos catos, emigraram para as terras dos queruscos. Por fim, depois de trilharem caminhos que a nada conduziam, ao longo dos quais, como escreve Tácito, "eram recebidos ora como hóspedes, ora como mendigos, ora como inimigos", desapareceram para sempre.

No verão de 58, voltou a travar-se uma batalha, da qual, é verdade, os romanos não participaram. Estes observaram de longe as disputas entre duas tribos germânicas que, segundo Tácito, "queriam resolver tudo pelo poder das armas". Os contendores eram os catos e os hermunduros, e o pomo da discórdia era a utilização do rio Verra e a extração do sal existente nessa região.

Os catos, vizinhos dos queruscos, viviam nos territórios entre os rios Fulda e Eder. Os hermunduros se haviam instalado desde o século I a.C. nas margens do Elba, e eram, pois, vizinhos dos catos. Em meio às hostilidades, foram incendiadas aldeias, terras cultivadas e pastos. As chamas ultrapassaram os muros que circundavam uma povoação recém-fundada. Nem as chuvas, nem as tentativas desesperadas de dominar o fogo, conseguiram deter o incêndio. Os camponeses procuravam combater as chamas com varas e bastões. E, quando esses também começaram a queimar, tiraram suas próprias roupas e tentaram, desnudos como estavam, sufocar o fogo, numa raiva impotente.

Corbulão, o maior chefe militar de seu tempo

Enquanto Dúbio Avito quase não conseguia sobressair-se como comandante, quem colhia os louros era outro estrategista de Nero. Seu nome: Cneu Domício Corbulão. Corbulão era meio irmão de Cesônia, a última esposa de Calígula. Era tido como o melhor comandante de sua época: duro, ousado, diligente. Nero concedia-lhe uma ampla liberdade de decisão, pois seus êxitos eram também os do imperador.

Era a Corbulão que ele devia a paz que reinava na Germânia. Quando Cláudio ainda era imperador, Corbulão fora nomeado embaixador no sul da Germânia. A caminho de lá, chegara-lhe a notícia de que Ganasco, um desertor romano, incentivara os caúcos a invadir o território sob sua jurisdição. Corbulão rechaçou-os e intimou as tropas de ocupação a explicar tal invasão. Não ouviu senão desculpas, o que veio confirmar sua opinião de que as tropas se encontravam num estado desolador.

O comandante interveio com dureza: os saques, passatempo preferido dos romanos na Germânia, foram proibidos. Os ataques contra as tribos nativas só se dariam, dali em diante, sob sua ordem expressa. Os trabalhos de fortificação — que havia anos estavam paralisados — foram retomados. O serviço de guarda, que os soldados, em geral, consideravam uma boa ocasião para beber e jogar dados, voltou a ser cumprido com o porte de armas. Tácito relata que esse severo comandante, encontrando uma sentinela sem a espada e outra fazendo a ronda com um punhal, castigou-as com a morte.

A dureza de Corbulão era temida pelos germanos e por seus próprios soldados. Se dependesse dele, ampliaria ainda mais a fronteira ao norte do Império. Atravessara o Reno, e já estava se preparando para instalar um novo acampamento, quando o imperador se opôs a isso. Corbulão obedeceu, mas não deixou de pronunciar esta frase de provocação: "Outrora eram mais felizes os comandantes de Roma!" Para que os soldados romanos não se desmoralizassem ainda mais, ordenou que fosse construído um extenso canal entre o Reno e o Mosa.

Nero não ambicionava estender o Império para o norte, mas interessava-lhe fazer com que todo o litoral do mar Negro, bem como a Armênia e a Criméia, se tornassem províncias romanas, talvez porque essa fora também a intenção de César. De preferência, queria que tudo fosse executado da forma menos sangrenta possível.

Na verdade, quando Nero assumiu o poder, no ano 54, essa região se tornara um cadinho de crises, e os cidadãos romanos acompanhavam em expectativa como o jovem imperador de dezessete anos iria enfrentar esse perigo. Burro e Sêneca aconselharam Nero a requisitar os serviços do experiente comandante Çneu Domício Corbulão, que tantos êxitos conseguira na Germânia. Nero aceitou o conselho sem imaginar o que acarretaria sua decisão. Corbulão, que só tinha ambições militares, conquistou para o jovem imperador, que odiava campanhas militares, a supremacia no campo da política externa.

Os primeiros feitos de Nero foram taticamente inteligentes e mereceram a admiração dos cidadãos romanos: pelo final do ano, surgiram boatos de que os partos se haviam apoderado da Armênia. O cerne do conflito era o rei dos partos, Vologeso. Este invadiu a Armênia, que até a época de Nero fora sucessivamente anexada aos diversos Estados vizinhos e às províncias da Capadócia, da Galácia e do Ponto, ou funcionara como um reino mais ou menos autônomo, e nomeou rei seu irmão Tiridates. Para o jovem Nero, esse fato constituía, ao mesmo tempo, um desafio e um teste, pois, afinal, a Armênia se encontrava sob a proteção de Roma. Portanto, Nero ordenou que se procedesse ao alistamento de jovens nas províncias vizinhas, que se aumentassem os efetivos das legiões do Oriente e que, sob o comando de Corbulão, as tropas se deslocassem até as proximidades da fronteira da Armênia. Os reis Herodes, Agripa e Antíoco foram intimados a colocar suas tropas de sobreaviso. Aristóbulo, da Armênia Menor, e Soemo, de Sofena, foram elevados à dignidade de reis. Isso insuflou seu patriotismo e reforçou sua disposição de luta.

O conflito armênio

Havia anos que, na Armênia, o rei Mitridates vinha mantendo um conflito com a tribo dos iberos, sob a liderança de Farasmanes. O velho Farasmanes tinha um filho chamado Radamisto, que também queria governar. Seu pai concordava com essas pretensões, mas não queria ceder seu próprio reino, que o filho tinha em vista. Por isso, dizia-lhe o velho, ele devia tentar ser o rei da Armênia, já que ele mesmo entregara aquela terra a Mitridates. Mas, acrescentara ele, só seria possível eliminar Mitridates lançando-se mão de um ardil. Depois de receber as devidas instruções, Radamisto pôs-se em marcha com as tropas de seu pai para combater Mitridates. Conseguiu cercá-lo no interior de seu castelo e atraiu-o para fora da fortaleza sob o pretexto de que queria fazer um acordo de paz.

O encontro realizou-se num bosque. Tudo indicava que eles ali estavam para selar a paz com uma oferenda aos deuses. Radamisto, abraçando Mitridates, disse-lhe que ele nada tinha a temer e mostrou-lhe um cordão. Mitridates logo entendeu que, como era comum entre os reis de então, aquele cordão seria usado para amarrar os polegares dos dois. Depois de um leve corte, cada qual lamberia o sangue que escorresse do polegar do outro. Assim, o acordo seria selado com o sangue de ambos.

Mas Radamisto, deixando cair o cordão, agachou-se como se fosse apanhá-lo. Nesse momento, porém, agarrou seu adversário pelos joelhos e jogou-o ao chão. Era o sinal combinado com seus cúmplices. Estes, armados com correntes, atiraram-se sobre o indefeso rei e o prenderam pelos pés. Juntamente com sua mulher, Mitridates teve uma morte horrível. Depois de jogar ambos num carro, Radamisto mandou que fossem cobertos com tecidos até morrerem sufocados.

Mas não durou muito a alegria de Radamisto após tomar posse

de seu novo reino. Vologeso expulsou-o daquela região. Porém, devido a circunstâncias adversas, um rigoroso inverno, falta de provisões e uma peste de causa desconhecida, os partos tiveram de empreender uma retirada temporária. Mal tinham se afastado, voltou Radamisto, submetendo a população armênia a represálias tão severas que os habitantes do reino acabaram se revoltando e ocupando o burgo. Radamisto, montado num veloz cavalo, conseguiu fugir com sua mulher Zenóbia, que estava grávida. A excitação e os transtornos por que passou durante a fuga fizeram-na sentir as primeiras dores do parto.

— Dá-me uma morte honrosa — implorava ela. — Não quero passar pela vergonha de cair prisioneira!

Radamisto, abraçando sua mulher, procurou insuflar-lhe coragem. Mas Zenóbia continuou a pedir que a matasse. Então, Radamisto desembainhou seu sabre persa e enterrou-o no peito de sua amada esposa. Para evitar que ela fosse ultrajada pelos inimigos, atirou seu cadáver às águas do Araxes.

Radamisto, prosseguindo na fuga, conseguiu chegar às terras dos iberos. Zenóbia foi retirada do rio por alguns pastores. Como ainda respirasse, os pastores cuidaram dela até que recobrasse a saúde e, depois de ouvirem sua história, levaram-na até Artaxata, capital da Armênia, onde, entrementes, Tiridates se tornara rei. Segundo Tácito, Zenóbia foi recebida cordialmente por ele e tratada como rainha. Radamisto foi morto, mais tarde, por seu próprio pai.

A guerra particular de dois generais

Tiridates era um parto, e um parto na Armênia representava uma provação para Roma. Por isso, os senadores se sentiram aliviados quando Nero encarregou seu comandante Corbulão de solucionar o problema. Tendo à frente esse experimentado estrategista, o empreendimento prometia ser bem sucedido.

As tropas foram divididas da seguinte maneira: metade das tropas aliadas do Oriente, juntamente com duas legiões, permaneceram na retaguarda, na Síria, sob o comando do legado Quadrato Umídio. Corbulão avançou com a outra metade e com as coortes e tropas montadas suplementares, que tinham seu acampamento de inverno na Capadócia. Os reis aliados receberam instruções severas para, se necessário, prestarem ajuda a Corbulão e Quadrato.

Essa tática, aparentemente inteligente, causou atritos psicológicos. A rivalidade que surgiu entre Corbulão e Quadrato prejudicou as perspectivas de êxito do empreendimento. Corbulão, cuja fama de imbatível transpunha fronteiras, era alto, vistoso, muito eloqüente e estimado por todos. Exatamente o inverso de Quadrato. Este veio marchando ao encontro de Corbulão até a Cilícia, só para não ter de receber com demasiada cordialidade o colega, o que fatalmente aconteceria se o esperasse em casa, na Síria.

Esses pequenos atritos entre ambos chegaram aos ouvidos de Nero. Preocupados, o imperador e seus conselheiros observavam essa disputa pela supremacia. Os dois generais enviaram uma mensagem conjunta a Vologeso, rei dos partos, argumentando que seria preferível aceitar a paz a promover a guerra; este aceitou o alvitre e, em sinal de boa vontade, também enviou reféns, mas os generais romanos acabaram brigando, pois nenhum deles queria ser responsável por essas pessoas.

O caso tornou-se grotesco: aos reféns coube decidir a quem iriam entregar-se, a Quadrato ou a Corbulão. Decidiram-se por Corbulão, o que levou os estrategistas a uma nova disputa. Quadrato argumentava que Vologeso só se dispusera a entregar os reféns devido à política que ele, Quadrato, adotara; portanto, os reféns lhe pertenciam. Corbulão revidou, dizendo que unicamente sob seu comando as esperanças dos partos haviam abortado, o que levara Vologeso a entregar os reféns. Portanto, estes lhe pertenciam.

Nero interveio indiretamente na disputa. Mandou um emissário à Armênia, com a mensagem de que o príncipe, tendo em vista os êxitos alcançados por Quadrato e Corbulão, mandara ornar o *fasces* imperial com ramos de louro — uma elevada honra para os dois.

Aos poucos, porém, prevaleceu a maior experiência de Cneu Domício Corbulão, em contraste com a do governador da Síria. Corbulão dedicou-se, daí em diante, principalmente à reorganização das tropas. Preocupava-se mais com a disciplina dos soldados do que com o inimigo. Eram sobretudo as legiões de Quadrato que se encontravam em estado lamentável. Isso porque havia muito não ocorria uma guerra no Oriente. Alguns dos veteranos jamais tinham servido como sentinelas, não possuíam elmo nem couraça, e muros e valas lhes pareciam invenções estapafúrdias. Corbulão dispensou-os, substituindo-os por conscritos vindos da Galácia e da Capadócia, e ainda mandou vir uma legião inteira da Germânia.

Por infelicidade, o inverno que então começara seria um dos mais rigorosos de que se recorda a memória humana. Para levantar as barracas sob as quais acampava o exército romano, era necessário escavar o chão, muito duro naquele lugar. Sentinelas eram encontradas, pela manhã, mortas de frio. Muitos soldados ficavam com as mãos e os pés enregelados. Comentava-se em Roma a macabra história de um soldado cujas mãos se tinham congelado ao apanhar um feixe de lenha; ficaram presas no feixe, e se tinham partido quando procuraram livrá-las. Ouviam-se também relatos exemplares sobre a dureza de Corbulão, que, aplicando a lei marcial, mandava executar imediatamente os desertores. Ele mesmo procurava dar o exemplo, usando roupas leves e saindo em campo sem cobrir a cabeça, na estepe gelada. Por fim, chegou a primavera.

Tiridates, rei da Armênia por mercê de seu irmão Vologeso, ficara à espera na praça forte de sua capital Artaxata, cada vez mais impaciente. Enviou emissários a Corbulão, perguntando-lhe por que, afinal, ele teria de ser expulso da Armênia, já que entregara reféns e mostrara boa vontade para com os romanos. A resposta de Corbulão foi breve: o rei da Armênia deveria dirigir-se a Nero.

Corbulão força a decisão

Tal mensagem jamais chegou a Roma. Corbulão solicitou a Tiridates que fosse ter com ele para uma entrevista. Este aceitou, informando que compareceria ao lugar marcado na companhia de mil cavalarianos, sendo que Corbulão poderia ir com quantos soldados quisesse — mas sem elmo nem couraça. Isso despertou a desconfiança do romano. O parto estaria armando uma cilada para os romanos?

A idéia de se apresentar com quantos soldados quisesse, mas sem a proteção da couraça, só podia ser um ardil. De que adiantaria uma superioridade numérica se, de repente, fossem atacados por uma cavalaria armada até os dentes? Desprotegidos, os romanos seriam derrotados.

Corbulão fingiu não perceber o ardil dos partos, e aceitou a proposta. Porém, reforçou sua sexta legião com as coortes dos aliados e com as tropas auxiliares dos reis amigos. Aproveitando-se da noite e da névoa, pôs também em marcha três mil homens da terceira legião e os integrou à sexta, ocultando o respectivo estandarte com a águia simbólica. Não queria que Tiridates tivesse uma idéia exata do número de soldados de que dispunham suas tropas.

Ao final da tarde do dia convencionado, o chefe parto apareceu cercado de mil cavalarianos, avançando pela paisagem levemente ondulada. Mas alguma coisa o irritava. Os partos se detiveram a uma distância de algumas centenas de metros. Até quase o cair da noite, Corbulão e Tiridates ficaram frente a frente, ao alcance da vista. Nenhum dos dois ousava aproximar-se. Finalmente, Corbulão deu o sinal de retirada. Nesse momento, Tiridates também fez meia-volta e desapareceu com seus cavaleiros.

Para Corbulão, essa cena inquietante serviu de pretexto para forçar a decisão. Dirigindo-se a seus soldados, disse:

— Expulsai daqui esse inimigo hesitante, que não sabe decidir pela paz nem pela guerra, e que demonstra ao fugir deslealdade e covardia! Ide e conquistai fama e butins!

Os inúmeros castelos fortificados espalhados pelo território da Armênia constituíam, para os romanos, um sério obstáculo. Era difícil tomá-los de assalto, principalmente o castelo real de Artaxata, a capital, e o castelo de Volando, tidos como inexpugnáveis. Corbulão ordenou ao legado Cornélio Flaco e ao prefeito de acampamento Insteio Capitão que avançassem contra a fortaleza de menor porte, reservando para si próprio o ataque ao castelo de Volando. Para isso, dividiu seu exército em quatro grupos. Com o primeiro, formou um teto de escudos. Como que protegidos pela carapaça de uma gigantesca tartaruga, os romanos aproximaram-se da primeira muralha e, usando escadas, tomaram de assalto os muros. Ao mesmo tempo, vindo de trás, o segundo grupo arremessava lanças e flechas em chamas para dentro do castelo. As duas outras unidades procediam da mesma forma do outro lado do castelo.

Aqueles soldados das províncias romanas, que nunca tinham participado de tais ataques, pareciam dominados por um frenesi, tal o ímpeto que demonstravam durante as lutas. Depois de poucas horas, os muros já tinham sido transpostos, os portões, arrombados, as barricadas, derrubadas. Todos os homens adultos que caíam nas mãos dos soldados eram eliminados. Mulheres e crianças eram arrebanhadas e vendidas como escravas. O saque fora considerável, e os romanos não haviam sofrido perdas.

O legado e o prefeito também saíram vitoriosos. Num único dia, haviam conquistado três castelos armênios. Podia-se, pois, dar início aos preparativos para o ataque a Artaxata.

Tiridates abandonara seu castelo, pois sabia que a precariedade das provisões não lhe permitiria resistir a um longo cerco por parte dos romanos. Sem outra alternativa, pôs-se em marcha contra os contingentes romanos.

Mas encontrou pela frente uma concentração cerrada de soldados romanos. No meio da concentração estava a décima legião, no flanco direito, a terceira, no esquerdo, a sexta, e, entre as fileiras, a intendência. Por trás das legiões vinham galopando mil cavalarianos, e os flancos externos eram protegidos por arqueiros. Tiridates procurou desorientar essa formação maciça, lançando seus cavaleiros ora de um lado, ora de outro, sempre mantendo-se fora do alcance do inimigo. Mas o exército romano não deu mostras de inquietação.

Tiridates desapareceu na escuridão da noite. Batedores romanos saíram em seu encalço e trouxeram a notícia de que o rei não retornara à capital. Tudo indicava que ele se pusera em fuga.

Na manhã seguinte, Corbulão marchou em direção a Artaxata. Esperava encontrar a cidade preparada para um longo cerco, mas enganou-se. Os habitantes abriram espontaneamente as portas da cidade e renderam-se aos romanos. Esse gesto salvou-lhe a vida, mas não a capital. Artaxata foi incendiada, e suas ruínas, arrasadas.

Nero não combatia: preferia festejar suas vitórias

Enquanto isso, Nero estava ocupado com a monumental construção de seu anfiteatro no Campo de Marte. Com doações extravagantes, procurava ganhar a estima do povo romano. Pouco se preocupava com a guerra pela conquista da Armênia. A guerra não era seu ofício, e por isso deixava-a aos cuidados de Cneu Domício Corbulão. Dos impostos que mandava cobrar nas províncias, ele retirou quarenta milhões de sestércios, incorporando-os ao tesouro do Estado, com o objetivo, afirma Tácito, de "manter o crédito do povo". Assim, cada cidadão romano recebeu um donativo de quatrocentos sestércios. Com essa soma, era possível viver modestamente um ano inteiro. Além disso, o príncipe taxou a compra e venda de escravos com um imposto de quatro por cento. Também proibiu os funcionários públicos e procuradores das províncias de continuarem realizando lutas de gladiadores, combates com feras e outros espetáculos desse gênero à custa dos cidadãos.

Quando chegou a Roma a notícia de que Tiridates fora expulso de seus territórios, houve grande regozijo. "Salve, Nero, o imperador!", gritava-se pelas ruas da cidade. Ninguém falava em Corbulão. Nero, porém, era aclamado imperador pela quarta vez, embora só tivesse vinte e um anos.

Originalmente, o título de imperador era concedido apenas ao comandante supremo dos exércitos. "Imperador" passou a ser um título honorífico quando um general vitorioso foi aclamado por seus soldados com esse epíteto e o Senado o confirmou. Essa foi a origem da "aclamação imperial".

Militares importantes como Sula, Pompeu e César tornaram o título de imperador parte integrante de seu próprio nome, com o que ostentavam suas aptidões guerreiras. Augusto renunciou a seu prenome Caio, substituindo-o pelo epíteto de imperador. Os sucessores de Augusto não o acrescentaram a seus nomes. Quando o faziam, é porque tal honra resultara de uma aclamação reconhecida pelo Senado. Nero, de início, imitou-os. Só depois de várias aclamações ele aceitou o título de imperador, como o fariam, depois dele, Oto e Vespasiano.

A vitória sobre os partos foi comemorada pelo Senado com festas de agradecimento aos deuses que duraram vários dias. O dia da vitória de Artaxata e aquele em que a notícia chegou ao Senado foram, a partir de então, declarados feriados. Além disso, erigiram-se arcos de triunfo e estátuas comemorativas. Nero, além de designar os generais participantes dessa guerra, nada mais fizera.

Tencionando abolir os impostos alfandegários para reforçar sua popularidade, Nero fez o Senado dividir-se em duas facções: enquanto uns elogiavam a nobre coragem do imperador, outros, principalmente os mais idosos, ponderavam que, com suas rendas diminuídas, o Estado poderia correr sérios riscos. Acrescentaram ainda que, uma vez abolidos os impostos alfandegários, logo se iria exigir também a abolição dos impostos em geral.

Aceitando essas objeções, Nero não adotou a medida solicitada ao Senado, mas proibiu os aumentos ilegais que os arrecadadores de impostos alfandegários e de outros impostos desviavam para seus próprios bolsos. Além disso, por meio de um edito, impôs uma reforma tributária que previa a divulgação do uso dos impostos, algo que até então era mantido secreto. Todos os tributos que as autoridades financeiras não conseguiam arrecadar caducavam depois de um ano. As objeções levantadas contra impostos fixados pelas autoridades só podiam ser submetidas a um pretor, em Roma, e a um propretor ou procônsul, nas províncias. Se não tivessem outra fonte de renda, os soldados estariam livres de impostos.

Todas essas medidas aumentaram a estima do povo pelo imperador. Entrementes, na fronteira oriental do Império, Corbulão procurava ampliar os êxitos obtidos na guerra contra os partos. O próximo passo, e o principal naquele momento, era conquistar a cidade de Tigranocerta.

Àquele inverno, de rigor incomum, seguiu-se um verão tórrido. A falta de água potável tornava as marchas extremamente penosas. A caminho de Tigranocerta, os romanos perderam mais soldados do que em todas as batalhas anteriores. Mas Corbulão continuava dando o exemplo, o que encorajava seus soldados. Aliás, ele escapou por pouco de um atentado que poderia ter sido fatal. Suas sentinelas prenderam um homem armado diante de sua tenda. Submetido a torturas, ele confessou ser o cabeça de uma conspiração. Depois de revelar o nome de seus cúmplices, foi executado juntamente com eles.

Quando os inimigos se entregavam voluntariamente, os romanos poupavam-lhes a vida, mas perseguiam todos os que se punham em fuga, e queimavam em fogueiras os que se refugiavam em cavernas com seus pertences. Intimidados pelo potencial bélico e pela dureza dos comandantes romanos, os moradores de Tigranocerta enviaram legados a Corbulão, informando-lhe que os portões da cidade estavam abertos para ele e que a população aguardava suas ordens. O comandante romano, sentindo-se lisonjeado, não molestou a cidade.

Corbulão podia mover-se pela Armênia sem encontrar resistência séria, pois os partos se encontravam em pé de guerra com os hircanos, povo que habitava um recanto fértil a sudeste do mar Cáspio. Por isso, os partos não estavam interessados em abrir uma segunda frente de batalha. Isso, porém, não impedia Tiridates de promover eventuais escaramuças na fronteira da Armênia.

No ano 60, Nero enviou à Armênia um novo rei. Chamava-se Tigranes, e era bisneto de Herodes, o Grande. Fora levado para Roma, anos antes, como refém, e sob Nero demonstrara extremo servilismo. Tigranes viajou acompanhado de uma tropa de mil legionários, três coortes federais e dois esquadrões de cavalaria. Nero sabia que Tigranes não seria um governante enérgico, e por isso destacou algumas regiões periféricas da Armênia, anexando-as a reinos vizinhos governados por Farasmanes, Polemão, Aristóbulo e Antíoco. Quanto menor o reino, mais fácil era governá-lo. Corbulão acabou dirigindo-se à Síria, onde entrementes Quadrato havia morrido, e onde ficara vago o cargo de legado.

Os selvagens bretões do norte

O desinteresse do imperador pela liderança das ações bélicas não estimulava o moral das tropas. Até então, o imperador ainda não vira cara a cara nenhum dos soldados estacionados fora de Roma. E só em Roma era possível ver Nero. As vitórias eram transmitidas ao imperador com todos os detalhes, mas as derrotas chegavam a seu conhecimento de forma bastante atenuada.

Assim, certamente, o imperador jamais soube que, em 61, durante a revolta dos bretões no consulado de Cesênio Peto e Pretônio Turpiliano, setenta mil romanos e aliados perderam a vida. Por outro lado, quando Suetônio Paulino, governador da Bretanha, conseguiu derrotar os revoltosos, a notícia da vitória, ao chegar a Roma, certamente ganhou detalhes bombásticos. O próprio Tácito reagiu ceticamente diante dos números citados: oitenta mil bretões mortos, contra apenas quatrocentos romanos. O que acontecera de fato?

Depois da "pacificação" da Gália Transalpina, os romanos começaram a traçar seus planos para conquistar também a Bretanha. César fora o primeiro a tentar submeter os bretões à disciplina e à ordem romanas. Augusto e Calígula se haviam limitado a fazer planos. Mais tarde, as tropas de Cláudio conseguiram, pela segunda vez, chegar à outra margem do canal da Mancha. Aulo Pláutio, o comandante-em-chefe, conquistara, com a ajuda de quatro legiões, a região dos belgas, no sul da Bretanha, transformando-a na província romana denominada Britannia.

A fama de Corbulão chegara, entrementes, à fronteira nordeste do Império. E não eram poucos os militares estacionados na Bretanha desejosos de alcançar méritos semelhantes. Não há dúvida de que Suetônio Paulino, comandante supremo das tropas na Bretanha, era um líder capaz, mas interessava-se mais pelos êxitos militares que pudessem aumentar seu prestígio pessoal, relegando para segundo plano o bem-estar do Império. Em vez de assegurar a manutenção das fronteiras ameaçadas pelos rebeldes bretões, sonhava com conquistas espetaculares. Veio-lhe então a idéia de se apoderar da ilha de Mon, muito populosa na época. Para isso, Paulino construiu navios apropriados, dotados de quilha rasa, para poder desembarcar naquelas águas de pouca profundidade. Aproveitando-se de um vau, conseguiu que sua cavalaria chegasse à ilha. Em certos trechos, porém, o mar era tão profundo que os soldados tiveram de nadar ao lado de seus cavalos.

Ao desembarcar, os romanos depararam com um espetáculo incomum. Por trás das fileiras em formação de batalha que esperavam os conquistadores junto à costa, mulheres vestidas de negro, de cabelos soltos e empunhando tochas, corriam de um lado para outro, soltando gritos estridentes. Por entre os soldados estavam agachados druidas, os feiticeiros nativos. Com as mãos levantadas para os céus, vociferavam terríveis maldições. Extasiados, os romanos fitaram os guerreiros inimigos, incapazes de usar suas armas.

Os soldados tinham ouvido os mais assustadores boatos sobre os habitantes da ilha: dizia-se que ofertavam a seus deuses o sangue dos prisioneiros de guerra e liam o futuro nas entranhas dos homens que haviam matado.

Paulino incitou à luta seus soldados: "Acaso tremeis diante de um punhado de mulheres e loucos?"

Suas palavras incitaram os soldados. Os romanos atiraram-se à luta, derrubando tudo o que encontravam pelo caminho, demolindo até mesmo os lugares de culto e incendiando os bosques sagrados. Mas a vertigem da vitória foi interrompida abruptamente: um mensageiro vindo do continente anunciou-lhes que toda a província da Bretanha acabara de revoltar-se.

A maior derrota de Nero, obra de uma mulher

Essa rebelião se devia a uma mulher incomum. Chamava-se Boadicéia, e era a viúva do rei dos icenos, Prasutago. Os icenos, uma tribo autônoma dos celtas, habitavam a região leste da atual Inglaterra, onde hoje se localizam Suffolk e Norfolk, e eram, no início, considerados amigos dos romanos. O rei Prasutago, homem de riqueza imensurável, nomeara como herdeiros o imperador Nero e suas duas filhas. Mas com isso não conseguira pôr seu país e sua família ao abrigo das incursões romanas. Após sua morte, as tropas de ocupação romanas devastaram seus territórios, destruíram seu palácio, brutalizaram sua mulher e violaram suas filhas. Os parentes do rei foram tratados como escravos, e os mais influentes funcionários reais tiveram seus bens confiscados.

Agora, porém, a ocasião parecia favorável. Suetônio Paulino encontrava-se na ilha de Mon, e na Bretanha permanecia apenas um insignificante contingente de ocupação. Embora alguns desertores tivessem advertido os romanos de que estava se preparando uma revolta, estes não deram ouvidos a tais rumores. Nem julgaram necessário garantir, com muros e valas, a segurança de seu acampamento em Camulodunum, a atual Colchester, localizada na estrada que levava de Venta Icenorum até Londinium (Londres). "As comodidades", diz Tácito, "contavam mais que a segurança do lugar."

A rainha Boadicéia reuniu os melhores guerreiros da tribo e solicitou a ajuda dos trinobantes e de outras tribos bretãs, pondo-se então em marcha contra a cidade de Camulodunum.

Essa cidade, cujo nome lembrava Mars Camulus, o deus dos remos, um povo celta, tivera uma história movimentada. Depois da retirada das tropas de César, os belgas transformaram a cidade na capital das tribos belgas que habitavam o sudeste da Bretanha. Sob o governo de Cláudio, Camulodunum fora parcialmente destruída, e no ano 51 d.C. o legado Ostório Escápula ali fundara uma colônia de veteranos. Esses veteranos devem ter vivido como vândalos, pois expulsavam os moradores de suas casas e os tratavam como escravos. Naquela época, erigira-se ali um templo para honrar o divino Cláudio, templo esse que a população considerava um símbolo de tirania.

Justamente nesse templo, as tropas de ocupação romanas se entrincheiraram ante o avanço dos revoltosos. Pareciam despreparadas ou incapazes de combater os atacantes em campo aberto. E não o fizeram, nem depois que o procurador romano Cato Deciano lhes enviou um reforço de duzentos homens. Aquele punhado de soldados chegou sem armas, e só conseguiu salvar-se depois de se juntar aos demais companheiros dentro do templo.

Os revoltosos tomaram a cidade sem encontrar resistência, saquearam e incendiaram todas as casas romanas. Cercaram o templo durante dois dias, depois do que tomaram-no de assalto, massacrando todos os soldados. Não sabemos que papel específico desempenhou Boadicéia nesses acontecimentos. Também não sabemos se ela estava à testa dos revoltosos ou se apenas planejara o ataque. O fato é que a maior derrota militar sofrida pelas tropas de Nero até então fora obra de uma mulher.

O temor dos romanos ante a revolta comandada por Boadicéia foi tão grande, que o procurador Cato Deciano fugiu de navio para a Gália. Mesmo o legado Petílio Cereal, que lançou sua nona legião contra os revoltosos, não conseguiu arrefecer a força dos ataques bretões. O exército foi derrotado, e toda a infantaria, massacrada. Somente Petílio Cereal conseguiu escapar com sua cavalaria.

Depois de tomar conhecimento dessas graves notícias, Suetônio Paulino voltou de Mon e marchou em direção a Londinium. Na época, Londres ainda não era uma cidade grande, mas um importante entroncamento de estradas comerciais. Muitos comerciantes romanos passavam por aquele vilarejo, uma pequena colônia romana desde 43 d.C.

Paulino não tomou providências para defender a cidade, apesar das súplicas e do pranto de seus habitantes. Ele procurava uma planície onde pudesse travar a batalha decisiva, pois só assim tinha certeza de não cair em armadilha e de fazer valer o potencial de suas formações militares. O general romano dispunha de dez mil soldados, membros da décima quarta legião, veteranos da vigésima e tropas aliadas recrutadas nas vizinhanças.

Paulino percebera que as vitórias das tribos bretãs se deviam ao ímpeto do primeiro ataque. Portanto, ele devia conter os revoltosos com uma tática adequada. Enquanto os bretões, em grupo selvagens, atiravam-se de todos os lados contra os romanos, acompanhados de suas mulheres e carros, Paulino concentrou seus legionários no meio das fileiras e dispôs as coortes ligeiras e a cavalaria nos flancos, para envolver os inimigos.

Enquanto isso, a valente Boadicéia e suas duas filhas iam de carro de tribo em tribo, incentivando seus aliados à luta.

— Para os bretões — dizia ela — não é novidade o fato de serem comandados por suas rainhas nas batalhas; eu, porém, não luto por meu reino nem por meus tesouros, pois quero vingar, como qualquer mulher do povo, a liberdade perdida, meu corpo maltratado e minhas filhas violadas. Os romanos — continuou ela — são sanguinários a ponto de prejudicar a todos, sem poupar sequer os de idade provecta ou as jovens virgens. Mas os deuses já se vingaram. Foi exterminada a legião que ousou enfrentar-nos, e as outras se mantêm escondidas em seu acampamento ou só pensam em fugir. Já não suportam o brado de guerra de nossos milhares de guerreiros, e muito menos meu ataque e meu braço. Esta luta é um combate de vida ou de morte. É este meu propósito, o propósito de uma mulher!

"Aqueles lá adiante parecem mulheres, não guerreiros!"

A poucos quilômetros dali, o general romano Suetônio Paulino também discursava.

— Não presteis atenção aos brados de guerra, nem às vãs ameaças dos bárbaros — principiou ele. — Aqueles lá adiante parecem mulheres, não guerreiros. Essa multidão desarmada, diria até pacífica, tantas vezes derrotada por nós, irá pôr-se imediatamente em fuga, tão logo veja as espadas e a valentia de nossas tropas, acostumadas às vitórias. Mesmo que inúmeras legiões se apresentem para a batalha, apenas uns poucos lutadores decidem a sorte do combate. E vossa fama será bem maior se, apesar de serdes um punhado de soldados, alcançardes a fama de um exército!

Dito isso, Paulino deu a conhecer a tática que contava empregar: de início, os legionários, avançando em formação cerrada, deveriam arremessar suas lanças; a seguir, com os escudos e espadas, deveriam derrubar os inimigos não atingidos e, se possível, matá-los, deixando os butins para mais tarde.

— Alcançada a vitória — prometeu Paulino —, tudo será vosso!

Ouvindo isso, os soldados romanos, cheios de entusiasmo, bateram suas espadas nos escudos e, em fileiras, tomaram posição para a batalha. Paulino deu então ordem de atacar.

A formação do meio avançou como uma cunha contra o inimigo, arremessando lanças e levantando espadas para a luta corpo a corpo. Esse ímpeto disciplinado causou a derrota dos bretões antes mesmo que começassem a lutar. Brutalmente, os romanos arrasavam tudo o que lhes cruzasse o caminho, soldados, mulheres, crianças, animais de tiro. Os bretões tentavam fugir, mas sua fuga era quase sempre obstruída pelos carros sobre os quais suas mulheres tentavam resistir à batalha.

Entrementes, Nero ordenara que dois mil legionários, oito coortes de povos aliados e mil cavaleiros estacionados na Germânia fossem enviados à Bretanha. Paulino reforçou a nona legião com os legionários recém-chegados e transferiu as coortes e o esquadrão de cavalaria para o acampamento de inverno. A Bretanha encontrava-se novamente sob domínio romano. Temendo a vingança dos vencedores, Boadicéia deu fim à sua vida, envenenando-se.

Sucesso traz inveja. O prefeito de acampamento da segunda legião, Pênio Póstumo, não suportando os êxitos alcançados pela décima quarta e pela vigésima legiões, suicidou-se com a própria espada. O procurador Cato Deciano foi substituído por Júlio Classiciano, um inimigo de Suetônio Paulino. Mal assumira suas funções, mandou mensagem ao imperador de que na Bretanha não imperava a paz, pois ocorriam continuamente embates armados, razão pela qual não havia como prever o fim do conflito enquanto Suetônio Paulino continuasse comandando as tropas romanas.

Nero observou com cuidado o comportamento dos dois rivais, e enviou um de seus favoritos para resolver aquela disputa. Chamava-se Policlito, um liberto temido por sua ascendência sobre o imperador. Os dois comandantes o levaram a sério, mas os bretões riram dele e dos governantes romanos, pois não concebiam que um comandante e um exército vitorioso pudessem prestar obediência a um ex-escravo.

Policlito não conseguiu pôr fim à inimizade aberta entre eles, e por isso Nero mandou que se substituísse Suetônio Paulino. Mais tarde, sob o governo do imperador Oto, Paulino voltaria à cena política.

Um drama de homossexuais e suas conseqüências

Entrementes, Nero enfrentava em Roma suas primeiras dificuldades no terreno da política interna. Depois do assassinato do prefeito municipal Pedânio Secundo, no ano 61, ocorrera uma revolta popular. A ira das massas se voltava contra a arcaica lei que mandava executar todos os escravos da casa quando um deles assassinava seu dono. Ora, Pedânio Secundo fora apunhalado por um escravo porque ambos amavam o mesmo rapaz. Em si mesmo, o crime era condenável, mas o que mais comovia os cidadãos romanos era a condenação à morte de todos os quatrocentos escravos do prefeito, que nada tinham a ver com o escravo homossexual.

O caso foi submetido ao Senado. As opiniões mostraram-se, inicialmente, divididas. O jurista Caio Cássio defendeu apaixonadamente a execução:

— Senadores! — iniciou ele seu discurso. — Freqüentes vezes, estive presente nesta assembléia quando se solicitava a anulação de prescrições e leis antigas. Devo dizer que não me pronunciei contra tais pedidos, apesar de minha convicção íntima de que nossos antepassados cuidavam melhor dos negócios públicos do que nós, e que, por isso, qualquer modificação da lei contribuía para sua deterioração. No entanto, eu receava que meu apego aos costumes antigos fosse atribuído ao desejo de ostentar conhecimentos jurídicos. Ao mesmo tempo, não queria enfraquecer, com uma oposição sistemática, a autoridade de minhas palavras, a fim de preservá-la para o momento em que a República necessitasse de conselhos. Hoje, quando um ex-cônsul é traiçoeiramente assassinado por um pérfido escravo dentro de sua própria casa, este momento chegou. Nenhum dos outros escravos deteve ou denunciou o assassino, embora soubessem da resolução do Senado que ameaçaria com a morte todos os escravos da casa! Certo, vós podeis decidir pela impunidade dos escravos. Mas quem então poderá defender seu cargo e posição, se estes de nada valerem para um prefeito municipal? Quem poderá proteger seus muitos escravos, se Pedânio Secundo não conseguiu proteger os quatrocentos que o serviam? Quem, no futuro, oferecerá ajuda a uma criadagem que nem por medo à sentença de morte nos livra dos perigos? Ou será que o assassino, como querem nos fazer crer algumas pessoas sem pejo, vingou-se por ter sofrido alguma injustiça? Portanto, mais vale declarar que o assassinato desse senhor, em nossa opinião, é perfeitamente legítimo!

Os senadores ouviram-no, estupefatos. Naturalmente, a maioria deles tinha idéias tão conservadoras quanto as de Caio Cássio, que prosseguiu em suas acusações:

— É impossível que aquele escravo não tivesse tido cúmplices — disse ele. — Caso contrário, como teria passado pelas sentinelas, como teria aberto o quarto de dormir, como se teria aproximado com a lamparina acesa, como teria praticado o crime? Uma gentalha dessas, com sua religião estrangeira ou sem religião alguma, reunida a esmo nas terras mais diversas, só pode ser reduzida à obediência pelo medo. Não há dúvida de que, tratando-se de uma execução em massa, alguns inocentes terão de padecer. O mesmo se dá com um exército derrotado, quando um em cada dez soldados é açoitado, uma dura sorte que atinge até mesmo os mais valentes. Mas — assim terminou Cássio seu discurso — o mal que cada um sofre é compensado pelo bem da coletividade.

Ninguém se levantou para defender os escravos. É verdade que algumas vozes se ergueram para lembrar o grande número de vítimas, bem como para advertir que, entre elas, havia também mulheres e crianças. Não obstante, prevaleceu a antiga lei: todos os quatrocentos escravos de Pedânio Secundo foram condenados.

Mas a execução, marcada para o dia seguinte, não chegou a realizar-se. Milhares de escravos, libertos e romanos de condição modesta cercaram a prisão em que os quatrocentos escravos seriam executados. Traziam pedras nas mãos e ameaçavam atirá-las contra os soldados e incendiar a prisão, se tocassem em um só escravo. O incidente assumiu pouco a pouco as dimensões de uma revolta popular.

Pela primeira vez depois de seis anos de reinado, Nero tinha o povo contra si. As massas, que ele cortejara com pão e circo, voltavam-se agora contra ele. Foi um choque para o imperador, que se viu diante de um dilema. Se cedesse aos clamores das massas, atrairia o ódio da alta burguesia e da aristocracia romanas; se permanecesse inflexível, a plebe seria sua inimiga. Acredita-se que, a conselho de Sêneca e de Burro, Nero decidiu-se pela última alternativa. Criticou, num edito, o comportamento do populacho, e mandou que soldados bloqueassem as ruas pelas quais os quatrocentos escravos seriam conduzidos ao local da execução. Todos eles foram crucificados. Daí em diante, Nero passou a temer seu povo.

Qualquer crítica deixava-o nervoso. Pela primeira vez depois de muito tempo, voltou a ser aplicada a lei de lesa-majestade, isso no ano 62, durante o consulado de Marco Mário e de Lúcio Alfino. O pretor Antístio declamara, num sarau, algumas poesias insultuosas à pessoa do imperador. Foi denunciado e condenado à morte. Mas uma resolução do Senado comutou a pena de morte em exílio. Nero ficou indignado.

O imperador perde seu mais íntimo conselheiro

Sua situação agravou-se nesse mesmo ano com a morte repentina do prefeito da guarda pretoriana, Afrânio Burro. Juntamente com Sêneca, nos primeiros cinco anos do governo de Nero, ele dirigira os negócios de Estado, granjeando assim a estima dos romanos.

As circunstâncias da morte de Burro permanecem obscuras. Tácito escreve que ele morreu sufocado por um abscesso na garganta, mas acrescenta que, por ordem do imperador e sob o pretexto de curá-lo, a garganta do paciente foi pincelada com um medicamento venenoso. Suetônio também defende essa versão. O fato é que, nos últimos anos, Burro fazia o possível para manter-se afastado das decisões do imperador. Mostrara-se reservado por ocasião do fatal atentado contra a mãe do imperador, e negara-se a agir contra Agripina, pois o juramento de lealdade que fizera valia para *toda* a casa imperial. Opusera-se abertamente quando Nero repudiara Otávia, sua primeira mulher, e disso resultaram tensões em suas relações com o imperador. Desde então, Nero contava apenas com o apoio de Sêneca.

A incapacidade do imperador para tomar decisões ficou clara no momento em que se começou a decidir a sucessão de Burro. Por motivos incompreensíveis, o imperador nomeou imediatamente dois sucessores para o cargo de prefeito do pretório: Fênio Rufo, até então administrador dos depósitos de cereais, cujo altruísmo era muito apreciado pelo povo, e Ofônio Tigelino, um favorito que participava das orgias de Nero, mas não chegava a ser um conselheiro da envergadura de Burro.

Com a morte de Burro, foi diminuindo também a influência de Sêneca. O imperador, agora com vinte e cinco anos, tornara-se adulto. Os romanos perceberam rapidamente que a estrela de Sêneca se apagava. Aliás, muitos já se haviam afastado dele, pois, sendo o favorito do imperador, acrescentara à sua fortuna duzentos milhões de sestércios. Ele tentava, é o que se dizia à boca pequena em Roma, suplantar o esplendor de Nero com seus jardins e casas de campo. Intrigantes foram ao imperador para denunciá-lo, dizendo-lhe que Sêneca não levava a sério seu senhor, fazia troça de suas canções e manifestava dúvidas quanto às aptidões de Nero como condutor de carros nas corridas públicas.

Quando Sêneca, devido a essas acusações, foi chamado a depor perante o tribunal, solicitou ao príncipe que lhe concedesse uma audiência. Nero recebeu seu ex-mestre e conselheiro de cenho carregado. Sêneca foi direto ao assunto:

— César, faz agora catorze anos que venho acompanhando tua promissora juventude, e passaram-se oito anos desde que foste aclamado imperador. No decorrer desse tempo, cumulaste-me com tantas honras e riquezas que, para minha felicidade, só faltam os limites da temperança. Gostaria de citar, neste momento, grandes personagens exemplares, não da minha, mas da tua estirpe. Teu bisavô, Augusto, permitiu que Agripa se retirasse para Mitilene, e concedeu que Caio Mecenas vivesse livremente em Roma, como se estivesse no estrangeiro. No entanto, aquele fora companheiro de guerra de Augusto, e este tinha exercido vários cargos que lhe exigiam sacrifícios. É verdade que ambos receberam, para isso, recompensas consideráveis, mas estas correspondiam a seus elevados méritos. Que outra coisa poderia *eu* oferecer por tua liberalidade que não meus estudos, os quais, se assim me permites dizê-lo, cresceram à tua sombra, e só alcançaram a fama de que gozam porque pude lançar a primeira pedra de tua formação, o que para mim já foi uma elevada recompensa! Tu, porém, me distinguiste com favores tão excepcionais, cumulaste-me de tantos bens, que freqüentemente tenho perguntado a mim mesmo: eu, filho de eqüestres e nascido na província, sou considerado um dos grandes do Estado? Eu, o adventício, ombreio com os aristocratas, que podem citar uma série de antepassados famosos? Onde ficam nisso tudo a modéstia e a moderação? Foi movido por elas que instalei jardins, construí magníficas quintas nas proximidades da cidade, plantei intermináveis campos de cereais e abri negócios de zinco espalhados por tantos lugares? Minha única desculpa para tudo isso é que não me era permitido rejeitar teus presentes.

O discurso de Sêneca, a julgar pelo que nos transmitiu Tácito, foi formulado com grande habilidade. Com seus argumentos, ele aparentemente inculpou-se a si mesmo, mas ao mesmo tempo retirou de seu interlocutor qualquer possibilidade de criticá-lo, chegando mesmo a provocar o imperador no sentido de defendê-lo, a ele, Sêneca, e de cumulá-lo com mais presente.

— Agora chegamos a um limite. Tu, porque presenteaste um amigo com tudo o que um imperador pode oferecer. Eu, porque aceitei tudo o que um amigo pode receber de um governante. O que ultrapassasse isso só estimularia a inveja, que, diga-se de passagem, como todos os defeitos humanos, não macula tua grandeza. Mas a mim, ela me pesa, e é portanto a mim que se deve aliviar. Qual um soldado esgotado por suas campanhas ou um viajante cansado da caminhada, peço-te, como um ancião cansado da vida e incapaz de menor esforço, que me concedas tua ajuda. Não consigo suportar minhas riquezas. Pede a teus procuradores que administrem meus bens, e acrescenta-os à tua fortuna! Não estou querendo abraçar a pobreza, mas livrar-me de todo brilho que possa ofuscar-me. Com muito maior satisfação, gostaria de dedicar a mim mesmo o tempo que emprego na administração de meus jardins e minhas terras.

"Estás na posse de todo o teu vigor varonil, e já acumulaste muitos anos de experiência como soberano. Portanto, um amigo idoso como eu pode entregar-se inteiramente ao sossego. Também isso será benéfico à tua fama, pois de ti dirão que soubeste elevar às alturas homens capazes de suportar uma existência modesta."

A resposta de Nero a Sêneca

A resposta era previsível:

— O maior presente — começou o imperador — que recebi de ti é o fato de poder responder de improviso à tua fala judiciosa. Tu me ensinaste a desempenhar não somente encargos conhecidos de antemão, mas também aqueles que se nos apresentam subitamente. Meu bisavô Augusto permitiu que Agripa e Mecenas descansassem dos esforços despendidos. Ao fazê-lo, ele próprio já alcançara uma idade em que seu prestígio justificava qualquer liberalidade. Não obstante, ele não reclamou nenhuma das recompensas concedidas. Naturalmente, tais recompensas eram frutos colhidos em guerras e perigos, pois entre guerras e perigos transcorreu a juventude de Augusto. A mim também não me faltariam tua espada nem teu braço, se eu tivesse terçado armas. Mas tu, como o exigem as circunstâncias presentes, educaste pela reflexão, pelo conselho e pela instrução primeiro o menino, depois o rapaz. É por isso que teus merecimentos, pelo que fizeste por mim, permanecerão inesquecíveis enquanto eu viva. O que de mim recebeste, jardins, casas de campo e rendas, dependeu apenas do acaso. E, por mais ricas que possam parecer tais recompensas, muitos outros, que de forma alguma te são comparáveis, receberam mais. Envergonho-me de citar aqui o nome de alguns libertos que ostentam maiores riquezas. Preocupa-me que tu, sendo para mim o mais caro de todos, não superes a todos em riquezas.

Tácito é de opinião que Nero "escondeu seu ódio sob lisonjas hipócritas", e que, em sua resposta, fingiu e mentiu. Seja como for, na segunda parte de seu discurso, Nero declarou abertamente que seria prejudicial a seu prestígio reaver os presentes concedidos.

— Ainda tens muito vigor — continuou o imperador, voltando-se para Sêneca. — Continuas à altura de exercer uma atividade e receber a recompensa devida, enquanto eu me encontro no começo de meu governo. Mas acaso te julgas menos merecedor do que Vitélio, que foi três vezes cônsul, ou me consideras menos reconhecido do que Cláudio, ou talvez penses jamais alcançar com minhas liberalidades o que Volúsio conseguiu acumular depois de anos de poupança? Tu me chamas à razão quando, na insegurança de minha juventude, ajo sem orientação segura, e armas minha força com tua reflexão, fazendo-a obedecer a trilhas rigorosas. Não será comentada tua modéstia, se me devolveres tua fortuna, nem tua vida sossegada, se deixares teu imperador, mas minha suposta avidez e minha terrível crueldade. E ainda que tua abstinência venha a merecer os mais elevados elogios, não seria honroso para um sábio sacrificar à sua glória a reputação de um amigo.

Nero abraçou Sêneca e beijou-o. Este agradeceu ao príncipe a audiência concedida, e retirou-se. Daí em diante, informa Tácito, Sêneca adotou outro estilo de vida. Deixou de receber visitantes, saía à rua, ao contrário do que fazia até então, sem muitos acompanhantes, e só raramente aparecia em público. Costumava dizer que mudara seu comportamento devido à sua saúde combalida e aos estudos filosóficos. Do ano 62 até 65, viveu sossegadamente em suas quintas, localizadas na Campânia. Abandonou toda atividade política. Somente uma vez seu nome seria citado em conexão com um negócio tenebroso. Voltaremos ao assunto mais adiante.

Depois de perder seus confidentes e conselheiros mais idosos, Nero passou a confiar cegamente em Tigelino. Este era um homem de bela aparência, mas inspirava medo. A própria Agripina sucumbira a seus encantos. O engraçado é que, depois disso, o prefeito Fênio Rufo, que agora exercia o cargo juntamente com Tigelino, o substituíra como amante da mãe do imperador. Por esse motivo Tigelino acusara Fênio de alta traição, sem qualquer êxito. Agora, porém, devido à renovada confiança alcançada junto ao imperador, Tigelino dispunha-se a tirar proveito disso para favorecer suas ambições pessoais. E quem lhe atravessasse o caminho estaria correndo perigo de vida.

Sem procurar confirmá-las, Nero tomava conhecimento de todas as informações que Tigelino lhe passava com objetivos bem definidos. O imperador nunca se interessara pela política, e muito menos agora que estava entretido em seus jogos amorosos com Popéia Sabina; assim, Tigelino podia usar e abusar de sua posição quase livremente.

Seus próximos alvos eram Rubélio Plauto e Sula Félix. Na opinião de Tigelino, ambos poderiam tornar-se perigosos para o imperador. Não em Roma, é verdade, mas no estrangeiro: Rubélio, na Ásia Menor, e Sula, na Gália. A Gália estava adquirindo autonomia sob o governo do ditador Sula, e os povos da Ásia não pareciam menos excitados graças ao ilustríssimo nome do avô de Rubélio, Druso.

Nero virou o polegar para baixo. Seis dias mais tarde, assassinos mercenários puseram-se a caminho de Marselha. Sula foi morto quando se encontrava à mesa, e os assassinos levaram sua cabeça para Roma.

Ao mesmo tempo, uma unidade especial de sessenta soldados desembarcava na Ásia Menor. No ano 60, Nero solicitara a Rubélio Plauto que se retirasse para um dos domínios que herdara de seus antepassados na Ásia Menor. Na época, correra o boato de que o imperador, então com apenas vinte e três anos, seria deposto e substituído por Plauto. Este, com efeito, descendia pelo lado materno da casa imperial dos Julianos, o que conferia ao boato foros de autenticidade. O pedido de Nero, que correspondia a um desterro, foi atendido por Plauto, que levou consigo sua mulher, Antístia, seus filhos e alguns amigos.

Só permanecera em Roma seu sogro Lúcio Antístio. Ao tomar conhecimento de que se iria atentar contra a vida de Plauto, ele enviou um liberto à Ásia Menor, a fim de avisá-lo. Mas Plauto, adepto da filosofia estóica, não deu atenção alguma às advertências, e resolveu aceitar tranqüilamente seu fim. Foi apunhalado quando praticava exercícios físicos. Os soldados cortaram-lhe a cabeça, levando-a também para Roma.

Nesses dois casos — pelo menos do ponto de vista de Nero — não se tratava de um ato arbitrário, pois para isso ele solicitara ao Senado que lhe desse uma autorização escrita. Agira visando ao bem do Estado, pois os acusados alimentavam intenções sediciosas. O Senado decidiu excluir Plauto e Sula de seu seio a título póstumo. Isso constituía um grave ultraje, já que significava também a proscrição de toda a família, dos parentes e de todo o clã.

O dinheiro imperava no mundo antigo

Na época de Nero, o dinheiro regia o mundo. Formalmente, distinguiam-se os *honestiores,* membros das classes mais elevadas, e os *humiliores,* que constituíam as classes inferiores da sociedade. Pertencer a esta ou àquela classe era sobretudo uma questão de riqueza pessoal. Para poder ser elevado à posição de senador, era preciso que o cidadão romano comprovasse uma fortuna pessoal de pelo menos duzentos e cinqüenta mil denários. Se dispusesse dessa soma e fosse aceito pelo Senado, a nova posição lhe permitia também multiplicar essa fortuna, pois só os membros do Senado podiam assumir postos de administração lucrativos, e só eles podiam ocupar tribunas de honra no circo e no teatro. Determinadas leis não lhes podiam ser aplicadas, e, nos tribunais, podiam julgar os atos da plebe, mas se um deles fosse chamado a responder perante um tribunal, só podia ser julgado por seus pares. Só lhes era vedado o casamento com uma liberta, ou seja, com uma ex-escrava.

Sob a influência de seu preceptor, Sêneca, Nero mandou pôr fim a alguns abusos a que eram submetidos os escravos. Nem por isso, porém, modificou a lei que vedava a um liberto abrir processo contra seu ex-senhor ou testemunhar contra ele. E mais: o liberto tinha de se comprometer, segundo a mesma lei, a ajudar seu ex-senhor quando este enfrentasse tempos difíceis, e ainda dar-lhe presentes por ocasião das festas.

Em Roma, os integrantes das classes baixas, os *humiliores,* saíam perdendo em tudo. Toda pessoa que não estivesse pagando impostos era logo açoitada por qualquer motivo; se não se pudesse provar sua culpa, era enviada *ad metalla,* em outras palavras, ia cumprir trabalhos forçados nas minas de cobre e prata; por vezes, era simplesmente crucificada ou mandada para a arena, onde servia de pasto às feras.

Bem outra era a vida dos *honestiores,* das "pessoas honradas". Quem pudesse comprovar uma fortuna de cinco mil sestércios era tido como pessoa honrada, e as leis lhe eram aplicadas com mais clemência. Uma acusação que custaria a cabeça a um pobretão acarretava para o "honrado", no máximo, o degredo. Quando este pertencia à *ordo,* isto é, aos círculos mais elevados da sociedade, o que incluía as classes dos cavaleiros e dos senadores, era julgado segundo critérios ainda mais brandos.

O antecessor de Nero, Cláudio, concedera a liberdade aos escravos idosos e doentes, quando seus patrões não o faziam por iniciativa própria. Nero foi mais longe, dando instruções a seus prefeitos municipais no sentido de acolherem toda denúncia que lhes trouxessem os escravos tratados arbitrária ou injustamente.

Tudo isso, porém, não impediu que, também sob Nero, a vida de um escravo fosse desumana e degradante. Um senhor podia espancar seu escravo, deixá-lo andar pelas ruas esfarrapado, fazê-lo padecer de fome, e também vendê-lo, prostituí-lo e até castrá-lo. As relações entre senhor e servo eram às vezes satisfatórias, mas isso estava longe de constituir a regra. Se um escravo era libertado, o que ocorria após uma sentença baixada por um pretor, a posição de seus filhos passava a ser melhor do que a sua.

Mas mesmo o filho de um liberto — como no caso de Horácio — continuava enfrentando certas dificuldades na sociedade romana de seu tempo. Somente seus netos se tornavam iguais a um homem livre, gozavam de todos os direitos políticos e podiam ser considerados, se dispusessem da riqueza correspondente, cidadãos honrados. De fato, certos descendentes de libertos chegaram rapidamente a possuir respeitáveis riquezas, pois, ao contrário dos cidadãos livres, sabiam trabalhar. No fim do século I a.C., um liberto chamado C. Célio Isidoro possuía quatro mil cento e dezesseis escravos.

Um historiador da Antiguidade calculou que, durante o Império, mais de oitenta por cento da população descendia de escravos. Os escravos em Roma eram legião.

Ter escravos era um símbolo de *status.* Os abastados ostentavam sua riqueza exibindo inúmeros *serviles* em público. Por mais talentoso que fosse, um advogado só seria reconhecido como tal se aparecesse no tribunal com um punhado de escravos. Sabemos que Plínio, o Jovem, possuía mais de quinhentos escravos. Em seu testamento, concedeu a liberdade a uma centena de seus mais fiéis serviçais. Uma lei especial, a *Lex Fufia Caninia,* permitia que os proprietários de cem até quinhentos escravos libertassem um quinto deles.

Não sabemos quantos escravos Nero possuía, mas um imperador podia ter até vinte mil. É este, aliás, o número que cita Ateneu. Naturalmente, nem todos eles estavam agregados à corte. Grande parte era empregada na arrecadação de impostos no estrangeiro, outra parte administrava terras ou trabalhava nas províncias. Não obstante, Nero mantinha em sua corte um verdadeiro exército de escravos. Sua sensibilidade, amante do exagerado, do pomposo e do exclusivo, exigia um grande número de escravos. "Diz-se que Nero", escreve Tácito, "mandou envenenar Doríforo, seu mais poderoso liberto, porque este se opôs a seu casamento com Popéia, acontecendo o mesmo a Palas, pois a morte deste tardava e Nero queria apoderar-se de sua incalculável fortuna." Tácito não nos dá detalhes sobre isso, mas em seu relato, sem dúvida tendencioso, aproveita a oportunidade para ressaltar os defeitos de Nero.

A Armênia de novo em ebulição

A perda de Burro e Sêneca teve conseqüências desastrosas. Sem seus conselheiros, Nero ficou entregue a aduladores, intrigantes e escroques. Então revelou-se sua imensa ingenuidade. Com vinte e seis anos, Nero continuava um jovem de maneiras refinadas, para quem a arte era mais importante que a guerra e um seio bem-torneado fascinava mais que a pérfida política — atitude até louvável, mas incompatível com as responsabilidades de um imperador.

Nero cometera um erro decisivo, devido à ingenuidade, ao afastar seus conselheiros após oito anos de um governo eficaz. Teria esquecido que não nascera para reinar, mas simplesmente fora designado para isso? Daí em diante, seu governo passou a depender do acaso.

Enquanto, em Roma, circulavam rumores de uma conspiração, a Armênia provocava nova crise no âmbito da política externa. Tigranes, o rei armênio que Nero havia nomeado, aniquilara uma tribo parta. Isso o rei Vologeso não podia admitir. Juntamente com seu irmão Tiridates, que fora rei da Armênia antes de Tigranes, apresentou-se à assembléia dos nobres de seu reino. Apontando para Tiridates, começou seu discurso:

— Este homem, filho de meu pai, deixou-me o trono dos partos, porque eu era o mais velho, e acaba de receber de mim a posse da Armênia. Trata-se do terceiro posto mais importante do reino, pois Pacoro já era o soberano da Média. Creio que, dessa maneira, contrariando o antigo ódio e a antiga discórdia, foi-me possível regularizar nossas relações de família. Mas os romanos alimentam novas pretensões e, com isso, rompem a paz, coisa que sempre lhes trouxe desgraça. Não nego que, para manter as conquistas de meus antepassados, prefiro fazê-lo com um tratado a causar derramamento de sangue, prefiro o direito às armas. Mas o que deixei acontecer devido às minhas vacilações, recupero-o agora pela coragem. Vosso poder e honra continuam intatos; além disso, possuís também uma fama de moderação, respeitada pelos mais poderosos mortais, e altamente apreciada pelos deuses.

Dito isso, Vologeso apanhou um diadema, colocou-o na cabeça de seu irmão e ordenou que expulsasse da Armênia o favorito dos romanos, Tigranes.

Corbulão, que entrementes se tornara governador da Síria, foi informado desses acontecimentos por espiões. A seguir, enviou a Nero uma mensagem: para a defesa da Armênia, tornava-se necessário que para lá fosse enviado um comandante, pois, se Vologeso invadisse aquele país, a Síria também correria perigo.

Na verdade, o velho guerreiro esperava que Nero o nomeasse comandante dessa companhia. Não era mais prático? Assim, o trono da Armênia, depois de uma guerra vitoriosa, ficaria ao alcance de Corbulão. Mas a resposta de Roma tardou a chegar. Depois de ouvir na Síria os relatos sobre o rigor com que Nero tratava qualquer desobediência, Corbulão não ousou tomar a iniciativa. Em vez disso, enviou ao rei dos armênios duas legiões sob o comando de Verulano Severo e Vétio Bolano. Suas demais legiões tomaram posição junto à margem do Eufrates.

Enquanto isso, os partos tinham cercado Tigranocerta. Não puderam, porém, tomar a cidade, pois esta era bem fortificada e possuía abundantes provisões. Corbulão aproveitou o ensejo para enviar seu centurião Casperino ao rei Vologeso. Ambos se encontraram nas proximidades da cidade de Nísibis, a sessenta quilômetros de Tigranocerta.

Casperino comportou-se com arrogância: como os partos ousavam atacar um rei aliado de Roma?

Vologeso mostrou-se conciliador. O que mais lhe restava? Suas tropas de assalto haviam sido dizimadas, grande parte de seus soldados estavam estacionados na fronteira com a Síria, sua própria cavalaria encontrava-se esgotada, faltava-lhe forragem, e nuvens de gafanhotos haviam devorado o pasto e a folhagem das vizinhanças. Por isso, o rei dos partos queria mandar um enviado especial a Roma, a fim de negociar o fim do conflito. O cerco de Tigranocerta foi levantado.

Corbulão considerou esse acordo uma vitória pessoal. Mas, antes que pudesse saborear devidamente a fama que daí lhe adviria, chegou de Roma o comandante que ele solicitara, Cesênio Peto. Com isso, teve início um complicado conflito. A terceira, a sexta e a décima legiões, bem como as antigas tropas auxiliares sírias, ficaram sob o comando de Corbulão. A quarta, a quinta e a décima segunda legiões, bem como as tropas aliadas do Ponto, da Galácia e da Capadócia, ficaram sob o comando de Peto. De acordo com as necessidades, esses contingentes deveriam auxiliar-se, mas de início fizeram justamente o contrário. Corbulão deixou bem claro que não estava disposto a aceitar um concorrente. Peto, por sua vez, tentou denegrir Corbulão afirmando que este não obtivera vitórias nem butins, mas que ele, Peto, imporia aos vencidos o direito romano e o ônus dos impostos. Logo, porém, ele perderia sua altivez.

Os primeiros indícios de derrota

Depois das negociações infrutíferas dos representantes partos em Roma, Vologeso tentou uma decisão no campo de batalha. Peto atravessou o Tauro com duas legiões. Conquistou alguns castelos e, depois de cruzar planícies sem qualquer importância estratégica, teve de ordenar a retirada, pois as provisões estavam no fim. Peto mandou uma mensagem a Nero informando que a guerra estava praticamente encerrada. Isso, infelizmente, não correspondia à realidade.

Mal os romanos se instalaram confortavelmente em seus acampamentos de inverno, chegou-lhes a notícia de que Vologeso estava a caminho com um poderoso exército. Peto mandou um centurião, acompanhado de um punhado de soldados, para avaliar o poderio do inimigo. Nenhum deles retornou ao acampamento, o que levou o comandante romano a desistir novamente de marchar de encontro aos partos. Em vez disso, distribuiu a infantaria e a cavalaria por diversos territórios, onde foram, em grande parte, massacradas pelos partos. Só no último momento ele pediu ajuda a Corbulão, solicitando que viesse o mais rápido possível para salvar os estandartes, as águias simbólicas e o malfadado exército. Mas Corbulão não tinha pressa.

Vologeso iniciou o cerco ao acampamento romano, onde os soldados tiritavam de frio. Só a custo o comandante conseguia tirar seus soldados das barracas e obrigá-los a participar de ações militares. Nessa situação aflitiva, Peto escreveu uma carta, entregue a Vologeso, na qual ele argumentava que a paz seria melhor para os dois lados. Vologeso não devia pensar apenas no presente. Devia compreender que estava usando todo o seu exército para enfrentar apenas duas legiões romanas, mas que, se necessário, os romanos dispunham de todas as legiões do mundo.

Vologeso reagiu com diplomacia. Resolveu primeiro conferenciar com seus irmãos Pacoro e Tiridates. Mas o comandante romano, impaciente, pediu ao rei dos partos que lhe concedesse uma entrevista. Este lhe enviou apenas o comandante da cavalaria, Vasaces. O comandante romano, abatido, fez com ele o seguinte acordo desonroso: os partos levantariam o cerco e os romanos se retirariam da Armênia. Todas as provisões teriam de ser entregues aos partos e, antes da retirada, os romanos deviam construir uma ponte para o inimigo.

Condições tão humilhantes refletem a situação desesperadora em que se encontravam Peto e suas duas legiões. Mas o pior estava por vir: os partos invadiram o acampamento dos romanos antes que estes se retirassem. Confiscaram as armas dos legionários e os obrigaram a entregar até mesmo peças de vestuário. Vologeso atravessou, montado num elefante, a ponte recém-construída pelos romanos. Peto e seus soldados puseram-se em fuga rumo à fronteira síria. Lá, junto ao Eufrates, Corbulão os recebeu. Não passavam de um punhado de miseráveis. Aos soluços, chorando, os soldados romanos cambaleavam, a maioria sem armas, muitos seminus, quase mortos de fome.

Corbulão não lhes poupou censura: "Vocês reduziram a nada meus esforços. No entanto, a guerra poderia ter terminado com a fuga dos partos!"

— Nem tudo está perdido — replicou Peto. — Basta virar para o outro lado a águia das legiões e, unindo nossas forças, atacaremos os armênios. Com a retirada de Vologeso, esse país encontra-se indefeso.

Corbulão, porém, objetou: — Para isso, o imperador não me deu autorização. Deixei a Síria porque as legiões corriam perigo. Como não conheço as intenções dos partos, prefiro retornar à Síria. Espero apenas que nossa infantaria, esgotada pelas longas marchas, consiga alcançar a cavalaria.

Todas as demais negociações sobre a Armênia se deram entre Vologeso e Corbulão. Isso acabou com a neutralidade daquele país. Até que a notícia chegasse a Roma, porém, a vergonhosa derrota se transformara numa brilhante vitória. No meio do Capitólio, para comemorar a vitória sobre os partos, erigiu-se um arco do triunfo.

Bandeirolas e colunas comemorativas lembravam a valentia dos soldados romanos na longínqua Armênia. Nero festejava assim mais um êxito militar, e o povo aclamava-o.

Corbulão, o último trunfo de Nero

Na primavera, chegaram a Roma representantes dos partos que traziam uma mensagem do rei Vologeso. "Não quero me estender agora", escrevia ele, "sobre nossas reivindicações a respeito da Armênia, apresentadas anteriormente, pois os deuses — juízes até mesmo dos mais poderosos povos — destinaram essa terra aos partos, não sem algumas humilhações para os romanos. Como sabes, não faz muito tempo comandei o cerco a Tigranes e permiti que Peto se retirasse incólume com suas legiões, embora pudesse tê-las aniquilado. Com isso, demonstrei suficientemente meu poder, bem como minha clemência. Meu irmão Tiridates aceitaria ir a Roma para receber o diadema, não o impedissem suas elevadas funções sacerdotais. Mas ele, apesar de tudo, receberá a dignidade real diante das legiões, e também estandartes e imagens do imperador..."

Nero não sabia o que pensar.

— Como assim? — perguntou o imperador ao principal representante dos partos. — Como está, afinal, a situação na Armênia?

— Os romanos deixaram esse país — respondeu ele.

Peto, que passara o inverno com suas legiões na Capadócia, recebeu ordens de Nero para se apresentar em Roma. Seu destino parecia selado, e sua vida não valia um níquel. Mas nada se passou como era de esperar. Quando Peto se apresentou ao imperador, julgando que este pronunciaria a sentença de morte, Nero disse apenas:

— Desejo perdoar-te imediatamente, pois, medroso como és, uma longa incerteza poderia deixar-te doente!

Com isso, Peto foi destituído...

Evidentemente, a derrota militar na Armênia — de onde Tigranes fora expulso — não incomodava muito o imperador. Sob pressão da opinião pública, que preferia uma guerra arriscada a uma paz desonrosa, Nero nomeou Corbulão comandante supremo da nova operação militar na Armênia, enquanto Galo Céstio substituía o general em suas funções de governador da Síria. Solicitou-se a todas as províncias vizinhas que apoiassem a campanha de Corbulão. Nas proximidades de Militene, onde Corbulão pretendia atravessar o Eufrates, o comandante romano reuniu seu exército: a terceira, a quinta, a sexta e a décima quinta legiões, grupos de veteranos da Ilíria e do Egito, coortes e tropas auxiliares dos reis aliados.

Embaixadores de Vologeso e Tiridates foram despachados por Corbulão com palavras tranqüilizadoras: a luta ainda não era inevitável. Os romanos tinham obtido muitas vitórias e os partos, alguns êxitos: tratava-se de uma advertência para os dois lados. Enquanto Nero, o imperador romano, comandava um reino em paz, no reino dos partos dominavam as divergências.

Vologeso não esqueceu a mensagem que recebera. Corbulão era famoso como comandante mesmo entre os partos, razão pela qual o rei lhe pediu uma trégua. Tiridates, por sua vez, solicitou um encontro, realizado nas proximidades da cidade em que Peto sofrera sua humilhante derrota, e cada um dos protagonistas compareceu acompanhado de dois ajudantes e vinte cavaleiros. Corbulão estendeu cordialmente a mão a Tiridates e congratulou-o por abandonar seus perigosos planos.

Tiridates agradeceu. A seguir, disse:

— Embora a situação dos partos não seja desfavorável, gostaria de me dirigir a Roma e ajudar vosso imperador Nero a aumentar sua glória, apresentando-me, eu, um descendente dos arsácidas, como um humilde solicitador.

Os romanos não podiam desejar coisa melhor. Tiridates estava disposto a se submeter à soberania dos romanos, desde que fosse nomeado rei da Armênia. Isso significava paz na Armênia e também paz com os partos. Corbulão aceitou imediatamente a proposta, mas sob a condição de que Tiridates entregasse suas insígnias reais, para recebê-las de volta das mãos do próprio Nero. Poucos dias mais tarde, foi realizada em Randéia uma cerimônia solene de reconciliação.

Ao redor de um palco ao ar livre, sobre o qual se via um trono com a efígie de Nero, agruparam-se os exércitos dos antigos adversários, todos em trajes festivos: as legiões romanas com suas resplandecentes águias e as estátuas dos deuses, sem as quais nunca lutavam, e a cavalaria parta, enfileirada em esquadrões, ornada com plumas e cinturões de couro.

Os sacerdotes dos dois partidos pegaram os carneiros que haviam trazido, cravaram-lhes punhais com golpes habilidosos e depuseram os animais sacrificados sobre o fogo das oferendas. Ao fazê-lo, murmuravam, cada qual em sua língua, orações propiciatórias, para que fosse duradoura a paz entre romanos e partos. Por fim, Tiridates subiu ao palco, retirou de sua cabeça o diadema real e o depositou aos pés da efígie de Nero. Um ruidoso aplauso acompanhou a cena.

Tudo terminou com um banquete. Os soldados tiveram direito

a rações suplementares. Corbulão recebeu Tiridates com todo o fausto que podia oferecer em plena campanha. Tiridates admirou o requinte que os romanos demonstravam à mesa, e a disciplina militar que se notava até mesmo nas menores coisas. Nunca vira um banquete se iniciar ou terminar ao som de trombetas, e pela primeira vez assistia ao ritual da troca de guarda.

No dia seguinte, Tiridates começou seus preparativos para a viagem a Roma. Entregou a Corbulão uma mensagem endereçada a Nero, avisando-o de sua chegada próxima. Confiou-lhe também sua filha, que devia servir como refém. Pediu apenas um pouco de paciência, porque, antes de iniciar a viagem, tinha de se despedir de sua mãe e irmãos. Em casa, Vologeso exigiu que ele não se deixasse humilhar, já que em Roma teriam de lhe prestar as mesmas homenagens devidas a um cônsul. A fim de sublinhar a importância do empreendimento, Vologeso pediu a seus filhos que acompanhassem o irmão. Também os filhos de Tiridates integraram a comitiva de três mil cavaleiros. Sua corte, que incluía os famosos mágicos do soberano oriental, dava à comitiva um cunho festivo. O cortejo atravessou a Síria, a Ásia Menor e a Ilíria, avançando em seguida até Roma, sem dificuldade, servindo-se das excelentes estradas romanas.

Todos os caminhos levam a Roma

O Império Romano precisava, para manter seu poder, de uma sólida rede de vias de comunicação. A guerra e a paz, a prosperidade e a miséria dependiam diretamente das vias de comunicação entre uma região e o restante do Império. Os desertos junto ao Eufrates, os desfiladeiros dos Alpes e as regiões desabitadas do norte da África eram cruzados por estradas romanas, artérias vitais que levavam ao coração do Império. As estradas principais que conduziam de Roma para o resto do mundo eram em número de cinco.

A Via Ápia, que Ápio Cláudio, no ano 307 a.C., prolongara até Cápua, em direção ao sul, era considerada a rainha das estradas. Sua largura mínima era de quatro metros e vinte e cinco centímetros. Muito plana, era revestida de pedras basálticas britadas, ao custo de cem mil sestércios por milha romana. Sob o Império, a Via Ápia estendia-se, na direção sul, até a ponta da "bota" italiana. Depois de atravessar para a Sicília, o que levava uma hora, o viajante visitava Palermo, de onde seguia viagem até Marsala;

ali podia embarcar em direção a Cartago, aonde chegava quatro horas depois. A cavalo ou num carro de duas rodas, podia continuar para o oeste, chegando a Tânger, de onde um navio, em quatro horas de travessia, desembarcava-o em Bolônia, na Espanha. Para o leste, podia chegar a Alexandria, dali partir para Antióquia e, por fim, subindo as margens do Nilo, alcançar a fronteira com a Etiópia.

De Cápua, porém, o viajante também podia alcançar Brindísio, de onde, após uma viagem marítima de vinte e quatro horas, chegaria ao norte da Grécia. Dali, seriam mil cento e trinta quilômetros até Bizâncio, onde as rotas se bifurcavam: para o leste, ia-se ao Eufrates; para o sul, ia-se à Síria e à Palestina.

O norte era ainda mais acessível. Para se alcançar a costa setentrional do Adriático, tomava-se a Via Flamínia, por onde Tiridates se dirigiu a Roma. Essa estrada devia seu nome, por engano, a Caio Flamínio, cônsul que não a construíra. Ao findar a Via Flamínia, prosseguia-se pela Via Emília. Fora construída pelo cônsul Marco Emílio Lépido no ano 187 a.C., e estendia-se de Arímino até Placência. Oitenta anos mais tarde, Marco Emílio Escauro construiu outra Via Emília, que era uma continuação da Via Aurélia e ligava Vada Volaterrana a Dertana, passando por Gênova. A Via Aurélia ia de Roma, margeando toda a costa tirrena, até Pisa. Até hoje não se sabe quem a construiu. Acredita-se que tenha sido o censor Aurélio Cota, ou, possivelmente, o cônsul Aurélio Orestes.

Outras estradas conhecidas eram a Via Cecília, que ligava Nomento, na fronteira latino-sabina, a Ásculo, passando pela futura Via Salária; a Via Cássia, que conduzia de Roma a Forum Cassi, e dali a Fines Clusinorum; a Via Manúcia, que atravessava Herdônias, Canúsio, Inácia e Brindísio; a Via Cúria, entre Renate e Interanna, e a Via Salária. Esta última já existia ao tempo dos reis, e os sabinos a utilizavam para transportar o sal proveniente do mar. Na vida de Nero, a Via Salária teve conotações trágicas. Descalço e vestindo apenas uma túnica, o imperador fugiu por essa estrada para a quinta de seu liberto Fáon, localizada no quarto marco, onde encontrou seu fim.

Os marcos à beira das estradas assinalavam a distância percorrida a partir de Roma. As distâncias não eram medidas em quilômetros, mas em *milia passuum,* ou seja, em unidades de mil passos. Os soldados podiam marchar diariamente vinte milhas; os viajantes chegavam a fazer de vinte e quatro a trinta e duas milhas por dia, mas foram estabelecidos recordes de até oitenta milhas por dia.

O parto Tiridates, à frente de sua comitiva, avançava diariamente cerca de vinte milhas. Ele não estava numa campanha militar; ao contrário, seu cortejo parecia uma exibição folclórica. Por onde passava, era acolhido com aplausos e admiração — isso valia principalmente para os mágicos que o acompanhavam, sempre dispostos a exibir sua arte. Tudo isso deixava uma duradoura impressão. Historiadores e cientistas que se dedicam ao estudo da Bíblia acreditam que essa comitiva, com seus mágicos partos, inspiraria a lenda dos três Reis Magos procedentes do Oriente.

Tiridates "ante portas"

Nero odiava a guerra, salvo quando lhe servia de pretexto para festejar a paz. Tal pretexto ocorreu no ano 66. O historiador Suetônio observou, não sem razão, que a chegada de Tiridates a Roma poderia ser incluída entre os espetáculos de Nero.

Esse espetáculo começou com alguns dias de atraso. Quando o cortejo oriental, anunciado com muita antecedência, se aproximou de Roma vindo do nordeste, uma espessa névoa cobria toda a região. Nero fez parar o cortejo, solicitando aos partos que acampassem até que o tempo melhorasse. Por fim, quando o tempo o permitiu, o espetáculo pôde começar.

Roma parecia o palco de uma opereta. Os edifícios públicos estavam cercados por coortes da guarda pretoriana em uniforme da gala. Nero queria impressionar seu ex-inimigo com uma demonstração de poder. Centenas de milhares de romanos estavam dispostos ao longo das ruas por onde Tiridates chegaria ao Fórum. Manifestavam seu regozijo, aplaudiam, davam vivas a Nero. O imperador, em trajes triunfais coloridos, aguardava sentado no trono junto às *rostra,* tribunas dos oradores no Senado. De quando em quando, punha diante dos olhos uma grande esmeralda, o que tornava ainda mais irreal aquele pomposo cenário. Enormes nuvens de fumo e labaredas vermelhas saltavam das piras, e a fuligem escura encardia os símbolos de campanha e os estandartes que cercavam o trono imperial.

No momento em que subia os degraus que o separavam de Nero, Tiridates se sentiu um pequeno chefe tribal asiático. Quando Nero se levantou, ele lhe caiu aos pés. Afável, o imperador o fez levantar-se e o saudou com um beijo. Contrariando as advertências de seu irmão Vologeso para que se mostrasse orgulhoso, Tiridates, a milhares de milhas de sua pátria, pediu clemência ao imperador romano. O intérprete era um ex-pretor, que traduzia para a multidão as palavras do rei parto.

Tiridates ainda falava quando Nero retirou a coroa dele, substituindo-a pelo diadema que ele depositara diante de Corbulão, em Randéia. Ecoaram ruidosos aplausos: Tiridates era agora o rei da Armênia, sob o protetorado do Império Romano.

Nero nunca se esquecia de seu povo: para que todos tivessem a oportunidade de presenciar tão extraordinária cena, ele decidiu repetir a cerimônia em que Tiridates se lhe submetia e recebia o título de rei. Assim, pediu a seu hóspede que se apresentasse também no Teatro de Pompeu. O teatro, onde normalmente eram encenados dramas, foi revestido de ouro para essa ocasião. Tiridates teve de pedir mais uma vez clemência, e Nero recolocou em sua cabeça o diadema. Mais uma vez, soaram estrepitosos aplausos. Acredita-se que a visita de Tiridates a Roma tenha custado oitocentos mil sestércios por dia.

Embora nada tivesse feito, Nero foi novamente aclamado imperador. Em agradecimento, ofereceu aos deuses, no Capitólio, uma coroa de louros. Em seguida, ordenou que fossem fechadas as portas do Templo de Jano.

Jano, o deus do começo e do fim, tinha um templo no Fórum, cujas portas, em geral, permaneciam abertas. Só quando reinasse paz em todo o Império poderiam ser fechadas — com o que a guerra ficava aprisionada em seu interior. Como, via de regra, sempre se combatia em uma ou outra das fronteiras do Império, as portas do templo de Jano estavam quase sempre abertas. Somente três imperadores romanos conseguiram fechar por algum tempo as portas desse templo: Augusto, Vespasiano e Nero.

Tiridates era agora para Nero um amigo político. O sátrapa do Oriente via naquele excêntrico mundano um ídolo. O fato de Nero tê-lo presenteado, antes de sua partida, com cem milhões de sestércios pode ter contribuído para isso. Ao retornar de Roma, Tiridates reconstruiu a capital destruída da Armênia, dando-lhe o nome de Artaxata Neroneia.

Do verdadeiro artífice dessa paz, o comandante Cneu Domício Corbulão, ninguém falava em Roma. Pelo êxito alcançado em sua missão, Nero nomeou-o governador das províncias da Capadócia e da Galácia. Corbulão serviu-se desse posto para acumular poderes. Isso, porém, lhe foi fatal. Um de seus subordinados difamou-o junto ao imperador, e este, no ano 67, pediu a Corbulão que se dirigisse à Grécia. Ali, quando soube que Nero o condenara à morte, Corbulão suicidou-se, atravessando o peito com a espada.

No âmbito da política externa, Nero era bafejado pela sorte. Conseguira anexar ao Império mais duas províncias sem que seu exército participasse de qualquer batalha; na verdade, nem precisara pegar da pena. O rei Polemão entregou voluntariamente aos romanos o Ponto, seu reino junto ao mar Negro, e, quando o rei Cótio morreu — soberano do Estado dos Alpes, situado a sudeste de Grenoble —, esse território se submeteu ao Império Romano porque o rei não deixara um sucessor e ninguém se interessava em substituí-lo.

No âmbito da política interna, porém, Nero estava enfrentando tempos sombrios.

VI

O incêndio de Roma

"Depois disso, ocorreu um grande desastre. Se foi casual ou resultou da perfídia do imperador, ainda não se sabe — os historiadores divergem. Mas foi sem dúvida o mais terrível de quantos incêndios assolaram Roma."

Tácito

Âncio, 19 de julho de 64. Os habitantes da Campânia sofriam havia dias um calor abafado. Faltando pouco para a meia-noite, não soprava sequer uma brisa que pudesse refrescar um pouco. Na residência de verão do imperador, todos dormiam profundamente. Súbito, ouviram-se sons de ferraduras que se aproximavam. As sentinelas do palácio apresentaram suas lanças. Emergindo da escuridão, um cavaleiro avançou para o portão: "Fogo!", gritou, antes mesmo de desmontar. "Roma está em chamas. O Circo Máximo, o Palatino!"

Uma das sentinelas entrou correndo na residência e transmitiu a notícia a um criado, que foi sacudir o imperador para acordá-lo. Nero compreendeu a situação imediatamente. A idéia de que o Circo e o Palatino, seu palácio cheio de obras de arte de valor incalculável, de figurinos de teatro e preciosos instrumentos musicais, estavam sendo consumidos pelas chamas não o fez hesitar um instante. Mandou selar seu cavalo e pôs-se a galopar nas trevas acompanhado de sua guarda pessoal. Era uma noite de lua cheia. Roma ficava a quarenta e cinco quilômetros de distância, o que representava pelo menos duas horas de viagem. Depois de cavalgarem uma hora, viram que o horizonte se coloria de um vermelho purpúreo. O imperador fincou as esporas em sua montaria.

Não era raro em Roma que um conjunto de casas se incendiasse. A capital, que se expandira ao longo dos séculos, era superpovoada e decadente, ingovernável e em constante agonia, decrépita, sob a constante ameaça de desabamentos, epidemias, fome e incêndios. No século I a.C., Roma era menor que hoje, mas nenhuma outra lhe disputava a condição de cidade mais populosa do mundo. Antióquia, sede do governador romano na Síria, e Alexandria, no norte do Egito, eram maiores em área construída, mas Roma possuía prédios de vários andares, foco de desabamentos e incêndios. Só assim, num espaço relativamente reduzido, podiam viver um milhão duzentas e cinqüenta mil pessoas.

Ao contrário do que acontecia em Antióquia e Alexandria, faltavam a Roma artérias que cruzassem a cidade em ângulos retos. O maior obstáculo eram as sete colinas sobre as quais a capital fora construída. Seu sistema de ruas já era insatisfatório, e a afluência de massas humanas procedentes de todos os quadrantes fazia dela um caldeirão efervescente. Para dar mais espaço àquelas atividades, as fachadas das casas foram ampliadas com arcadas que tornavam as ruas ainda mais estreitas. Sob essas arcadas proliferavam lojas, quartos de aluguel, oficinas, bares e prostíbulos camuflados. Um cheiro pestilencial emanava das cozinhas em que se defumava carne, com paredes cobertas de fuligem; barbeiros anunciavam a plenos pulmões seus serviços; pequenos malandros esgueiravam-se de quiosque em quiosque, para apanhar, num bote rápido, ora uma maçã, ora algumas uvas. Prostitutas baratas dançavam e se ofereciam aos passantes. Cada qual procurava vender alguma coisa — até a própria mulher ou a filha.

A cidade das artes e das catástrofes

Assim era a Roma das grandes aglomerações, assim era a Roma do dia-a-dia. Bem ao lado dessa Roma, e às vezes misturada com ela, havia a Roma radiosa, a grande metrópole, com seus templos e palácios, praças públicas e teatros. Quem jamais a viu, afirmou certa vez um de seus panegiristas, é um cego que jamais percebeu a luz do sol. Realmente, a vista da cidade do alto do Capitólio era magnífica. Em nenhum lugar do mundo havia tanto mármore, tanto ouro, tanta arquitetura monumental reunida em tão pequeno espaço.

Esse luxo oficial, expressão e testemunho de sua grandeza contrastava violentamente com os pardieiros de aluguel destinados à plebe, os prédios de vários andares, construídos em madeira ou em madeira com argamassa, com apartamentos divididos em cubículos de finas paredes, e que seus donos alugavam pelo preço mais alto possível. Em conseqüência dessa exploração, aconteciam desmoronamentos e os incêndios eram quase diários, o que levou Catulo, o poeta boêmio, a observar com sarcasmo que dessas desgraças estavam livres os pobres e os desabrigados. E Plínio, o Velho, contemporâneo de Nero, escreveu que os incêndios eram um justo castigo para os que não paravam de acumular preciosidades, a fim de que o máximo possível fosse destruído pelo fogo.

Sob Augusto, no ano 6 d.C., vários incêndios flagelaram a cidade num breve período. Naquela ocasião, o imperador criou uma corporação de bombeiros com sete mil homens, cujos êxitos, porém, tinham limitações. Sob o governo de Tibério ocorreu um incêndio, em 27 d.C., que destruiu todo um bairro do Célio. Nove anos mais tarde, catástrofes semelhantes arrasaram o Aventino e o bairro que ficava junto ao grande circo. Tibério destinou nada menos que cem milhões de sestércios só para reconstruir o bairro do Célio.

Foi um ano de grandes catástrofes. O desmoronamento de um anfiteatro deixou um saldo de cinqüenta mil mortos e aleijados. O liberto Atílio construiu o teatro com madeirame barato, sem fundações e sem firmar as peças de madeira com prendedores de metal. O prédio — escreve Tácito — fora construído "com um único e abjeto propósito: o lucro". Atílio tirara proveito da aversão de Tibério às lutas de gladiadores. Querendo fazer um bom negócio, resolveu organizar pessoalmente esse gênero de espetáculos. Seu projeto parecia viável, pois na primeira representação vendeu todos os lugares disponíveis. Mas aconteceu a catástrofe: o edifício mal-planejado desabou com o peso da multidão.

Tácito escreve: "Aqueles que morreram no primeiro desmoronamento foram, se é que se pode dizê-lo, os que menos sofreram. Maior compaixão merecem os que, depois de perder um membro, continuaram vivos, vendo sofrer suas mulheres e filhos e ouvindo-os, à noite, gemer e lamentar-se... Quando se deu início à remoção do entulho, todos queriam ver os mortos, abraçá-los e beijá-los. Não raro surgiam divergências quando o rosto, demasiadamente deformado, enganava os que vinham procurar seus entes queridos".

Devido a essa catástrofe, o Senado determinou que as licenças para a construção de anfiteatros dependeriam da solidez do terreno e da comprovação de um capital de pelo menos quatrocentos mil sestércios. Atílio foi desterrado; Tibério retirou-se para Capri e nunca mais voltou a Roma.

Incêndios catastróficos ocorreram também durante os reinados de Calígula e de Cláudio. Pouco depois de subir ao trono, Calígula doou uma importância considerável para a reconstrução de casas destruídas. Afirma-se que, no grande incêndio de 54, Cláudio dirigiu os trabalhos para debelar as chamas. Naquela ocasião, o fogo arrasou o arrabalde situado no Campo de Marte. Para proteger os depósitos de cereais do porto de Óstia, Cláudio enviou para lá uma coorte de bombeiros romanos, pois mais funesta que os incêndios em prédios era a queima dos estoques de cereais.

Os desabrigados podiam encontrar um teto provisório, mas, quando o fogo destruía o trigo, a conseqüência era a fome, pois Roma dependia de importações.

Por isso, os imperadores romanos mantinham uma frota própria para o transporte de cereais, que, quando o produto era trazido do Egito, cobria as necessidades por quatro meses, e por oito meses, quando trazido da província do norte da África. Todos os impasses no abastecimento, por motivos políticos ou por catástrofes naturais, eram imputados aos imperadores. No ano 32, Tibério criticou senadores e funcionários públicos por não conterem o povo que ocupava o teatro havia vários dias e protestava contra a carência de cereais. Ele, Tibério, importara mais cereais do que o divino Augusto.

A falta de grãos provocava o crescimento da inflação em Roma, que atingia também os demais gêneros alimentícios e as bebidas. Isso levava a inquietações sociais e crises políticas. Por isso, Nero mandou aumentar ainda mais as reservas de cereais na capital. Foi uma decisão sábia, pois um grande incêndio na cidade, o afundamento de uma frota ou tumultos nas províncias poderiam trazer conseqüências catastróficas para o príncipe.

Dois anos antes, Nero se aproveitara do estoque de cereais para uma demonstração política. A fim de desviar a atenção dos romanos da guerra contra os partos, ele mandou que o cereal destinado aos necessitados fosse jogado, às toneladas, no Tibre, sob o pretexto de que estava velho e estragado. Os pobres receberam cereal recém-colhido. A admiração dos romanos cresceu ainda mais por saberem que pouco antes, no porto de Óstia, uma tempestade afundara duzentos navios carregados de cereais, e que outra centena naufragara no Tibre. A despeito dessa catástrofe de gigantescas proporções, a demonstração de Nero de que havia cereal em abundância fez com que o preço dos cereais se mantivesse e evitou agitações de ordem política.

Com a fúria de um inferno

Naquela noite, porém, a situação era explosiva. Em Roma reinava o caos total. O incêndio começara nas barracas de madeira dos comerciantes gregos e asiáticos, nas proximidades do Circo Máximo, e já alcançara a arena, que era devorada em toda a extensão. Uma parede de labaredas com mais de quinhentos metros de ponta a ponta projetava-se Palatino acima.

"O incêndio", escreve Tácito, "propagando-se com impetuosidade, desceu pela planície, subiu pelas colinas e assolou de novo as baixadas. Tornava inúteis, assim, todos os esforços para debelá-lo, porque avançava rápido demais e a cidade, com suas ruas sinuosas e casas mal-alinhadas — pois assim era a antiga Roma —, estava exposta a tais perigos. Acrescentem-se as lamentações das mulheres, os anciãos enfraquecidos e as crianças, além das pessoas que queriam salvar a própria pele ou salvar os outros, gente que arrastava os doentes ou esperava por eles: tudo isso dificultava o trabalho dos que procuravam realmente ajudar. Freqüentemente, chamas que saltavam dos lados ou da frente alcançavam pessoas que olhavam para trás. Quem procurava fugir até as ruas mais próximas já as encontrava em chamas. Até mesmo nas ruas mais seguras, espreitava o mesmo perigo. Por fim, ninguém mais sabia onde era perigoso permanecer ou onde se estava a salvo. Multidões enchiam as ruas, muitos saíam correndo pelos campos. Alguns haviam perdido seus bens e não tinham sequer mantimentos para um dia. Outros, por amor a seus familiares, acabavam encontrando a morte sem poder salvar a quem buscavam, embora tivessem caminho livre para isso..."

Impotente, Nero viu seu palácio, voltado para a fachada esquerda do Circo, queimar até os fundamentos. Só a Domus Augustana, onde ficavam os aposentos privados do imperador Augusto, o Templo de Apolo sobre o Palatino e a Domus Liviæ, onde haviam morado Lívia e seu marido Tibério Cláudio Nero, permaneciam em grande parte a salvo das chamas.

Enfrentando aquele inferno de labaredas, o imperador dirigiu-se ao Palatino, correndo de um lado para outro, mas logo compreendeu que seria impossível debelar as chamas. Excitado, não percebeu que ele — sem seus guardas e desprotegido — estava sendo vigiado pelo tribuno Súbrio Flavo, que nessa noite comandava a coorte pretoriana e apertava nervosamente o cabo de sua espada. Inteiramente sozinho, o imperador continuava num canto afastado de seu jardim. Súbrio Flavo não o perdia de vista, num terrível dilema: ousaria matá-lo?

O tribuno pertencia a um grupo influente que desejava eliminar o excêntrico imperador. Havia muito planejava o atentado, mas todos os projetos haviam abortado. Nesse momento, inesperadamente, a ocasião se apresentava. Enquanto Nero tinha os olhos presos às chamas, Súbrio podia aproximar-se e atravessar com a espada o corpo de quem tanto odiava. Mas, observa Tácito, "foi detido pelo medo de perder a própria vida, que sempre se opõe às grandes ações".

Entrementes, o fogo continuava a devastar tudo, avançando ao longo do Fórum. Tomou a Casa das Vestais, o Templo de Vesta, a Régia, outrora sede do *pontifex maximus,* o Templo de Júpiter *Stator,* e toda a parte do Fórum situada ao sul da Via Sacra. Parece que as chamas pouparam o Capitólio; de fato, em seus *Anais,* Tácito o descreve cinco anos depois do grande incêndio. Menciona as antigas arcadas, do ano 83 a.C., as estátuas erigidas em honra aos antepassados e "uma série de prédios interligados", construídos depois do assassinato de César, ou seja, depois da Guerra Civil, juntamente com o Templo de Júpiter Capitolino, cujas vigas-mestras do teto estavam apodrecidas.

Por cinco dias e cinco noites, o grande incêndio arrasou casas, prédios públicos e bairros inteiros. Somente no sexto dia os grupos de bombeiros conseguiram abrir clareiras para impedir o avanço do fogo. Ao longo de muitas ruas, derrubaram-se prédios, retirando-se do entulho tudo o que pudesse continuar alimentando as chamas. No entanto, mal conseguiram debelar o fogo, surgiram novos focos de incêndio nos arredores da cidade, provavelmente causados pelo vento ou por fagulhas, de início nos terrenos de Tigelino, junto à Via Emília, alastrando-se depois a alguns templos não identificados e a "salas com colunas, dedicadas ao prazer".

Balanço do sinistro: das catorze regiões administrativas da cidade, apenas quatro ficaram intatas: a primeira, Porta Capena, a quinta, Esquiliæ, a sexta, Alta Semita, e a décima quarta, Trans-Tiberim. Em outras sete, a devastação foi apenas parcial: Cælomontium, a segunda região; Piscina Publica, a décima segunda; Aventinus, a décima terceira; Templum Pacis, a quarta; o Fórum, a oitava; a Via Lata, a sétima; e o Circo Flamínio, a nona. O Circo Flamínio, a segunda maior arena de Roma, permaneceu intato, pois seis meses após o incêndio nele puderam ser realizados novos espetáculos.

Três regiões administrativas foram inteiramente reduzidas a entulhos e cinzas: a terceira, a décima e a décima primeira: Ísis e Serápis, Palatium e Circo Máximo.

Para dar um teto provisório aos desabrigados, Nero abriu seus próprios jardins, o Campo de Marte e as construções de Agripa. Destas últimas faziam parte o Panteão, as Termas e as Colunatas de Vipsânia, a Saepta Julia. Nesse grande pavilhão realizavam-se as eleições; tinha vinte e quatro mil metros quadrados e localizava-se junto à Via Lata, onde hoje se encontra o Corso. Restos dessa edificação podem ser vistos nas catacumbas da Igreja de Santa Maria, na Via Lata, e nos porões do Palazzo Doria. Mantimentos foram levados a Roma, por ordem do imperador, dos depósitos de cereais de Óstia e de localidades circunvizinhas. Para eliminar a inflação no nascedouro, o preço do trigo foi fixado em três sestércios.

É muito difícil termos uma idéia de como ficou Roma após o terrível incêndio de julho de 64. São muito vagas as descrições que nos transmitiram os antigos historiadores. À época de Nero, ainda não se fizera um registro das habitações existentes em Roma, o que só viria a acontecer sob o governo de Constantino. Este registrou mil seiscentas e oitenta casas particulares e trinta e oito mil quatrocentos e cinqüenta imóveis de aluguel. Podemos supor que, até o início do século IV, aumentou o número de casas nas regiões administrativas da periferia; nas seis regiões administrativas do centro da cidade, porém, devido ao novo traçado das ruas, à construção de novos teatros e de fóruns imperiais, seu número deve ter diminuído, de maneira que o registro de Constantino deve ser aplicável também ao tempo de Nero. Na correspondência apócrifa entre Sêneca e o apóstolo Paulo, citada mais adiante, o número das casas particulares destruídas pelo incêndio é calculado em cento e trinta e duas, e o dos imóveis de aluguel, em quatro mil. Mesmo que essa correspondência seja uma ficção, é provável que tenha sido escrita não muito depois da catástrofe, embora a intenção dos autores fosse exagerar a destruição causada pelo incêndio. Afinal, para todos os escritores do início do cristianismo, Nero era o Anticristo, e mandou incendiar Roma para responsabilizar os cristãos pela catástrofe. Seja como for, comparando-se os dados disponíveis, pode-se deduzir que o incêndio destruiu um décimo da cidade.

Os historiadores fizeram de Nero um incendiário

Desde que os historiadores começaram a se ocupar com o grande incêndio de Roma, foi se consolidando a lenda de que Nero pôs fogo à sua cidade. O interessante é que as afirmações dos diversos cronistas são cada vez mais categóricas conforme o tempo transcorrido desde o evento propriamente dito.

Comecemos por Tácito. Meio século depois do incêndio de Roma, escreveu o seguinte: "Não se sabe se a catástrofe foi casual ou resultou da perfídia do imperador — os historiadores divergem". Um ou dois séculos depois, Suetônio transforma a suposição de Tácito numa certeza: "Nero costumava dizer que aquelas velhas e feias casas e as estreitas e tortuosas ruelas ofendiam seus olhos, e por isso mandou que incendiassem a cidade".

Um século mais tarde, Díon Cássio já tinha absoluta certeza: "Nero pretendia executar um plano antigo, que era o de destruir Roma e todo o império".

Desde então Nero vem sendo considerado um maluco que incendiou sua própria cidade enquanto dedilhava a lira. Verdade ou falsificação histórica?

Nenhum dos historiadores da Antiguidade, no entanto, afirma que Nero empunhou pessoalmente a tocha que pôs fogo ao Circo Máximo. As informações de Tácito sobre a estadia de Nero em Âncio, ao iniciar-se a catástrofe, são bastante claras. Mas ele poderia ter mandado incendiários à cidade. Na versão de Suetônio — e esta não é a única passagem de suas obras em que esse advogado e historiador deu asas à imaginação —, foi o que ocorreu: "Muitos cidadãos de *status* consular surpreenderam criados pessoais de Nero que utilizavam rodelas de alcatrão e tochas, mas não ousaram agir contra eles". Díon Cássio descreve aquele momento de modo diferente: "Às escondidas, Nero enviou homens que se fingiram de bêbados ou algo semelhante, como se pretendessem fazer uma brincadeira mal-intencionada. Eles deram início à catástrofe, pondo fogo ora aqui, ora acolá, em um, dois, três lugares ao mesmo tempo".

Para acentuar o efeito dramático da cena, inventou-se que Nero se pôs a cantar à vista daquele inferno de labaredas. Também aqui Tácito é cauteloso: "Espalhou-se, aliás, o boato", diz ele, "de que, justamente à hora do grande incêndio, ele subiu ao palco de seu teatro particular e cantou a destruição de Tróia, comparando a desgraça diante dele a cenas de destruição ocorridas num passado remoto". Para Suetônio, o imperador se deleitou ante o incêndio: "Nero olhava o incêndio do alto da torre do palácio de Mecenas. Alegre e entusiasmado com a beleza do clarão das chamas, interpretou, em seus habituais trajes de ator, um canto que evocava a conquista de Tróia". E Díon Cássio acrescenta à cena alguns adornos: "Enquanto todos os outros romanos estavam entregues ao maior desespero, e alguns deles, não suportando o sofrimento do que viam, se atiravam às chamas, Nero subiu ao mais elevado lugar do Palatino, de onde podia ver a maior parte do incêndio, e, nos trajes de um cantor de lira, cantou a destruição de Roma".

Nenhuma das versões que acabamos de citar resiste a um exame crítico. Comecemos com Díon Cássio: Nero não podia pôr-se a cantar "no mais elevado lugar do Palatino" pela simples razão de que o prédio todo estava sendo devorado pelas chamas. O único lugar poupado era — bem mais abaixo — a várzea que levava ao Esquilino, de onde, com certeza, não se podia observar a cidade em chamas. A versão de Suetônio, que descreve o imperador cantando na torre do palácio de Mecenas, é mais verossímil. Esse palácio, construído sobre o Esquilino, estava ligado ao Palatino e não foi atingido pelo incêndio. Mas onde, permita-se a pergunta, Nero teria conseguido trajes de ator? No Palatino, tudo estava em chamas!

Tácito cita o boato de que Nero teria cantado o incêndio de Roma num de "seus palcos particulares". Havia dois palcos desse tipo, um na residência de verão em Âncio, o outro em seu palácio, no Palatino. Esse último estava sendo consumido pelo incêndio, e em Âncio o imperador dificilmente teria cantado, pois não tinha a mínima idéia da extensão da catástrofe e partira às pressas para Roma na mesma noite.

Essa lenda impressionante, favorita dos diretores de cinema de Hollywood, é portanto muito pouco digna de fé. É possível que tenha uma explicação simples. Nero, amante da cultura grega, que valorizava mais que a romana, pode ter comparado sua capital em chamas ao incêndio de Tróia descrito na *Ilíada* de Homero. E daí surgiu, ao que parece, a versão em que o imperador canta o incêndio de Roma.

E o que dizer dos incendiários? Pode-se defender a teoria de que Nero mandou incendiar sua cidade?

Nero e os autores cristãos da Antiguidade

É estranho que Tácito, que viveu em época mais próxima aos eventos citados, mencione essa teoria por alto, como um boato, sem comprovação. Mas é ainda mais surpreendente que um autor cristão da Antiguidade ignore essa teoria de que Nero teria sido um incendiário. Um ou dois séculos depois da morte de Nero, mas certamente antes de Tácito e Suetônio, o bispo romano Clemente escreveu uma epístola a seus irmãos de fé residentes em Corinto, que discordavam da destituição de certos sacerdotes. Nesse escrito ele se refere a Pedro, a quem com certeza conhecia pessoalmente, e também à perseguição aos cristãos sob o governo de Domiciano. Em vão o leitor procurará aí um indício de que Nero tenha ordenado o incêndio de Roma. De onde se conclui que essa versão não existia naquela época. Além de Clemente, outros autores dos primeiros tempos do cristianismo ignoram essa versão. Não se menciona tampouco a manobra diversionista de Nero, que teria atribuído aos cristãos a culpa do incêndio e que, a seguir, os teria perseguido brutalmente.

Também o apologista cristão Tertuliano, que viveu em Cartago entre 160 e 220 d.C., e cujo tema principal eram as perseguições de que foram vítimas os cristãos, ignora a versão de um Nero incendiário. Não obstante, em seu estudo *Ad nationes,* escreveu: "Foi Nero quem primeiro condenou a religião cristã". Em seu livro *Apologeticum,* talvez referindo-se a Paulo, disse: "Nero foi o primeiro que, enfurecido, brandiu a espada imperial contra nossa comunidade, que acabava de levantar a cabeça justamente em Roma". Mas deixa de lado a acusação aos cristãos de que teriam incendiado Roma. Por que não defendeu seus irmãos de fé?

O devoto escritor Lactâncio, que, no início do século IV d.C., tratou em sua obra *De mortibus persecutorum (Sobre a morte dos perseguidores)* do fim da perseguição aos cristãos, tampouco fez menção à teoria incendiária, embora analise minuciosamente Nero e seu tempo. Professor de retórica, residente no norte da África, escreveu: "Sob a regência de Nero, São Pedro chegou a Roma, onde, praticando os milagres para os quais Deus lhe havia dado poderes, trouxe muitas almas para a fé verdadeira. Nero teve conhecimento disso e percebeu que diariamente inúmeras pessoas renunciavam à fé nos antigos deuses, não somente em Roma, mas em todo o Império, e que, abandonada a antiga religião, aderia-se à nova. Por isso, esse abominável tirano queria destruir as edificações dos céus e exterminar a fé cristã. Foi o primeiro a perseguir os servos do Senhor".

Será que esses autores dos primórdios do cristianismo não tinham lido os *Anais* de Tácito?

Lá está escrito, no livro XV, capítulo 44: "Mas nem as medidas de caráter humanitário, nem os donativos feitos pelo imperador, nem as cerimônias expiatórias faziam calar o clamor público de que Nero teria ordenado o incêndio. Portanto, para pôr fim a tais rumores, Nero impingiu a culpa a outros, e os puniu com os mais refinados martírios. Eram aqueles que o povo odiava por suas ações infames, e que tinham o nome de cristãos".

É possível que os africanos Tertuliano e Lactâncio não conhecessem os *Anais,* nos quais aparece pela primeira vez a teoria incendiária, mas isso causaria estranheza. O mais provável, porém, é que essa duvidosa passagem dos *Anais* de Tácito tenha sido escrita originalmente de forma bem mais imparcial. Pesquisadores já constataram que o décimo quinto livro dos *Anais,* onde é descrito o incêndio de Roma, não chegou a nós no original. Existe apenas uma cópia do século XI. E acredita-se que, por sua vez, ela seja cópia de outra cópia.

Hoje supõe-se que Suetônio, autor que não escrevia história, mas histórias, recheadas, sem espírito crítico, de boatos e anedotas que lhe chegavam aos ouvidos, foi o primeiro a mencionar a teoria incendiária. Os autores cristãos antigos tinham bons motivos para ver tendências incendiárias em Nero, mas parece que não estavam convencidos da descrição de Suetônio. Somente com o passar do tempo se começou a exaltar as lendas sobre os mártires do antigo cristianismo. Por isso, tornou-se a apresentar Nero como um petulante incendiário, que teria responsabilizado os cristãos por esse ato.

O historiador cristão que, pela primeira vez, atribuiu a Nero todas as desgraças dos cristãos foi Sulpício Severo. Entre outras coisas, ele escreveu longas divagações sobre os milagres e a vida de São Martinho. Em sua história dos judeus, intitulada *Chronica,* disse de Nero: "Ele atribuiu a culpa por essa desgraça aos cristãos, que, apesar de sua inocência, sofreram horríveis tormentos".

Essa frase encontramos também, quase textualmente, em Tácito. Sulpício Severo teria copiado Tácito? Dificilmente. Do contrário, não se explicaria o fato de que todos os autores cristãos anteriores a ele ignoraram a teoria incendiária. Deu-se justamente o contrário: numa cópia dos *Anais* de Tácito, essa interpretação de Sulpício Severo, contemporânea dos primeiros cristãos, acabou sendo anexada, pelo menos em parte. Com isso, Nero passou à "tradição histórica" como incendiário e perseguidor dos cristãos.

O incêndio e suas conseqüências para o imperador

Se examinarmos os fatos de perto, veremos que a teoria que faz de Nero um incendiário é absurda. Mesmo que o imperador tivesse a intenção de incendiar sua própria capital, para, como se afirma, poder reconstruí-la ainda mais bela, certamente não teria posto em prática seus desígnios justamente nos edifícios que constituíam seus maiores triunfos, que eram o Circo Máximo e seu próprio palácio imperial. E se tivesse planejado erguer um novo palácio, mais pomposo, é claro que teria posto a salvo seus tesouros de arte romana e, principalmente, de arte grega, antes de incendiar o antigo palácio. O fato é que, da noite para o dia, Nero se viu privado de sua singular coleção. Dois anos mais tarde, por ocasião de uma viagem pela Grécia, ele procurou, empregando às vezes métodos bastante rudes, adquirir uma nova coleção de arte. Fica assim invalidado o argumento de que Nero teria perdido o interesse pelas obras de arte que possuía.

Nero tampouco era um especulador que, aproveitando-se do catastrófico incêndio de 64, teria adquirido novos terrenos para esplendorosos projetos. Nos primeiros dez anos de seu governo, antes do grande incêndio, Nero mandou construir somente três edifícios públicos: uma escola de luta livre, as Termas de Nero e uma passagem que ligava seu palácio no Palatino ao Esquilino. Depois da avassaladora catástrofe, nada mais restava ao príncipe que se dedicar inteiramente à reconstrução da cidade.

Seguros contra incêndio ou algo parecido não existiam àquela época. Muitos romanos perderam toda a sua fortuna, e esperavam que o imperador os socorresse com medidas de previdência publica, indenizações e obras de reconstrução. Na verdade, Nero foi o maior prejudicado pelo grande incêndio. Embora o imperador romano, graças à fortuna que herdara e aos impostos que recolhia nas províncias, fosse considerado a pessoa mais rica do Império, havia cidadãos que não lhe ficavam muito atrás, com a vantagem de não terem responsabilidades públicas. Por essa razão, o imperador, entregue à reconstrução da cidade, viu-se à beira da ruína financeira.

Para acelerar a construção das casas particulares, Nero garantiu a cada proprietário uma soma correspondente à posição social e à fortuna, caso o imóvel fosse reconstruído num determinado prazo. Exemplar foi também a organização que norteou os trabalhos de reconstrução. O entulho colhido na cidade serviu para aterrar e secar os pântanos nas proximidades de Óstia. Esquadras de navios cargueiros, subindo o Tibre, descarregavam cereais na cidade e retornavam carregadas de entulho. Para evitar que se propagassem epidemias, a distribuição de água foi confiada a uma nova administração. Utilizar água da antiga rede de distribuição, o que até então era permitido a todo cidadão, foi proibido. Em compensação, criaram-se novos locais de abastecimento.

Durante os trabalhos de reconstrução, Nero não mais obedeceu ao antigo plano da cidade, com suas ruelas estreitas e angulosas, coisa que sempre se fazia após os grandes incêndios anteriores. As pessoas a quem Nero confiou essa tarefa traçaram novas ruas para o centro da cidade, largas e em ângulo reto, todas com casas cujas fachadas mediam de vinte e um a vinte e cinco metros. Não mais se permitiu a construção de casas enfileiradas. Todos os edifícios tinham de ter paredes externas próprias, um andar térreo construído com pedras da Sabina ou da Albânia, e arcadas que se projetavam sobre a rua. Essas arcadas, que Nero custeou sem levar em conta as necessidades do construtor, tinham sua razão de ser. Antes da catástrofe, as ruas eram tão estreitas que a luz do sol mal chegava até o calçamento. Agora, com a construção de largas avenidas, os cidadãos ficariam desprotegidos contra a inclemência do sol. Daí a razão de ser das arcadas. Além disso, todos os novos edifícios deveriam ter equipamentos apropriados para combater incêndios.

Uma obra-prima: a Casa Dourada

Se essas novas medidas aplicadas à construção de prédios modificaram completamente o aspecto da cidade, o novo palácio que Nero mandou construir com enormes despesas lhe conferiu um toque quase exótico. Tácito chamou-lhe uma obra-prima, não tanto por causa da pródiga utilização de ouro e pedras preciosas, mas pelas formas alternadas com que foram dispostos a paisagem, as praças, os gramados e os lagos. Os arquitetos Severo e Célere procuraram imitar exemplos egípcios e orientais, que — segundo Tácito — "criavam artificialmente o que a natureza lhes negava, dissipando assim as riquezas do imperador". E Suetônio, que sempre gostava de dar sua opinião, descreveu o novo palácio do imperador em termos superlativos: "Nero prolongou o palácio imperial, que agora se estendia do Palatino ao Esquilino. Antes do incêndio, ele denominara àquela obra interligação Domus Transitoria; agora, com o palácio reconstruído, passou a chamar-se Domus Aurea. Para se ter uma idéia das gigantescas dimensões desse palácio e de sua luxuriante decoração, basta mencionar que o saguão de entrada era tão alto que nele cabia uma colossal estátua de Nero, com trinta metros de altura, e a obra estava cercada por um corredor com três fileiras de colunas, de trezentos metros de comprimento. Em seu interior havia um lago artificial. Parecia um mar cercado por obras que representavam cidades. Além disso, havia terrenos com plantações de trigo, vinhas, campos e florestas, em cambiante colorido, e uma quantidade de animais domésticos e selvagens de todas as espécies".

A construção dessa quinta fantástica dentro da própria metrópole exigira o deslocamento do Templo de Cláudio, no Célio, edifício com que ela confinava na ala sul. No lado oriental, aproximava-se dos Jardins de Mecenas. Na porção ocidental, sobrepassava o Palatino, ao passo que, na porção setentrional, estendia-se até o Fórum de Augusto. Assim construído, com seus lagos, valas e muros, esse palácio, mais do que resultante de uma suntuosidade pródiga, era a demonstração de um medo oculto. Como todos os seus antecessores, Tibério, Cláudio ou Calígula, Nero temia constantemente ser assassinado. Defendido por valas e muros, o imperador sentia-se protegido nessa arquitetura refinada, que lhe oferecia edifícios e também paisagens.

Por outro lado, o lago artificial encontrava-se exatamente no lugar em que, dezesseis anos mais tarde, Vespasiano construiria o Anfiteatro Flávio. Os romanos deram-lhe o nome de Coliseu *(Colosseum)*, em alusão àquela colossal estátua de Nero de bronze dourado que, mesmo depois de dessecado o lago, continuou de pé séculos afora. O colosso representava o deus Sol, mas a cabeça tinha as feições de Nero.

Poucos anos mais tarde, esse fato irritaria de tal maneira o imperador Vespasiano que este mandou substituir a cabeça de Nero pela do deus Sol. Séculos mais tarde, o colosso de Nero passou por uma nova transformação: Cômodo conferiu-lhe os traços de Hércules, mas de um Hércules que se assemelhava muito a esse imperador. Não sabemos quando esse colosso desapareceu da face da Terra. No século IV, porém, ele ainda é citado como o gênio protetor do Império Romano, diante do qual os cristãos tinham de prestar juramento de fidelidade ao Estado. Até 1936, ainda se podia ver o pedestal da monumental estátua junto ao Coliseu. Nessa época, foi vítima do urbanismo moderno. Hoje, um quadrado branco sobre o asfalto marca o lugar onde se encontrava o colosso de Nero, imagem simbólica que despertava profundo respeito à entrada de seu palácio.

É possível que Suetônio tenha visto com seus próprios olhos essa "Casa Dourada". Ao falar nela, ele extravasa seu entusiasmo: "Os aposentos internos eram dourados e decorados com pedras preciosas e madrepérola. Nas salas de refeições, havia tetos embutidos e decorados com lavores de marfim, cujas peças eram removíveis, permitindo que caísse sobre os convidados uma chuva de pétalas e flores. Eram providos também de tubulações internas que espalhavam essências aromáticas pelas salas. A sala dos banquetes tinha uma forma redonda cuja cúpula girava noite e dia, como o firmamento".

Essa sala abobadada é um enigma para os historiadores da Antiguidade e para os arqueólogos: será que toda a sala, graças a uma engrenagem, girava em torno de seu próprio eixo? Ou somente a cúpula girava, como num planetário? Tudo isso e o emprego que se dava às diversas salas, que foram redescobertas, continuam um mistério. Na verdade, esse palácio de Nero mantém-se misterioso desde os dias do Renascimento.

Os pintores do Renascimento descobrem os ornamentos grotescos

Foi nessa época que os pesquisadores romanos descobriram, sob as ruínas das Termas de Trajano, no monte Oppio, as salas do palácio de Nero, cobertas de entulho. A Domus Aurea, cuja extensão era duas ou três vezes maior que todo o Estado do Vaticano, nunca chegou a ser concluída. Sessenta e quatro anos depois da morte de Nero, foi devastada por um incêndio. O imperador Trajano mandou demolir aquele complexo de construções e, em seu lugar, construiu suas termas. Mas também essas termas desapareceram. Cercas vivas, formadas por roseiras, assinalam hoje os contornos dos antigos banhos públicos. Entrementes, sob esse lugar passou-se a escavar o palácio de Nero, que é agora uma cidade subterrânea, escura e fria, sem os perfumes de outrora, e com água a gotejar de suas paredes.

Os pintores do Renascimento ficaram fascinados com as ruínas das salas do palácio. O que despertava seu interesse não eram as formas arquitetônicas, mas a pintura mural. Tal como Nero, outrora, eles ficaram deslumbrados com as paisagens delicadas, os espaços arquitetônicos ilusionísticos, os fantásticos e refinados ornamentos que representavam aves, delfins, máscaras e demônios. Eram criações de um gênio chamado Fabulo, que parece ter vivido como um aristocrata e que, afirma-se, só pintava em trajes de festa.

Mas os pintores do Renascimento não sabiam que essas galerias subterrâneas tinham sido as salas do palácio de Nero. Por isso, chamavam-nas de grutas e davam a essas estranhas pinturas o nome de "grotescos". Hoje em dia, na linguagem pictórica, um grotesco é um ornamento com arabescos que representam figuras humanas, animais e plantas.

Dando prosseguimento às suas pesquisas no palácio de Nero, Michelangelo Buonarroti e seus amigos descobriram, no dia 14 de janeiro de 1506, em meio ao entulho, um grupo escultórico de mármore que não tardaria a adquirir imensa notoriedade: o grupo de Laocoonte. Os escultores Hagisandro, Polidoro e Atenodoro de Rodes haviam-no esculpido no século I a.C. Ele representa o sacerdote Laocoonte e seus dois filhos, que, por terem advertido seus concidadãos contra o cavalo de Tróia, foram mortos por duas serpentes. Devemos a aquisição desse grupo escultórico à paixão de Nero pela arte grega. É citado pela primeira vez por Plínio, o Velho, que perdeu a vida durante a erupção do Vesúvio no ano 79. O papa Júlio II adquiriu o *Laocoonte* dois meses depois de redescoberto. Desde então, o grupo é uma das principais atrações das coleções do Vaticano.

Três anos antes, esse mesmo papa, com seu bom gosto artístico, expusera no Vaticano outro objeto que também pertencera a Nero, o chamado *Apolo do Belvedere*. Essa escultura de mármore, cópia de um original de bronze do classicismo grego (cerca de 350 a.C.), estava exposta na Ágora de Atenas, e procedia da residência de verão de Nero, em Âncio. Júlio II instalou o *Apolo* no pátio interno do Palazetto do Belvedere, de onde seu nome. Johann Joachim Winckelmann, o pai da arqueologia clássica, chamava-o "o mais elevado ideal artístico entre todas as obras da Antiguidade que escaparam à destruição".

A Domus Aurea era um palácio cheio de galerias e nichos, nos quais estavam expostas centenas de valiosas obras de arte. O imperador Vespasiano começara a transferi-las para outros edifícios, principalmente para o Templo da Paz de seu próprio fórum, antes mesmo que o palácio estivesse concluído. O sucessor de Nero, Oto, investiu mais cinqüenta milhões de sestércios nessa obra. O sucessor deste, Vitélio, compreendeu que era impossível levar o projeto a bom termo e, quando os primeiros trabalhos de reparação se tornaram necessários, suspendeu a construção.

Esse palácio, que não chegou a ser terminado, correspondia à concepção de vida de Nero: uma arquitetura alegre, romântica, refinada, artística, que só poderia ter sido realizada graças a uma invenção revolucionária: o cimento armado. Os arquitetos de Nero, Severo e Célere, foram os primeiros em Roma a dominar a técnica do novo material de construção. Os arcos e as cúpulas já não exigiam muros de sustentação de grande dimensão. Isso tornava a construção mais leve, arejada e transparente.

Lagos, canais e regatos acentuavam essa impressão. No palácio, as pessoas banhavam-se em água salgada ou em águas de fontes sulfúricas, trazidas até ali por canais com vinte e cinco quilômetros de extensão. Outros dois projetos de canalização, do cabo Miseno até o lago Averno e daí até Óstia, numa distância aproximada de duzentos e trinta quilômetros, chegaram a ser iniciados, mas nunca foram concluídos. Tácito ainda pôde ver nos montes junto ao Averno "os vestígios desse insensato empreendimento". Nele foram empregados criminosos arrebanhados em todo o Império. Os assassinos podiam salvar suas cabeças se se apresentassem voluntariamente para realizar esses trabalhos forçados.

Segundo Tácito, "Nero tinha uma inclinação para o inusitado". Sentia-se atraído por tudo o que fosse belo, fascinante, complicado. Em sua Domus Aurea, utilizou pela primeira vez o mármore colorido artificialmente, bem como novos tipos de vidros e carapaças de tartaruga pintadas. Era evidente seu orgulho quando, terminadas as obras do complexo principal, pôde se mudar para lá. Nessa ocasião, comentou: "Até que enfim posso morar num local digno de um ser humano!"

VII

A conspiração de Pisão

"Senadores, cavaleiros, soldados e até mesmo mulheres participaram ativamente da conspiração, fosse pelo ódio que votavam a Nero, fosse por simpatia para com Caio Pisão."

Tácito

O assassinato fora preparado em seus mínimos detalhes.

No dia 19 de abril de 65, Nero, o imperador romano, deveria morrer.

Local: o templo do deus Sol, perto do Circo Máximo.

Autor: um senador chamado Sevênio.

Arma: um punhal a ser deixado no Templo de Ceres.

Membros da conspiração: aristocratas, senadores e soldados sob o comando de Caio Pisão. Este último seria designado sucessor de Nero.

Mas tudo transcorreu diferentemente do que se planejara.

Desde o assassinato de sua mãe, seis anos antes, Nero temia sofrer o mesmo destino. Ainda que o imperador pudesse contar com a simpatia das grandes massas, tinha muitos inimigos nos círculos mais elevados da sociedade. Nero sabia disso. Por isso mandara reforçar sua guarda pessoal. Quando, por essa época, começaram a surgir sinais prodigiosos que pressagiavam terríveis acontecimentos, o imperador se isolou completamente do mundo exterior.

Um cometa aparecera no céu várias noites seguidas. Segundo a crença popular, isso significava a queda de um soberano. Nero pediu a Balbilo, seu astrólogo da corte, que o aconselhasse sobre o que deveria fazer. A resposta foi que teria de ser derramado o sangue de um homem eminente, que assumiria assim o papel de vítima expiatória. Ao mesmo tempo, registraram-se em Roma alguns abortos de crianças com duas cabeças. Também nasceu um terneiro cuja cabeça estava grudada à coxa. A interpretação do arúspice foi que alguém planejava tornar-se senhor do mundo, mas não teria poder suficiente para tanto e seria descoberto antes disso.

Enquanto Nero se ocupava com negócios de Estado e tentava distrair-se de suas preocupações exercitando a voz e subindo ao palco, Caio Calpúrnio Pisão tecia pacientemente os fios da conspiração. Pisão tinha certo parentesco com a mais elevada aristocracia romana, e era um inimigo jurado da casa imperial, desde que, por ocasião de seu casamento com Lívia Orestila, Calígula lhe preparara uma brincadeira nada agradável. O incidente ocorrera mais de vinte e cinco anos antes, mas Pisão não conseguira esquecer a humilhação que lhe fora infligida. Como já foi relatado anteriormente, Calígula apareceu durante o banquete comemorativo do matrimônio, admirou os encantos de Lívia Orestila e se retirou em companhia da bela dama para seu palácio, onde passaram vários dias e noites. Pouco tempo mais tarde, Pisão e sua mulher foram banidos da cidade. Sob o governo de Cláudio, ele pôde voltar novamente a Roma, mas desde então passou a odiar todo e qualquer imperador.

Já antes, no ano 62, suspeitara-se que Pisão teria participado de uma conspiração contra Nero. Naquela oportunidade, seu nome foi citado juntamente com o de Sêneca. Mas este, graças à sua arte oratória, conseguira afastar todas as suspeitas. Dessa vez, porém, a conspiração estava mais bem preparada.

Os conspiradores e seus motivos

O núcleo dos conspiradores era constituído de influentes cidadãos romanos, e cada qual tinha um motivo pessoal para participar do planejado golpe. Um deles era Fênio Rufo, o segundo prefeito pretoriano. Na pessoa de seu colega Tigelino, que gozava de elevado prestígio junto a Nero devido à sua baixeza e à falta de escrúpulos, Fênio tinha um temível rival. Tigelino não deixava escapar nenhuma oportunidade para denegri-lo junto ao imperador. Chegava a ponto de insuflar medo em Nero, lembrando que Fênio Rufo podia querer vingar-se do imperador pelo fato de ter sido amante de sua mãe, Agripina.

Entre os membros mais ativos da conspiração estavam Súbrio Flavo, tribuno de uma coorte pretoriana, e o centurião Sulpício Aspro. Ambos sonhavam com a perspectiva de uma carreira militar rápida. Bem outra era a motivação do cônsul Pláucio Laterano, cuja participação não se devia a nenhuma divergência pessoal; o amor à pátria o levava a isso. Quem se sentia magoado e ofendido era Aneu Lucano, um poeta a quem Nero proibira de declamar em público. Motivo semelhante apresentava o senador Afrânio Quinciano: tinha a reputação de praticar "atos de luxúria", e fora ridicularizado pelo imperador, que lhe dedicara um poema sarcástico numa de suas apresentações públicas. Quanto ao senador Flávio Cevino, não se sabe exatamente que motivos o levaram a participar da conspiração, nem por que queria encarregar-se pessoalmente do assassinato. "Seu espírito", escreve Tácito com certo exagero, "fora corrompido por bacanais, de forma que se arrastava na vida como um sonâmbulo."

Os motivos dos outros conspiradores são desconhecidos. É possível que seu único interesse fosse provocar a queda do imperador. Citavam-se, entre eles, os tribunos das coortes pretorianas Gávio Silvano e Estácio Próxumo, bem como os centuriões Máximo Escauro e Vêneto Paulo, os aristocratas Cervário Próculo, Vulcácio Arárico, Júlio Angurino, Munátio Grato, Márcio Festo, Antônio Natális e Cláudio Senecião. Os dois últimos foram, sem dúvida, os mais importantes. Natális era confidente de Pisão, e Senecião estava entre os mais próximos colaboradores de Nero.

As reuniões dos conspiradores realizavam-se em lugares mantidos em segredo. Nessas ocasiões, eram elaborados novos planos para o atentado, os quais acabavam sendo considerados irrealizáveis. Súbrio Flavo, por exemplo, sugerira que Nero fosse morto numa de suas apresentações no palco. Certa ocasião, uma mulher — Epícaris — juntou-se aos conspiradores, sem que ninguém soubesse direito quem era e de que forma chegara a seu conhecimento a conspiração. Essa Epícaris incitou os homens a agir.

Ela lembrou que uma conspiração tão complicada quanto aquela fora executada com a ajuda da frota romana: a tentativa de morte de Agripina, mãe de Nero. Por que não utilizar o mesmo recurso, agora que se tratava de eliminar Nero?

Epícaris viajou para Miseno. Lá encontrou Volúsio Próculo, o comandante da frota, a quem já conhecia. No ano 59, Próculo participara do atentado com Agripina, mas já não podia ser considerado fiel ao imperador porque, ao contrário do que esperava, não fora promovido por Nero. Numa longa entrevista, Epícaris tentou sondar as verdadeiras opiniões de Próculo. Ela começou enumerando os crimes do imperador, e mostrou-se indignada com suas infâmias. Quando Próculo lhe confessou que não era exatamente um amigo do príncipe e que tencionava vingar-se da lastimável atitude do imperador durante o atentado contra Agripina, Epícaris entendeu que encontrara um novo cúmplice. Assim, informou o comandante da frota sobre o planejado golpe de Estado, evitando, porém, citar o nome dos outros conspiradores.

Foi esse seu erro. Com efeito, esperando obter finalmente a simpatia do imperador, Próculo denunciou Epícaris e revelou tudo o que esta lhe tinha dito. Ela foi detida e acareada com o próprio Próculo. Ela o acusou de estar tentando difamá-la, porquanto não houvera testemunhas.

Urgia passar à ação. Quanto mais tempo se ficasse elaborando planos, maior o perigo de que viessem a ser descobertos. O mais recente projeto previa eliminar o imperador na *villa* de Pisão, em Baia. Nero costumava ir até lá de vez em quando, para poder banhar-se e comer sem guardas ao redor nem a incômoda companhia de sua comitiva imperial. Pisão rejeitou esse plano, pois não queria levar a fama de, desrespeitando as sagradas leis da hospitalidade, assassinar um imperador sob seu teto.

Em vez disso, propôs o seguinte: "Seria melhor que essa tarefa, que queremos levar a efeito para o bem do Estado, fosse executada na própria Roma, na rua ou naquele palácio odiado por nós, construído com o que foi roubado dos cidadãos romanos!"

Nero deveria morrer no dia 19 de abril de 65

Por fim, os conspiradores resolveram pôr em prática o seguinte plano: no dia 19 de abril, dia dos jogos circenses em homenagem à deusa Ceres, ocasião em que Nero se apresentaria publicamente, um deles, de preferência Laterano, que era grande e forte, deveria jogar-se aos pés do imperador no circo, como se quisesse pedir-lhe alguma coisa, mas aproveitaria para derrubá-lo. Cevino deveria então sacar do punhal e enterrá-lo em Nero. A seguir, os tribunos e centuriões ali postados completariam a tarefa. Entrementes, Pisão estaria esperando no templo de Ceres, onde o prefeito Fênio iria apanhá-lo para conduzi-lo ao acampamento da guarda pretoriana. Para acompanhá-lo foi escolhida Antônia, a filha mais velha de Cláudio. Ela rejeitara um pedido de casamento de Nero, numa atitude corajosa, o que lhe granjeara muita simpatia popular.

Mas, como ocorre com todas as conspirações registradas pela história, a de Pisão não fugiu à regra: quanto maior o número de conspiradores, menor a chance de êxito. Tácito mostra-se até surpreso com o fato de que o plano se mantivesse em segredo tanto tempo: "É de admirar que nada disso tenha transpirado, pois seus participantes eram de origem, classe, idade e sexo muito diferentes".

A conspiração foi descoberta um dia antes do atentado, a 18 de abril de 65.

Cevino, escolhido para matar o imperador, voltou para casa depois de uma última reunião e tomou providências que causaram estranheza: fez seu testamento; mandou afiar um punhal e temperar-lhe a ponta a fogo; concedeu a liberdade a seu escravo favorito; deu aos demais donativos em dinheiro. Por fim, pediu que lhe trouxessem ligaduras e drogas capazes de estancar o sangue, terminando por solicitar uma ceia opulenta.

Milico, um liberto da casa de Cevino, observou tudo isso com desconfiança. Havia algum tempo o comportamento de seu amo lhe parecia estranho. Agora, não tinha mais dúvidas: tratava-se de uma conspiração. Milico confiou a descoberta a sua mulher, dizendo-lhe que estava em dúvida se devia denunciar seu amo. Por fim, deixando-se convencer, dirigiu-se com ela, pouco antes do amanhecer, ao palácio imperial. Logo de início, os guardas impediram que passassem dos portões, mas, já que eles asseguravam ter importantes informações a transmitir, levaram-nos a Epafrodito, um dos libertos de Nero.

Epafrodito assustou-se e foi acordar o imperador, a quem apresentou Milico. Este, para provar o que dizia, apresentou o punhal recém-afiado e insistiu que queria ver suas afirmações confrontadas com as de seu amo.

"Tragam-me Cevino!", gritou Nero. O príncipe tremia da cabeça aos pés e andou de um lado para outro como um animal acuado até o momento em que entrou o acusado. Milico repetiu suas denúncias, e Nero nada mais fez do que fitar Cevino.

"O punhal", iniciou este sua defesa, "citado como a arma de um crime é uma peça sagrada da herança de minha família. Em geral, guardo-o em meu quarto de dormir, de onde foi roubado por meu liberto. No que diz respeito ao meu testamento, já o lacrei várias vezes, sem dar atenção especial ao dia em que o fiz. Da mesma forma, também em tempos passados dei liberdade ou dinheiro a meus escravos. Sim, é verdade que desta vez fui mais generoso, mas somente porque, com minha fortuna reduzida e assediado pelos credores, não estou certo de que se respeitará meu testamento. Minha mesa sempre foi abundante, e minha maneira alegre de viver pode desagradar a moralistas severos. O que não ordenei, de forma alguma, foi que me preparassem uma droga capaz de estancar o sangue. Acho que Milico, pelo visto, foi colher nas nuvens tudo o que afirmou, e deve ter acrescentado essa denúncia para apresentar-se como testemunha de sua própria acusação."

Cevino apresentou sua defesa com uma segurança extraordinária e afirmou que seu liberto Milico era uma pessoa sem escrúpulos. Nero ficou em dúvida, sem saber se as acusações do liberto contra seu amo eram fictícias. Nesse momento, a mulher de Milico, aproximando-se, disse que tinha conhecimento de uma longa e secreta reunião que seu amo tivera com Antônio Natális, ambos íntimos confidentes de Pisão.

Nero mandou chamar Natális, interpelando a ambos, separadamente, sobre o assunto da reunião. Como eles se enredassem em contradições, foram presos. Quando Natális deparou, na prisão, com os instrumentos de tortura, foi vencido pelo medo e confessou que fora cúmplice de uma conspiração contra o imperador.

— Quem é o cabeça?

— Calpúrnio Pisão.

— Quem seria o sucessor de Nero?

— Calpúrnio Pisão.

A bola de neve começava a rolar: Cevino, ao ser informado da confissão de Natális, citou outros nomes. Lucano, Quinciano e Senecião negaram as acusações, mas mudaram de idéia quando Nero lhes garantiu que não seriam punidos, revelando os nomes de outros cúmplices da trama: Lucano denunciou sua própria mãe, Acília; Quinciano deu o nome de Glício Galo, e Senecião, o de Ânio Pólio.

Durante as investigações, o príncipe lembrou-se de Epícaris, que havia denunciado o comandante da frota de Miseno, e que permanecia em regime de prisão preventiva. Nero ordenou que a submetessem a torturas para obter os nomes de outros cúmplices. Os carrascos açoitaram-na e a queimaram com ferro em brasa — em vão. Sem poder se locomover, Epícaris foi conduzida à câmara de tortura, no dia seguinte, numa liteira. No caminho porém, livrou-se da faixa que lhe sustentava os seios, fez um laço com ela e enforcou-se no espaldar da cadeira.

Entrementes, um contingente de jovens recrutas foi enviado a Baia para trazer a Roma o chefe dos conjurados, Pisão. Mas, ao chegarem à casa do conspirador, já o encontraram morto. Diante da situação em que se encontrava, cortara as veias dos pulsos.

Pisão pretendia tornar-se imperador. Mas havia algo que ele desconhecia: por trás dessa conspiração havia outra, cujo cabeça era o tribuno Súbrio Flavo, segundo o qual não adiantaria substituir um cantor-guitarrista por um ator de tragédias, uma alusão às oportunidades em que Pisão se apresentara como ator. Flavo e os centuriões já tinham combinado que, logo após o assassinato de Nero, Pisão também seria eliminado. Sua condescendência e o estilo de vida de sua segunda mulher, Sátria Cala, tinham manchado sua reputação. Em vez dele, o trono imperial deveria ser ocupado por um homem de elevada categoria: Lúcio Aneu Sêneca, o ex-preceptor de Nero. Parece que Sêneca tinha conhecimento desses projetos.

Ameaçados com as piores torturas, Senecião e Quinciano continuavam revelando novos nomes. As investigações eram levadas a efeito por Nero e seus dois prefeitos do pretório: Tigelino e Fênio Rufo. O fato de que o próprio Rufo fora um participante ativo da conspiração ainda não viera à luz, principalmente porque ele vinha aplicando os mais rigorosos métodos de inquisição, o que o colocava acima de qualquer suspeita. Chegou a salvar a vida do imperador quando Súbrio Flavo, num dos contatos com Nero, deu a entender a Rufo que iria desembainhar a espada e assassinar o imperador, mas o prefeito respondeu com um sinal enérgico para não ousá-lo. No dia seguinte, porém, Rufo teve a mesma sorte dos outros. A uma de suas incisivas perguntas, recebeu de Cevino a sarcástica resposta: "Ninguém sabe disso melhor do que tu mesmo".

Nero fitou Rufo. Perturbado, este ficou olhando para os lados. Passou a balbuciar coisas incompreensíveis. O medo banhou-lhe de suor a testa. Então, Próculo exclamou que Rufo também fazia parte do grupo de conspiradores. Em pânico, Nero ficou paralisado; não fez mais perguntas. Fênio Rufo foi detido e levado embora. Poucos dias depois, morreu sob a espada de um carrasco.

O tribuno Súbrio Flavo procurou, de início, negar sua participação na trama:

— Sou um homem de têmpera — defendeu-se —, e como soldado jamais iria me mancomunar com civis efeminados para levar a efeito tal coisa.

Mas, sob o peso das provas ele acabou capitulando e confessou-se cúmplice.

Ao que Nero lhe perguntou:

— Por que chegaste ao ponto de quebrar teu juramento?

Súbrio Flavo respondeu corajosamente:

— Porque te odiava! E, no entanto, nenhum de teus soldados te seria tão fiel quanto eu, se merecesses ser amado. Comecei a te odiar desde que assassinaste tua mãe e tua esposa, além de seres condutor de carros, ator e incendiário!

Essas palavras, que Tácito nos transmite como autênticas — ele mesmo informa que, até então, não eram conhecidas de ninguém —, devem ser uma versão aproximada. É mais provável que correspondam ao julgamento que o historiador fazia de Nero, e que aparece formulado, mais ou menos nesses termos, em outras passagens de sua obra.

Seja como for, a sentença só podia ser uma: morte pela espada. Para executá-la, foi escolhido o tribuno Veiano Níger, que mandou cavar uma sepultura "no campo mais próximo". Quando Flavo foi conduzido ao local da execução, em companhia de seu algoz, queixou-se da estreiteza da cova: "Nem isto fazem de acordo com os regulamentos do serviço militar!" O tribuno advertiu-o de que deveria ajoelhar-se à beira da cova e "estender firmemente o pescoço". Nesse derradeiro minuto, Flavo não deixou de demonstrar um humor cruel: "Só espero que golpeies firmemente!" Na verdade, o algoz tremia mais do que a vítima. Então, aconteceu o que Flavo temia. Para executar seu macabro ofício, o tribuno teve de golpear duas vezes, até que a cabeça do condenado rolasse para dentro da cova.

À exceção de um, todos os conspiradores mantiveram uma atitude digna no momento da execução. Eles tinham jogado alto para acabar com o imperador, mas haviam perdido suas próprias vidas. O único que implorou que o poupassem foi, justamente, Fênio Rufo, o chefe dos pretorianos.

O fim trágico de Sêneca

O caso de Sêneca, comprometido com a conspiração de Pisão, teve grande repercussão pública. Por um lado, Nero devia ao filósofo e poeta sua formação, sua cultura, e principalmente sua orientação nos primeiros cinco anos de seu governo; por outro lado, parece evidente que Sêneca estava disposto a afastar do trono o ex-discípulo e tornar-se seu sucessor.

Nero mostrou-se inclinado a submeter Sêneca a um processo justo. Mandou que se apresentassem as testemunhas e que se registrassem as declarações de cada uma. A principal testemunha era Antônio Natális. Este declarou que Pisão o enviara a Sêneca, que estava enfermo. Devia transmitir-lhe as queixas de Pisão, que se sentia ofendido por não ter sido recebido pelo filósofo. Pisão achava que seria melhor cultivarem sua amizade em encontros sigilosos. A isso, Sêneca respondera que de nada adiantava avistarem-se com freqüência, já que, de qualquer maneira, seu futuro dependia do futuro de Pisão.

Com isso, parecia comprovado que Sêneca e Pisão eram de certo modo cúmplices. Até aquele momento, as investigações tinham prosseguido na ausência do acusado. Assim, na noite seguinte, o tribuno da guarda pessoal de Nero, Gávio Silvano, acompanhado de alguns soldados, foi enviado à propriedade de Sêneca, a quatro milhas de Roma, para intimá-lo a se defender das acusações que lhe eram feitas. Sêneca acabava de regressar da Campânia, e estava almoçando com sua mulher, Paulina, e dois amigos. Ouviram-se ruídos no lado de fora da casa; os soldados tinham cercado a quinta. O mensageiro de Nero entrou na sala, repetiu o que havia declarado Natális e pediu a Sêneca que se justificasse.

Sêneca, mantendo a calma e a autoconfiança, sem tomar conhecimento da acusação, respondeu:

— Sim, é fato que Natális veio à minha casa, para se queixar, em nome de Pisão, porque não quis recebê-lo aqui. Desculpei-me, naquela ocasião, lembrando meu estado de saúde e a necessidade que tinha de repouso. Nunca foi minha intenção salvar uma pessoa em detrimento de meu próprio bem-estar, e bajulações não fazem meu gênero. Ninguém melhor do que Nero o sabe, pois diante dele preferi sempre a franqueza à submissão.

Nessa mesma noite, Gávio levou ao imperador a resposta de Sêneca. Nero encontrava-se em companhia de Popéia e Tigelino, o único de seus assessores em quem podia confiar naqueles momentos difíceis.

— Ele não deu a entender que estaria disposto a se despedir da vida voluntariamente?

— Não — respondeu Gávio —, não percebi nele nenhum sinal de temor, nenhuma aflição na voz ou nas feições.

Ao que Nero respondeu:

— Volta à casa dele e anuncia-lhe que terá de morrer!

O tribuno, porém, sem coragem para tanto, enviou um centurião.

No dia seguinte, Sêneca recebeu a mensagem com tranqüilidade. Pediu que lhe trouxessem uma lousa para escrever seu testamento. O centurião rejeitou a solicitação. Sêneca voltou-se então para sua mulher e para seus amigos:

— Já que me impedem de gravar meu agradecimento por vossos méritos, deixo-vos a única coisa que possuo, o exemplo de minha vida. Se a conservardes na memória, alcançareis a fama da verdadeira virtude como recompensa por vossa fiel amizade.

Como começassem a brotar lágrimas nos olhos dos presentes, Sêneca procurou consolá-los, ao mesmo tempo em que os advertia da necessidade de permanecerem intrépidos.

— Onde ficaram vossos princípios filosóficos? — disse ele. — Onde a circunspeção que aprendestes durante tantos anos, justamente para enfrentar as ameaças de perigo?

Abraçando sua mulher, Paulina, pediu-lhe instantemente que não o pranteasse. O consolo deveria ser procurado, acima de tudo, numa vida virtuosa. Mas Paulina respondeu-lhe que, se ele morresse, ela não desejaria viver.

A decisão de sua mulher não pegou Sêneca desprevenido. Como se esperasse essa reação, ele lhe disse:

— Depois que apontei os consolos que a vida te reserva, cabe a ti escolher uma morte honrosa. Não te impedirei de fazê-lo. Mesmo que essa firme decisão de nos despedirmos da vida leve ao mesmo resultado, teu fim será, de qualquer forma, mais glorioso.

A morte dos dois foi demorada e cruel. Sêneca e Paulina, cada qual utilizando uma faca, cortaram as veias do pulso. Horrorizados, seus amigos viram o sangue escorrer e cair, aos pingos, no chão. Sêneca fixou um longo e derradeiro olhar em sua mulher Paulina, pedindo-lhe então que fosse para o quarto de dormir, a fim de que eles se poupassem a visão de seus tormentos.

Essa agonia penosa deve ter durado horas, pois Tácito menciona que, quando Nero soube que Paulina também decidira morrer com seu marido, mandou soldados à quinta com a missão de salvar a mulher de seu ex-mestre. Ao chegarem, Paulina já estava inconsciente, mas, atando-lhe os punhos, conseguiram estancar o sangue que escorria dos cortes.

Entrementes, Sêneca solicitara a presença de seu amigo e médico pessoal Estácio Aneu, pedindo-lhe que lhe ministrasse veneno, já que o sangue escorria muito devagar dos pulsos abertos. Porém, o veneno não produziu o efeito esperado. Foi necessário um banho de vapor para que Sêneca, enfraquecido, morresse sufocado em meio ao calor.

Não se realizou nenhum ato solene durante o enterro. O cadáver foi incinerado, o que correspondia à última vontade manifestada pelo filósofo. Sua mulher Paulina foi salva e viveu ainda alguns anos.

O começo de uma devassa

Temendo não poder distinguir entre amigos e inimigos, Nero foi se tornando cada vez mais imprevisível. Quase demente, ele se escondeu em seu próprio palácio, mandou soldados guardarem os muros da cidade e fechou à navegação o porto de Óstia e o curso do Tibre. Contingentes militares, constituídos em parte de germanos (em quem o imperador sempre confiara), ocupavam as praças públicas, as casas, as terras desocupadas e as cidades do interior; toda pessoa suspeita era detida, interrogada e condenada.

"Assim", escreve Suetônio, "considerou-se um crime o fato de Salvidieno Orfito alugar três aposentos de sua casa junto ao Fórum para o pernoite de enviados estrangeiros. Censurou-se também o legista Cássio Longino, que era cego, por ter guardado entre as estátuas de seus antepassados a de Cássio, o assassino de César."

É verdade que não se aplicavam apenas sentenças de morte; na maior parte dos casos, os suspeitos eram condenados à prisão. De certa forma, os processos de condenação não eram arbitrários, pois respeitavam as prescrições da lei. Mas é também verdade que muitas vezes se incitava o suspeito a praticar suicídio, método muito em voga na era imperial. Era freqüente, porém, que os historiadores antigos se deixassem levar por sua fantasia, e isso pode ser comprovado com um simples exemplo.

Suetônio afirma que Nero mandou executar o senador Trásea Peto por causa de sua carrancuda expressão de mestre-escola. Mas, por acaso, Tácito também se ocupou extensamente com o caso de Trásea, que foi coagido a praticar suicídio.

Trásea Peto era um inimigo declarado do imperador, e não fazia o mínimo segredo de suas intenções de destronar Nero. Quando o Senado, após a morte de Agripina, decidira realizar uma sessão em homenagem ao imperador, ele abandonou acintosamente aquela assembléia; desprezava os juvenais, jogos durante os quais Nero se apresentava publicamente; e finalmente revogara a sentença de morte contra o pretor Antístio, acusado de ofender sua majestade. Trásea fora denunciado por Cossuciano Capitão. E essa denúncia baseava-se em todo um catálogo de acusações. Capitão afirmava que Trásea vinha evitando, todos os anos, fazer o juramento solene que tinha lugar no início de cada ano. Embora pertencesse ao Colégio de Sacerdotes dos Quinze Varões, jamais estivera presente por ocasião do juramento exigido. Ele, outrora um ativo membro do Senado, havia três anos não comparecia à Cúria. Esse isolamento implicava intenções sediciosas. E, levantando o tom de voz perante Nero, Capitão exclamou:

— Como outrora dissentiam entre si César e Catão, também agora cidadãos ávidos por divergências falam de ti, confrontando Nero e Trásea. Trásea tem seus partidários e asseclas. Embora ainda não imitem seus modos insolentes ao dirigir-se ao Senado, nem por isso deixam de imitar-lhe o comportamento e a expressão do rosto. São, como ele, rígidos e austeros, e te acusam de leviandade. Mas só ele zomba de tua prosperidade e de teu talento, e nenhuma honra presta às tuas realizações artísticas. Se os êxitos do príncipe pouco lhe importam, por que iria incomodar-se com seu luto e sua dor?

"E se ele", prosseguiu Capitão, "não acredita na divindade de Popéia nem presta juramento segundo os preceitos dos divinos Augusto e Júlio César, é porque revela os mesmos desígnios. Ele despreza os costumes sagrados; procura contornar as leis. As notícias oficiais dirigidas ao povo romano são lidas com especial atenção nas províncias e junto às tropas, somente para que se possa saber tudo o que Trásea *não* fez. Ou nós nos associamos à sua maneira de pensar e agir, caso seja a melhor, ou eliminamos todos os conspiradores e conselheiros ávidos por novidades. Além disso, lembra-te daquela seita que trouxe à luz pessoas como Tuberão e Favônio, cujos nomes eram malquistos também na velha República. Para derrubar o governo imperial, ergue-se agora a bandeira representada por aqueles nomes. Se conseguirem derrubá-lo, eles próprios atacarão a liberdade. Terás então, Nero, eliminado inutilmente Cássio, caso queiras agora tolerar que os imitadores dos Brutos floresçam. Afinal, não é necessário que tu mesmo abras um processo contra Trásea; deixa que o Senado seja o único juiz!"

Para respeitar o rito processual comum, aplicável nos casos de alta traição, Nero colocou ao lado de Cossuciano Capitão um segundo acusador. Tratava-se de Marcelo Éprio, um dos mais hábeis oradores de Roma. Dotado por natureza de um olhar penetrante, Éprio era capaz de reforçar com os gestos e com a voz a impressão que causava na platéia.

Para Trásea, a questão era saber como deveria se comportar. Deveria defender-se perante os senadores, ou simplesmente aguardar o resultado do processo? Passou a noite meditando, sem chegar a conclusão alguma. Quando o dia amanheceu, já era tarde demais.

Coortes de pretorianos ocuparam os pontos estratégicos da cidade, as praças e as basílicas. Diante da Cúria, encontravam-se postadas pessoas que vestiam a toga, mas que traziam a espada sob a túnica. Havia muita tensão no ar no momento em que os senadores entraram na Cúria. O último a chegar, protegido por forte escolta, foi o imperador. Na ordem do dia constava a denúncia de alta traição contra cidadãos romanos: o senador Trásea Peto; o governador da Ásia, Barca Sorano; sua filha Servília, de vinte anos; o orador Helvídio, genro de Trásea; o ex-questor de Creta, Pacônio, e um autor de poesias satíricas contra o imperador, Montano.

O processo contra cinco acusados de alta traição

No início da sessão, o primeiro discurso foi pronunciado por um questor, a mando de Nero, que, com palavras veladas, criticou o comportamento do Senado. Sem citar nomes, o imperador queixava-se, através do orador, de que os senadores negligenciavam os deveres impostos por seus cargos, dando assim um mau exemplo. Os velhos sentiram-se atingidos.

Os encarregados da acusação, Cossuciano e Marcelo, repetiram a mesma cantilena. Marcelo tirou partido dessa ocasião favorável para confirmar sua fama de orador brilhante.

— Senadores — começou ele, dirigindo-se àquele círculo de quatrocentos homens eminentes da nação —, trata-se aqui dos mais altos interesses do Estado. A teimosia dos súditos está prejudicando a benevolência do soberano. Até hoje, vós, senadores, tendes sido indulgentes. Continuais permitindo a impunidade do sedicioso Trásea, de seu genro Helvídio, igualmente rebelde, de Pacônio, que herdou de seu pai o ódio que vota ao imperador, bem como de Montano, com suas abjetas poesias satíricas! Em vão procura-se encontrar o ex-cônsul no Senado, ou o sacerdote, por ocasião dos votos públicos, ou o cidadão Trásea, quando dele se espera o juramento oficial! Contrariando os antigos costumes, este se declara publicamente cúmplice e inimigo. Por que não vem a público esse senador outrora zeloso, mas que agora defende os caluniadores do imperador? Por que não manifesta sua opinião? Por que não diz o que gostaria de melhorar ou mudar? Seria mais sensato que ele criticasse determinados acontecimentos, em vez de calar-se como agora e, assim, condenar a tudo e a todos.

Alteando a voz e mostrando-se cada vez mais enérgico, Marcelo prosseguiu:

— Desgosta-lhe acaso a paz que reina em todo o mundo, ou as vitórias de nossos exércitos? Não se deve acalentar a errônea ambição de um homem que se aflige com a felicidade do Estado, para quem as praças, o teatro e o templo não passam de desertos, e que ameaça expatriar-se. Para ele, não existem resoluções do Senado, funcionários do Estado, nem a cidade de Roma. Melhor seria, pois, que se livrasse de uma cidadania que há muito não ama, e que hoje lhe é insuportável!

Sob a cúpula estreita e arredondada da Cúria, impôs-se um pesado silêncio. Nesse momento levantou-se Ostério Sabino, encarregado das acusações ao governador da Ásia, Sorano. Começou falando da amizade existente entre o réu e Rubélio Plauto. A alusão era pérfida, pois Rubélio, considerado inimigo da pátria, fora degredado para a Ásia Menor, e mais tarde, por iniciativa de Tigelino, veio a ser assassinado. Acusou ainda Sorano de administrar o proconsulado da Ásia para seu enaltecimento próprio mais do que para o bem do povo, favorecendo as cidades insubmissas. Com isso, o acusador referia-se à cidade de Pérgamo, que se negara a entregar centenas de estátuas gregas escolhidas por colecionadores de arte a mando de Nero, e que deviam ser transportadas a Roma. Nessa ocasião, o procônsul não havia punido a cidade de Pérgamo.

Depois disso, Ostério Sabino dirigiu suas denúncias contra a filha de Sorano, Servília. Ela postou-se no meio da Cúria, de frente para o pai, mas com o olhar voltado para o chão, sem ousar encará-lo. Servília foi acusada de contratar feiticeiros que, com suas fórmulas mágicas, tencionavam eliminar o imperador.

— Onde estão teus adereços de noiva e todas as jóias que

adornavam teu colo? Não vendeste tudo para juntar ouro, a fim de custeares tuas operações mágicas?

As cortantes palavras do encarregado da acusação, Ostério Sabino, pairavam na sala como se estivessem escritas nas paredes.

Servília, desconhecendo que seus acusadores estavam informados sobre tais fatos, ficou olhando para a frente algum tempo. Jogando-se então ao chão, proferiu entre soluços:

— Não invoquei os maus espíritos, não pronunciei nenhuma maldição. Por isso, em minhas orações venho implorando que tu, césar, e vós, senadores, nada façais a meu pai. Eis por que me desfiz de minhas pedras preciosas, até mesmo de meus vestidos e das insígnias de minha classe, como se tivessem exigido meu sangue e minha vida. Esses homens, que eu não conhecia antes, sabem que fama têm e que artifícios estão praticando. E meu pobre pai ignorava o que eu estava fazendo. Se foi um crime, sou a única culpada.

Nesse momento, o pai a interrompeu:

— Servília nunca esteve comigo na província, além de ser jovem demais para ter conhecido Plauto. Nunca esteve envolvida na denúncia contra seu marido, Ânio Pólio. Por isso, peço-vos, separai *seu* processo do meu. Se fizerdes isso, submeter-me-ei ao destino que me espera.

Depois dessas palavras, fez menção de ir abraçar a filha, mas os lictores se interpuseram. Foram chamadas as testemunhas. A principal delas, Públio Inácio Célere, um estóico preceptor de Barca Sorano, confirmou a acusação contra Sorano e sua filha. A uma das testemunhas da defesa os senadores não deram crédito, já que, como todo mundo sabia, era amiga de Sorano, razão pela qual fora expatriada. Selou-se assim o destino dos acusados. Ainda no mesmo dia foi proclamada a sentença: pena de morte para Trásea, Sorano e Servília. Quanto à forma da morte, cada um podia escolhê-la livremente. Helvídio e Pacônio foram degredados. Montano foi indultado, sob a condição de jamais ocupar qualquer cargo público.

Não sabemos qual o tipo de morte pela qual se decidiram Sorano e Servília. Tornou-se conhecida apenas a morte de Trásea. Enviou-se à casa do cônsul um de seus questores naquela mesma noite. Ele estava cercado de muitas pessoas, nos jardins de sua residência, à espera da sentença de morte, discutindo com um filósofo da escola cínica a questão da separação da alma e do corpo. Quando se soube qual fora a sentença, muitos dos visitantes começaram a chorar. Árria, mulher de Trásea, manifestou espontaneamente o desejo de morrer com o marido. Este, porém, rejeitou essa oferta e persuadiu a esposa de que ela devia permanecer viva para cuidar da filha.

Helvídio e Demétrio acompanharam o dono da casa até seu quarto de dormir, onde ele ordenou que lhe cortassem as veias dos pulsos. Quando o sangue começou a escorrer, Trásea mandou chamar o questor:

— A Júpiter, o libertador — disse ele, cheio de ironia —, ofereçamos esta bebida! — E com essas palavras regou o chão com seu sangue.

"Vê, caro jovem", prosseguiu ele, sempre voltado para o questor, "permitam os deuses que meu fim não seja um mau augúrio para ti. Mas nasceste numa época em que convém temperar o espírito com o exemplo de uma firmeza inquebrantável..."

O tribunal sangrento de Tigelino

Os processos por alta traição continuavam na ordem do dia. Todas as ações levadas aos tribunais tinham apenas um responsável: Tigelino, o único e derradeiro confidente do imperador. Nero evitara aparecer em público. Sempre temendo um novo atentado, estava pensando em deixar Roma, como o fizera Tibério outrora. Tinha em mente viajar para a Grécia. Com isso, Tigelino gozava de plena liberdade de ação.

Até mesmo pessoas que privavam da intimidade do imperador acabavam vítimas de Tigelino, caso lhe provocassem o mau humor. No caso de Petrônio, os motivos foram a inveja e a rivalidade. Era tido como o conselheiro de Nero para questões de estilo e bom gosto, e granjeara fama, pelo menos é o que afirma Tácito, principalmente por sua malandragem. Passava o dia dormindo; à noite, entregava-se a seus negócios e divertimentos. Era considerado um mestre do refinamento e da boa vida, e Nero o tomara por modelo. Isso incomodava Tigelino.

Enquanto o imperador se demorava na Campânia, Tigelino acusou Petrônio de alta traição, mandou prender sua criadagem e convenceu um de seus escravos, graças a uma grande soma em dinheiro, a testemunhar contra seu amo. Esse caso é significativo pois comprova que não era Nero, mas Tigelino, o responsável pela devassa. Seu poder deve ter sido enorme, tanto que, na ausência do imperador, conseguiu condenar à morte um amigo de Nero.

Petrônio, desesperado, procurou falar com o príncipe. Foi até Cumas, mas Tigelino dera instruções para que não lhe permitissem ver o imperador. Só restava a Petrônio abrir as veias. Sua agonia foi lenta, e nela revelou mais uma vez sua personalidade ambígua.

Enquanto o sangue escorria de suas veias, pediu que lhe declamassem poesias que o encorajassem. De quando em quando, solicitava que lhe atassem os cortes, que voltavam a ser abertos mais tarde. A alguns de seus escravos ele fez ricos presentes; a outros, ordenou que fossem açoitados em sua presença. Por fim, pediu um rolo de pergaminho e nele mandou inscrever todas as perversões sexuais do imperador que lhe tinham chegado ao conhecimento, citando pelo nome seus participantes, mulheres, homens e rapazes. Endereçou o escrito a Nero e o lacrou com seu anel. Feito isso, estendeu-se no leito e morreu.

O objetivo de seu escrito deve ter sido o de mostrar que estava bem informado sobre a vida íntima do imperador. O que permanece obscuro é por que Petrônio não enviou esse catálogo da vida amorosa do imperador ao Senado. Com isso, ele teria tornado pública a dissoluta vida do imperador. Da forma como o fez, só Nero ficou sabendo o que, de qualquer forma, já conhecia.

"Este", escreve Tácito, "sem compreender como se tornou conhecido o segredo de suas orgias noturnas, lembrou-se de Sília, esposa de um senador, a qual tinha servido de instrumento a seus caprichos, e que era amiga íntima de Petrônio." Era ela, sem dúvida, a responsável. Sília teve de partir para o exílio.

O cônsul Vestino Ático era uma personagem ambígua. Não fora possível provar sua participação na conspiração de Pisão. Supunha-se que Pisão o tivesse deixado à margem dos acontecimentos, pela simples razão de que era tido como pessoa leviana e implicante. Por toda parte, Vestino era conhecido como irascível e de trato difícil. Fora um bom amigo do príncipe, mas chegara a zombar dele mais tarde por sua indecisão, razão pela qual a inimizade se instalara abertamente entre os dois. Mas, se dermos crédito a Tácito, Vestino deve ter sido a única vítima condenada à morte sem direito a um processo regular. Tácito escreve que, por não ter encontrado nenhum acusador e não querer assumir a função de juiz em causa própria, o imperador lançou mão da violência de que poderia dispor como tirano. Que papel desempenhou nesse conflito a mulher de Vestino, Estatília Messalina, é algo que tampouco ficou esclarecido. O fato é que, antes de se casar com Vestino, ela tivera um caso com Nero, e que o imperador casou-se com ela um ano depois da morte de seu marido. Tácito atribui a essa circunstância o motivo da morte de Vestino.

Há duas coisas, porém, que contrariam essa conclusão: de um lado, Vestino morreu no ano 65, sendo que o casamento de Nero com Messalina ocorreu somente em 66. O imperador, no entanto, não era o tipo de homem que adiasse por todo um ano a satisfação de seus desejos. De outra parte, Vestino foi executado durante a devassa que se seguiu à conspiração de Pisão. Assim, é muito mais provável que Vestino, um inimigo declarado do imperador, tenha perdido a vida por estar ligado àquele movimento.

Mortos os inimigos, os amigos estendem a mão

É evidente que essa devassa não obedeceu a atos arbitrários, pois Nero mandou afixar por toda a cidade proclamas públicos em que eram assinaladas as acusações comprovadas e documentadas e as confissões dos sentenciados. Ao mesmo tempo, solicitou que o Senado, como se fazia costumeiramente após campanhas militares vitoriosas, prestasse contas de seu comportamento com relação à conspiração.

Quase não se dá a devida atenção ao fato de que nem todos os processos terminavam com uma sentença de morte ou com o degredo dos acusados. Também ocorriam absolvições ou indultos, que dependiam do imperador. Tácito cita esse fato casualmente, mencionando que um dos absolvidos e outro dos indultados praticaram o suicídio depois de findo o processo. É possível que, na verdade, se sentissem culpados e temessem ser descobertos mais tarde.

Com sua cáustica ironia, Tácito descreve da seguinte maneira a situação em Roma, após ser descoberta a conspiração: "Tal como a cidade, que estava coberta de cadáveres, também o Capitólio regurgitava de animais sacrificados. Aqueles mesmos que tinham perdido filhos, parentes ou amigos iam dar graças aos deuses, adornando festivamente suas casas com ramos de louro, e prostravam-se diante de Nero, cobrindo-lhe com mil beijos a mão direita. . ."

O imperador sabia que sua vida dependia da estima que lhe votavam seus soldados. Por isso, convocando uma assembléia, deu a cada membro de sua guarda a importância de dois mil sestércios. Estabeleceu também uma determinada ração de cereais, a ser distribuída daí em diante à guarda pretoriana, gratuitamente. Nero acreditava que esse era seu melhor seguro de vida.

Foram agraciados por Nero com os *ornamenta triumphalia,* ou seja, as insígnias de triunfo, o ex-cônsul Petrônio Turpiliano, o pretor designado Cocceio Nerva e Tigelino, prefeito da guarda pretoriana.

Em homenagem a Tigelino e Nerva, foram fundidas estátuas, que o imperador mandou expor no Fórum e em seu palácio. Nero ordenou que se fizessem orações de agradecimento aos deuses, principalmente ao deus Sol, pois diante do templo desse deus, junto ao Circo, havia-se conspirado contra a vida do imperador. Segundo uma resolução do Senado, o mês de abril, que seria o da morte do imperador, passou a chamar-se *neronius*. Planejou-se até construir, com fundos públicos, um templo onde seria praticado o culto do imperador; mas Nero rejeitou esse projeto, invocando o fato de que os príncipes só eram divinizados depois da morte.

Resta acrescentar que Ébrio e Cossuciano, os principais acusadores no processo da conspiração, receberam cada um cinco milhões de sestércios, e que Ostério fez jus a um milhão e duzentos mil. Helvídio pôde voltar mais tarde do exílio, tendo alcançado, no ano 70, o posto de pretor; mas, quatro anos depois, foi executado por ordem do imperador Vespasiano em virtude de sua inflexível atitude oposicionista. A sentença de morte pronunciada contra Sorano e sua filha Servília foi, depois da morte de Nero, reconhecida com um erro judiciário: a principal testemunha da acusação, Públio Inácio Célere, fora provavelmente subornada por Tigelino; o fato é que, em 70, Célere foi condenado ao exílio.

VIII

O drama dos primeiros cristãos

"Nem as medidas humanitárias, nem as liberalidades imperiais, nem as cerimônias expiatórias faziam calar o clamor público de que o imperador teria ordenado o incêndio. Assim, Nero, para desviar as suspeitas, nomeou outros culpados e infligiu torturas cruéis a pessoas que eram detestadas por suas abominações, e a quem o vulgo chamava cristãos."

Tácito

O homem que, protegido pela escuridão, esgueirava-se pela Porta Ápia tinha pelo menos setenta anos de idade. Encurvado, mas caminhando com passos decididos e rápidos, rondava os inúmeros túmulos, sob a claridade mortiça da lua, ao longo da Via Ápia. Subitamente, uma sombra encaminhou-se até ele. O velho parou, assustado:

— *Quo vadis, domine?* (Aonde vais, Senhor?) — perguntou.

— Vou a Roma, para deixar que me crucifiquem novamente! — respondeu o desconhecido.

Ao que o velho indagou:

— Terás de ser crucificado de novo?

— Sim, serei crucificado novamente — confirmou o outro.

— Senhor — redargüiu o velho —, também eu voltarei e te seguirei.

Mal pronunciara essa frase, o outro desapareceu. O velho deu meia-volta e correu para Roma o mais depressa que pôde. Queria chegar à prisão do Estado, o Cárcere Mamertino, de onde ele, poucas horas antes e de forma misteriosa, conseguira escapar.

Essa cena nos foi transmitida num escrito cristão do século IV. Acredita-se que tenha ocorrido nos últimos anos do reinado de Nero, entre 64 e 67. Os dois homens eram Simão Pedro, filho de Jonas de Betsaida, casado, pescador de profissão; e Jesus, filho de um certo José de Nazaré, na Galiléia, solteiro, sem profissão. Mas há algo que complica a questão: esse Jesus fora crucificado trinta anos antes, sob Pôncio Pilatos, procurador romano na Judéia. Isso, em todo caso, é o que afirma o historiador Tácito, cujos escritos, aliás, raramente confirmam os testemunhos dos primeiros cristãos. Portanto, teria ocorrido um milagre? Ou seria essa uma lenda piedosa?

No lugar em que essa cena teria acontecido, encontra-se hoje uma pequena igreja cujas origens remontam ao século IX. Incrustada no chão, vê-se uma pedra com duas impressões de plantas de pés, cópia do original que é guardado, não longe dali, na Igreja de São Sebastião. Acredita-se que essas seriam as impressões dos pés de Jesus quando apareceu a Simão naquele lugar. Mesmo os Pais da Igreja não deram grande importância a esse achado arqueológico, até que, medindo-se aquelas impressões, chegou-se à conclusão de que as plantas dos pés correspondem exatamente ao tamanho do pé direito do sudário de Turim; não foi possível medir o pé esquerdo. E não há, pelo menos entre os historiadores católicos, quem duvide da autenticidade do sudário.

Na Igreja de San Pietro, em Vincoli, onde se pode admirar a grandiosa estátua de Moisés, obra de Michelangelo, guardam-se os grilhões que teriam atado Pedro no Cárcere Mamertino. Testemunhos escritos comprovam a presença dos grilhões nessa igreja desde o século V. Supõe-se que a igreja também tenha sido construída nessa época sobre os alicerces de um prédio antigo, transformado em oratório.

Todos os anos, milhares de turistas visitam o cárcere onde as correntes caíram milagrosamente dos punhos de Pedro. Esse Carcer Mamertinus, localizado na encosta do Capitólio, foi erguido três séculos antes da nossa era, para servir de prisão do Estado e local de execuções. Possuía apenas dois pavimentos. O de cima era a prisão; o de baixo, acessível apenas por um buraco no teto, chamava-se Tullianum e destinava-se aos condenados à morte, que aí morriam de fome ou eram estrangulados. Um fosso levava diretamente à Cloaca Máxima; os cadáveres desapareciam na canalização. Homens famosos encontraram a morte nesse lugar sinistro: Jugurta, rei da Numídia e inimigo jurado dos romanos; Vercingetórix, rival de César na Gália, e os que conspiraram juntamente com Catilina. Afirma-se que Pedro aí esteve preso, bem como seu companheiro Paulo. Seja como for, essa presunção justificou a transformação da prisão numa capela.

Sob a Basílica de São Pedro, no Vaticano, os arqueólogos encontraram, na década de 1950, um antigo cemitério utilizado desde os primeiros séculos depois de Cristo. Um desses túmulos, acreditam hoje os pesquisadores, poderia ter sido o de Simão Pedro. Há informações de que, poucos anos após a morte de Nero, o bispo Anacleto teria levantado um santuário sobre o túmulo de Pedro. No ano 326, o imperador Constantino consagrou, no mesmo lugar, uma basílica. Por encontrar-se em ruínas, ela foi demolida em meados do século XV, tendo sido substituída, ao longo dos séculos seguintes, pela igreja que hoje admiramos.

Esse gigantesco edifício foi erguido sobre o circo de Nero. Na verdade, como já dissemos, o hipódromo era mais comprido que a Basílica de São Pedro e a Praça de São Pedro juntas. O obelisco da Praça de São Pedro era parte da decoração da *spina,* o muro que dividia ao meio todo o complexo do circo. As valas, que hoje se encontram sob a nave central da basílica, margeavam originariamente os muros externos do hipódromo, que já estavam se transformando em ruínas no século II.

Eusébio de Cesaréia, o mais importante historiador dos primeiros tempos do cristianismo, escreveu em suas crônicas, por volta do ano 300, que o apóstolo Paulo foi morto no décimo quarto ano de reinado de Nero, isto é, em 67; informa ainda, em outro trecho, que Pedro e Paulo morreram na mesma época. Essa indicação seria confirmada mais tarde por São Jerônimo, que a completa afirmando que Sêneca morrera dois anos antes. Ora, a morte de Sêneca em 65 foi registrada por Tácito, que, diga-se de passagem, não cita Pedro nem Paulo. Embora tais dados não possam ser comprovados postumamente, parece provável que os dois apóstolos morreram em 67. E, embora Nero não estivesse em Roma nesse ano, pois estava viajando pela Grécia, ele é considerado um dos grandes perseguidores dos cristãos. Por quê?

O relacionamento dos romanos com os judeus e os cristãos

De início, os romanos não faziam diferença entre judeus e cristãos. Isso não surpreende, pois os primeiros cristãos eram judeus e consideravam o Velho Testamento uma de suas tradições sagradas. Ambas as comunidades religiosas desprezavam os deuses romanos, que velavam pelo bem-estar do Estado romano.

Tanto os judeus como os cristãos repeliam o politeísmo da religião oficial dos romanos. "Profano", diz Tácito, "é para os judeus tudo o que para nós é sagrado, mas certas coisas que consideramos impuras são por eles permitidas." Ao contrário do cristianismo, que procurava alastrar-se com zelo missionário, os judeus já então se isolavam onde quer que se instalassem. Ao tempo de Nero, praticamente não existiam cidades que não tivessem uma comunidade judaica. Numa missiva a Calígula, o rei Herodes Agripa I enumera todas as regiões onde se tinham estabelecido colônias judaicas: Egito, Fenícia, Síria, Celessíria, Panfília, Cilícia, Ásia, Tessália, Beócia, Macedônia, Etólia, Ática, Argos, Corinto, Peloponeso, Eubéia, Chipre e Creta, e até mesmo nas terras para lá do Eufrates.

Excetuada a Palestina, as maiores colônias judaicas do Império Romano encontravam-se na Ásia Menor, na Fenícia e na Síria. No início do século I, viviam no Egito um milhão de judeus.

Sob César, os judeus tinham obtido grandes privilégios, e Augusto lhes fez novas concessões. Não precisavam comparecer aos tribunais no sábado e podiam apanhar sua ração de cereais um dia mais tarde, caso a distribuição coincidisse com seu sabá. Nos primeiros tempos, os romanos consideravam seus costumes extremamente exóticos. Sêneca pensava que o repouso do sábado representava para eles a perda de um sétimo de suas vidas. Mas parecia ainda mais estranho aos romanos que não comessem carne de porco. Quando uma minoria se isola, suscita quase sempre a desconfiança da maioria.

Por outro lado, os romanos — que aos poucos se haviam cansado da própria lascívia — começaram a admirar a severidade dos costumes judeus e a seriedade com que defendiam sua crença. O repouso aos sábados foi encontrando cada vez mais adeptos em Roma; não se faziam mais negócios e viagens, e chegava-se mesmo a jejuar e orar. Tudo isso levou Sêneca a observar que os costumes judeus estavam exercendo tal influência que os vencidos ditavam as leis aos vencedores. E o escritor judeu Flávio Josefo menciona, não sem orgulho, que em todas as cidades e províncias gregas ou bárbaras praticava-se o repouso aos sábados. Adotavam-se, inclusive, outros costumes, como o jejum, a lamparina votiva e a abstenção de alimentos proibidos.

Salvo durante o reinado de Tibério, os romanos que o quisessem podiam adotar a religião judaica. Somente Tibério baixou rigorosas leis proibindo a prática de religiões estrangeiras. A esse respeito, escreve Suetônio: "Ele sustou a introdução de costumes religiosos estrangeiros, especialmente egípcios e judaicos, obrigando as pessoas que se declaravam adeptas de tais superstições a incinerar não só as vestes utilizadas nos serviços religiosos, como todos os demais utensílios. Os jovens judeus eram chamados a prestar serviço militar, sendo enviados às províncias onde reinassem os mais rudes climas. Os restantes, incluídos os que professavam crenças semelhantes, foram banidos de Roma. Quem não obedecesse a essa ordem era condenado à escravidão perpétua".

Não se sabe quantos judeus viviam em Roma. Residiam, em geral, do outro lado do Tibre. Sob o governo do imperador Cláudio, verificaram-se tumultos naquela parte da cidade, o que frustrou a expulsão dos judeus, já decidida; acredita-se, porém, que o maior problema era o grande número de pessoas a serem expulsas. Assim, o antecessor de Nero promulgou um edito que voltava a garantir a todos os judeus a prática de seus costumes religiosos.

A atitude para com os cristãos foi diferente. Os romanos concediam aos judeus o *status* de uma nação, mas viam nos cristãos apenas os adeptos de uma seita que se afastara da fé ancestral. Os judeus consideravam-se um povo escolhido por Deus e, logicamente, não tinham interesse em conseguir adeptos para sua religião; mas os cristãos, com seu zelo missionário, procuravam levar ao povo sua doutrina de redenção. Ora, tal empreendimento podia prejudicar a religião oficial de Roma.

Os cristãos não despertavam simpatia. As camadas superiores e cultas dos romanos não entendiam a indiferença política, o desapego pelas coisas materiais, o menosprezo pela arte e pela ciência manifestados pelos cristãos. E julgavam inaceitável seu repúdio aos deuses sob cuja proteção Roma se convertera em potência mundial. Mesmo junto ao povo, onde, com o passar dos tempos, os cristãos iam encontrando cada vez mais adeptos, as contínuas referências à condenação eterna nem sempre despertavam simpatia.

Os misteriosos rituais dos primeiros cristãos

"O povo", escreve Tácito, "odiava aquela gente por causa de suas infâmias, e dava-lhes o nome de 'cristãos'. Este termo provém de Cristo, que o procurador Pôncio Pilatos, no reinado de Tibério, mandou crucificar. Essa perniciosa superstição pareceu suprimida por um momento, mas ressurgiu mais tarde não somente na Judéia, onde se originara, como também em Roma, para onde confluem e onde se praticam os horrores e as abominações de todo o universo."

Atribuíam-se aos cristãos os piores crimes, brutais orgias e assassinatos rituais. Dizia-se que, para cada novo cristão, sacrificava-se uma criança, e que no sangue dessa criança mergulhava-se o pão que todos comiam em conjunto. Afirmava-se que em seus templos amarravam-se cães aos castiçais. A horas tardias da noite, atiravam-se alguns bocados a esses cães, que derrubavam os castiçais, e então ocorriam as piores desgraças. Como ninguém sabia ao certo o que acontecia durante os atos religiosos dos cristãos, já que se realizavam no mais completo isolamento, tais boatos continuavam a circular no século II d.C.

Por mais inacreditável que fosse um boato, sempre encontrava em Roma alguém que o passasse adiante. A Roma da época imperial oferecia solo fértil para seitas e cultos secretos. Profetas, sonhadores, visionários, fanáticos e impostores procuravam aliciar crentes e vítimas junto ao povo, aos insatisfeitos, aos desempregados, aos lascivos. Mas nenhum desses falsos profetas era realmente levado a sério.

O que diferenciava o recém-surgido cristianismo das demais seitas era um fenômeno social: sua nova doutrina de redenção dirigia-se a *todas* as pessoas, mas principalmente aos pobres, oprimidos, infelizes, menosprezados, injustiçados. Dizia haver igualdade entre escravos e libertos, entre amo e criado. Este mundo seria apenas a preparação para um mundo melhor, onde todos os que sofriam encontrariam sua recompensa. A promessa de uma vida melhor depois da morte encontrava receptividade junto àqueles cuja existência não era agradável. Os pobres e os miseráveis, escreveria mais tarde o mestre e escritor Lactâncio, crêem mais facilmente que os ricos. E quando essa nova doutrina chegava, de quando em vez, às classes mais elevadas, não raramente isso acontecia graças a um escravo ou uma escrava. Por isso, os romanos mofavam dos cristãos, dizendo que só conseguiam converter escravos, artesãos, mulheres e crianças.

Nos círculos mais elevados da sociedade, não era de bom-tom interessar-se pelo cristianismo. Os cristãos eram apresentados como ingênuos. Somente no reinado de Cômodo (161-192) essa atitude se modificou. Díon Cássio, que também comenta em sua obra a vida de Nero, não faz menção alguma aos cristãos. É evidente que os considerava adeptos de uma seita judaica. Com efeito, escreve que as perseguições do imperador Domiciano eram dirigidas contra pessoas acusadas de "ateísmo e de praticar costumes judaicos". Os primeiros cristãos pertencentes às classes sociais mais elevadas só surgiram no final do século I, como, por exemplo, o cônsul Flávio Clemente, executado em 95, e sua esposa Flávia Domitila, condenada ao exílio.

Por vários séculos, considerou-se autêntica uma correspondência entre Sêneca e o apóstolo Paulo. Mas essas cartas são apócrifas e resultaram da necessidade de um autor cristão, que queria ver a jovem religião reconhecida por um renomado representante da cultura oficial romana. A moral ensinada por Sêneca tem, certamente, muitos pontos em comum com a ética cristã, mas possuía outras raízes, já que estava fundamentada na filosofia estóica.

Em nada modifica essa constatação o fato de Paulo, antes de ser decapitado, ter vivido provavelmente vários anos em Roma. É improcedente, aliás, a afirmação de que Sêneca, quando cônsul, teria feito parte do corpo de juízes que julgaram Paulo: Sêneca foi cônsul em 55-56 e Paulo foi preso em Jerusalém somente em 56, sendo mais tarde transferido para Roma. Pode-se dizer, portanto, que a correspondência entre essas duas personalidades, que viveram em mundos totalmente diferentes, é mais uma das falsificações do cristianismo primitivo.

Por que os cristãos foram submetidos a processos?

As causas da perseguição aos cristãos praticada no tempo de Nero são bem mais obscuras do que se supõe. Isso porque, freqüentemente, a recusa a prestar culto ao imperador é dada como um dos motivos dessas perseguições. No entanto, o primeiro a exigir um culto divino ainda em vida foi o imperador Domiciano, e foi apenas no reinado de Aureliano (270-275 d.C.) que esse culto se generalizou. Antes disso, o imperador só era elevado a *divus* depois de morto; o que se venerava, então, era o *genius* do imperador ainda vivo. Como Tácito em toda a sua obra jamais acusa os cristãos de menosprezarem o culto oficial, pode-se considerar procedente sua versão de que Nero culpou os cristãos pelo incêndio de Roma para desviar de si mesmo essa suspeita infundada. O que resta indagar é por que os cristãos acabaram sendo alvo de tão grave acusação. São diversos os motivos: eles jamais tinham solicitado o reconhecimento que se dava em Roma a uma religião lícita *(religio licita)*. Isso já bastava para colocá-los como transgressores da lei. Por outro lado, proclamavam ser iminente o fim do mundo, que aconteceria graças a um incêndio generalizado. Além disso, provocavam os romanos ao ignorar sua religião. Por fim, era muito cômodo mobilizar a maioria contra essa minoria detestada, que se entregava a ritos esotéricos.

Quando os cristãos foram responsabilizados pelo incêndio de Roma — acusação tão injusta quanto a que recaía sobre Nero —, tornou-se inevitável a pena de morte. Se a simples ameaça a uma vida humana era castigada com a morte, tanto mais o seria um incêndio dessas proporções. Os acusadores devem ter argumentado que o incêndio fora um ato dirigido contra a capital, o Império ou o próprio imperador. Nesse caso, a sentença não poderia ser outra.

As penas do direito romano eram draconianas. Se o criminoso fosse um cidadão romano, era decapitado. Considerava-se essa forma de execução a mais nobre. Mas os conspiradores e pessoas culpadas de crime de lesa-majestade sofriam a mais cruel das penas, pois eram queimados vivos. Esse castigo já era previsto pelas Leis das Doze Tábuas, o mais antigo código romano, sendo aplicável a crime de incêndio e de alta traição. Servos e escravos eram primeiro flagelados e depois pregados num poste ou numa cruz. Essa era considerada uma pena particularmente degradante. As execuções de cidadãos romanos não eram públicas, mas, quando se procedia à execução de escravos ou de habitantes das províncias, os romanos compareciam em peso, como a uma festa nacional. Ver cristãos morrerem tornou-se, mais tarde, um passatempo como jogar dados nas escadas do templo.

Era muito fácil encontrar acusadores e delatores. Como já dissemos, eram indispensáveis para dar início a um processo. Quando se divulgou o fato de que os cristãos, durante o incêndio de Roma, andavam extasiados pelas ruas e cantavam canções piedosas — pois viam naquele incêndio o esperado fim do mundo e sua conseqüente salvação —, os romanos passaram a odiar ainda mais esses sectários. Os processos continuaram mesmo na ausência do imperador. Estava previsto na Constituição que as mais elevadas decisões judiciais passariam ao comandante da guarda pretoriana ou ao prefeito da cidade de Roma.

As Leis das Doze Tábuas não faziam distinção entre o crime de um incendiário ou de um assassino, penalizando a ambos com a morte. É supérfluo indagar se Nero fez uma denúncia generalizada contra os cristãos ou se, procurando eximir-se, foi ajudado por uma campanha que atribuía aos cristãos esse crime. Nesse caso, porém, era necessário haver um denunciante e uma testemunha, os quais, ao que parece, eram encontrados com a maior facilidade. Com isso, não há dúvida, abriam-se as portas para uma lucrativa avalanche de denúncias e de ódios pessoais. Isso ficou patente depois de descoberta a conspiração de Pisão.

Os mais renomados historiadores da Antiguidade concordam hoje em que os processos contra os cristãos sob o governo de Nero não devem ser definidos como assassinato legalizado, ato arbitrário ou excesso de crueldade. *De jure,* as sentenças eram justificadas.

Tácito escreve sobre o extermínio dos cristãos: "Ao serem executados, havia sempre quem deles escarnecesse. Cobriam-nos com peles de animais e deixavam que cães selvagens os despedaçassem. Outros eram pregados em cruzes ou condenados à morte pelo fogo, ocasião em que ardiam como tochas vivas, em geral logo após o anoitecer. Para tais entretenimentos, Nero colocara seus jardins à disposição, ao mesmo tempo em que patrocinava jogos onde ele, sob as vestes de um condutor de carros, se misturava à multidão ou participava de uma corrida de carros. É por isso que, embora culpados e merecedores das mais rigorosas penalidades, havia quem se compadecesse daquela gente, pois não pareciam estar sendo sacrificados pelo bem da comunidade, mas por causa da crueldade de um só indivíduo".

Quando Tácito escreveu essa passagem, as perseguições aos cristãos tinham assumido proporções bem maiores que no reinado de Nero. Domiciano mandou executar seu primo e banir a mulher deste por serem ambos cristãos. Sob Trajano, os processos contra os cristãos já não se limitavam a Roma, tanto que Plínio, o Jovem, então governador da Bitínia, mandou perguntar ao imperador, em Roma, como deveria proceder com os cristãos que, mantendo-se fiéis à sua superstição, nem por isso perturbavam a ordem estabelecida. Trajano respondeu que não deviam ser realizadas batidas policiais, mas que, se uma pessoa viesse a ser denunciada nominalmente e se negasse a invocar os deuses, devia ser penalizada com a morte.

Mais tarde, os cristãos começaram a preferir a morte a trair sua fé, sobretudo porque o martírio lhes garantia a felicidade eterna. O número de vítimas nos primeiros três séculos oscila bastante, mesmo quando citado por teólogos católicos. Os cálculos mais moderados falam em quatro mil; os mais elevados, em onze milhões. Quem defende a avaliação moderada é um dos autores cristãos mais inteligentes da época, Orígenes, que escreveu no ano 249: "Para reforçar a fé dos que vacilavam e ensiná-los a desprezar a morte, alguns mártires lhes deram, de tempos em tempos, o exemplo de sua firmeza. São apenas alguns, e é fácil contá-los".

A disposição de aceitar o martírio foi estimulada pela morte de dois homens. Um chamava-se Pedro, o outro, Paulo. Eram de natureza e origem bastante diversas, mas ligados por um destino comum: provavelmente, ambos foram executados durante o reinado de Nero.

Simão Pedro, o ídolo dos oprimidos

Simão era um pobre pescador judeu, e vivia com sua mulher em Cafarnaum (atual Tell Hum), na margem norte do lago de Genesaré. Sua vida mudou radicalmente quando, certo dia, encontrou Jesus de Nazaré, que escolhera aquele lugar como centro de sua pregação. Homem de condições modestas, não tivera formação escolar. Daquele momento em diante, passou a chamar-se Pedro, isto é, "a rocha". Abandonou sua mulher e os apetrechos de pesca e seguiu o mestre, acatando sua doutrina de salvação. Mesmo depois que Jesus de Nazaré foi crucificado por ordem de um procurador romano, Simão Pedro não perdeu a fé na nova doutrina. Ao contrário: Pedro assumiu, desde então, o papel de líder da comunidade que acabara de se formar, e cuja tarefa era levar a doutrina cristã a todos os lugares da Terra.

Isso parecia pretensioso para as modestas condições iniciais.

Mas não ficou sem eco a obsessão com que Pedro e um punhado de apóstolos passaram a perseguir sua meta. Antióquia (hoje Antakya), outrora sede do governador romano na Síria, centro econômico e cultural do Oriente, tornou-se, em pouco tempo, a primeira grande cidade onde se pôde estabelecer uma paróquia cristã. A designação "cristão" teve aí sua origem. E foi nessa cidade que Pedro, de navio, partiu para Roma. Não se sabe quando isso aconteceu. Para alguns, isso se deu durante o reinado de Cláudio; para outros, Nero já estava no poder.

Quando esse homem simples, proveniente da Galiléia, desembarcou em Óstia, deve ter-se surpreendido com os armazéns abarrotados de mercadorias e cereais, e com os mercados onde se podia encontrar toda sorte de legumes e frutas. O luxo, a desenvoltura e a alegria de viver que observou na viagem Tibre acima devem ter parecido estranhos ao modesto ancião que vinha do leste do Império e que pregava abstinência e autodomínio.

Pedro vinha precedido pela fama de realizar curas milagrosas com a simples imposição de suas mãos, o que lhe abriria muitas portas nos mais diversos lugares. Mas não faltavam em Roma, naquela época, pessoas que se diziam capazes de curas milagrosas. Em sua maior parte, vinham do Oriente e, via de regra, só a si mesmas traziam saúde e prosperidade. Pedro distinguia-se delas principalmente porque nada cobrava por seus serviços. Isso provocava a afluência de mais pessoas. E como ele sempre associava seus milagres à sua doutrina de salvação, alguns romanos mostraram-se interessados.

Não se deve, porém, exagerar o número dos interessados. Mesmo que a comunidade cristã romana tivesse contado com alguns milhares de membros, eles teriam passado despercebidos entre os milhões de habitantes de Roma. Seja como for esse interesse devese, sobretudo, ao empenho pessoal de Simão Pedro, que considerava sua missão proclamar a mensagem do Senhor na cidade em que Nero regia o mundo antigo.

As cartas que ele teria enviado de Roma para todos os cantos do mundo — Bitínia, no noroeste da Ásia Menor; Capadócia, a leste de Hális; Galácia, nas elevadas montanhas da Ásia Menor; e o Ponto, nas margens do mar Negro — não são autênticas. Mas, mesmo sem terem sido escritas pelo próprio Pedro, refletem os sentimentos e a fé dos cristãos daqueles tempos.

"Alegrai-vos", diz uma delas, "ainda que estejais sendo momentaneamente oprimidos por toda espécie de contrariedades. Vossa fé, ante esse fato, deve mostrar-se genuína e mais preciosa que o ouro purificado pelo fogo, para que assim louveis, venereis e honreis o que vos revelou Jesus Cristo."

Em outra passagem, o autor escreve: "Amados, não vos admireis de que, para vossa provação, cresça o braseiro sob vossos pés, como se vos acontecesse algo estranho. Antes alegrai-vos por participardes assim dos sofrimentos de Cristo, a fim de que vos rejubileis também pela revelação de sua magnificência! Bem-aveturados os que são ofendidos em nome de Cristo; pois o espírito da magnificência, o espírito de Deus repousa sobre vós!"

Essas palavras são, sem dúvida, um convite para que se aceitem sofrimentos com vistas à salvação eterna. A morte era considerada uma libertação dos tormentos da existência. Por isso, alguns cristãos foram ao encontro da morte, provocando o Estado e suas instituições. A maior parte dos adeptos do cristianismo — como já dissemos — provinham, de certa forma, das classes sociais inferiores.

Sob esse aspecto, Pedro foi um modelo para a comunidade cristã de Roma. Modesto, vivia de donativos e, na morte, antecipou-se a seus adeptos. Desconhece-se o motivo de sua condenação. Nenhum historiador romano cita seu nome, já que, do ponto de vista romano, Pedro não tinha importância alguma. Sua execução seguiu o costume adotado para um cidadão não-romano: Pedro foi crucificado. Acredita-se que o local de seu suplício foi o muro central do Circo de Nero.

A esse respeito, a crônica dos papas diz: "Pedro, juntamente com Paulo, encontrou a coroação de sua vida no martírio que lhe foi imposto trinta anos depois da paixão de Cristo. Foi enterrado junto à Via Aurélia, no lugar chamado Triumphalis, ao lado do Templo de Apolo, próximo ao Circo de Nero, onde foi crucificado no dia 29 de junho".

A Basílica de São Pedro foi erigida no lugar errado?

Essa tradição é contestável, pois foi fixada por escrito somente no século VI, ou seja, meio milênio depois dos trágicos acontecimentos. Nessa época, o Circo de Nero já estava transformado em ruínas. O local indicado, "ao lado do Templo de Apolo", pôde ser localizado arqueologicamente: trata-se do Templo de Cibele, a deusa da fertilidade, introduzida em Roma com o helenismo e venerada ao mesmo tempo que Mitra, um deus oriental. Freqüentemente, Mitra e Apolo se confundiam. Os arqueólogos descobriram inscrições do século IV, na parede sul da Basílica de São Pedro, que faziam alusão ao sacrifício de touros e carneiros e a banhos rituais no sangue dos animais sacrificados, tal como prescrevia o culto a Mitra.

A principal dúvida quanto à localização do túmulo de Pedro

deve-se ao fato de que, desde o século III, o apóstolo morto no reinado de Nero foi mais venerado na Via Ápia do que no cemitério do Vaticano. Numerosas inscrições murais encontradas na Catacumba de São Sebastião invocam a ajuda de Pedro, fato usual apenas nos lugares de peregrinação. Além disso, uma inscrição extremamente antiga, encontrada a grande profundidade, proclama: *"Domus Petri",* "a casa de Pedro". Pedro não teria sido enterrado no lugar onde hoje se ergue o Vaticano? A Basílica de São Pedro teria sido construída no lugar errado?

Centenas de arqueólogos passaram setenta anos escavando a Via Ápia — até treze metros de profundidade — para responder a essa pergunta, tão importante para a cristandade católica, mas em vão. A questão de saber se a Basílica de São Pedro se encontra no lugar "errado" permanece em aberto. Eis o fato: antes que a igreja junto às catacumbas — *ad catacumbas* — fosse, no século VIII, consagrada a São Sebastião, um oficial da guarda morto durante o reinado de Diocleciano, ela era chamada Igreja dos Apóstolos Pedro e Paulo. *"Paulo et Petre petite pro Victore"* ("Paulo e Pedro, pedi por Vítor"), diz uma das mais bem-conservadas inscrições da Catacumba de São Sebastião. Esse gênero de súplica só é encontrado em sepulturas.

Supõe-se que os cadáveres dos dois apóstolos foram exumados em meados do século II no monte Vaticano e na Via Ostiense, e depois enterrados na catacumba, para que escapassem a uma profanação por parte de Valeriano.

Uma lenda do século VI diz que cristãos romanos retiraram os despojos dos apóstolos crucificados, pensando em transportá-los para o Oriente pela Via Ápia. Uma violenta tempestade, porém, os teria obrigado a guardá-los *ad catacumbas.* Trata-se, no entanto, de uma lenda que apenas explica o culto que se praticava naqueles lugares.

Mais tarde, em outra tentativa de esclarecer essa questão, retomou-se o estudo da documentação sobre Pedro entre os anos 450 e 550. Nessa nova versão dos Atos, lê-se: "Os restos mortais de Pedro foram escondidos e enterrados sob o terebinto, junto ao lago em que se realizavam batalhas navais, no Vaticano... Alguns homens piedosos vindos do Oriente tentaram roubar os corpos dos santos. Subitamente, porém, um terremoto sacudiu a cidade. Quando os moradores tomaram conhecimento da tentativa de roubo, acorreram e levaram embora os cadáveres. Os outros puseram-se em fuga. Vieram então romanos que exumaram os cadáveres e os levaram para um lugar a três milhas das cidade, na catacumba da Via Ápia. Os corpos ali ficaram durante um ano e sete meses, até ser construído o túmulo em que iriam descansar". Esse relato foi confirmado mais tarde pela crônica dos papas.

Ao tempo de Nero, ainda não existiam catacumbas. O número dos cristãos, e sobretudo o dos supliciados, ainda não era grande a ponto de inexistir um pedaço de terra para enterrá-los. Isso veio a acontecer apenas no século II, e principalmente no século III. Essas construções subterrâneas, com diversos pavimentos, tinham nas paredes milhares de nichos que permitiam o enterro de um grande número de cristãos num espaço relativamente pequeno. Além disso, cada catacumba só tinha uma entrada, o que permitia que se guardassem facilmente milhares de túmulos.

A conversão de Paulo

Comparada à de Pedro, a estatura histórica de Paulo tem muito mais relevo. A história dos apóstolos escrita por São Lucas cita a acusação feita contra Paulo diante do governador da Acaia, Lúcio Júnio Galião. Galião, irmão de Sêneca, cumprira essas funções nos anos 51 e 52. A partir daí, os historiadores determinaram uma cronologia relativamente exata da vida desse apóstolo.

Paulo era originário de Tarso, no curso inferior do rio Cidno. Ali residia o governador romano da Cilícia, e Paulo era cidadão romano. Chamava-se, na verdade, Saulo, e sua profissão era a de construtor de tendas. No entanto, parece ter tido uma formação excelente, que incluía a retórica e a filosofia dos estóicos. Graças às suas convicções e à sua formação teológica, adepto que era da lei judaica, passou a combater os dissidentes do judaísmo — até aquele dia do ano 32 que iria mudar sua vida.

A caminho de Damasco, Saulo viu, repentinamente, uma luz deslumbrante. Caindo ao solo, ouviu uma voz que lhe dizia:

— Saulo, Saulo, por que me persegues?

Admirado, voltou o olhar para cima, perguntando:

— Quem és tu, Senhor?

— Sou Jesus, a quem persegues — foi a resposta.

Saulo perguntou:

— Senhor, o que queres que eu faça?

Ao que a voz respondeu:

— Levanta-te e vai à cidade; lá te dirão o que deves fazer.

Os companheiros de Saulo tremiam de medo; ouviram a voz, mas não viram ninguém. Finda a aparição, Saulo levantou-se e ficou andando a esmo, desamparado: estava cego. Esse estado, durante o qual se recusou a comer, durou três dias. Dele se aproximou então um homem chamado Ananias e, impondo-lhe as mãos sobre a cabeça, disse:

— Irmão Saulo, é o Senhor que me envia, o mesmo Jesus que te apareceu no caminho, para que voltes a ver e te deixes invadir pelo Espírito Santo.

No mesmo instante, Saulo recuperou a visão, pediu que lhe dessem de comer, recobrou suas forças e daí em diante passou a pregar a palavra de Jesus.

Essa a versão lendária do fenômeno descrito por Lucas. Historiadores da medicina vêem nisso apenas um ataque epiléptico: a queda, uma cegueira temporária e a rejeição de alimentos são nítidos sintomas dessa doença. Em pouco tempo, a partir de então, o perseguidor dos cristãos tornou-se um brilhante propagador da mensagem cristã. Paulo, como passou a se chamar daí em diante, começou sua atividade missionária no sudeste de Damasco. Dois anos mais tarde viajou para Jerusalém, onde veio a conhecer Pedro. Seu trabalho continuou então na Síria, na Cilícia, na Macedônia e na Acaia. Na Galácia, em Filipos, na Tessalonica e em Corinto, formaram-se importantes comunidades cristãs. Na primavera de 56, Paulo foi preso no templo de Jerusalém e acusado de incitar o povo à rebelião.

Um comandante romano mandou que o réu fosse interrogado a chicotadas. Paulo protestou:

— Desde quando é permitido açoitar um cidadão romano, ainda mais sem processo judicial?

Ao que o oficial respondeu:

— Dize-me: és realmente cidadão romano?

— Sim — disse Paulo.

— Tive de pagar muito dinheiro para ter esse direito — confessou o oficial.

— Pois eu nasci com ele! — concluiu Paulo.

Diante disso, o comandante mandou suspender a flagelação ilegal e enviou Paulo à prisão. No dia seguinte, ele teve de se apresentar perante o Alto Conselho de Jerusalém. Mas ao invés de formular uma denúncia concreta, essa assembléia viu-se dividida por querelas. Uma conspiração de mais de quarenta homens, que queriam liquidar Paulo, incitou o comandante romano a transferir o prisioneiro para Cesaréia, com uma escolta de duzentos soldados, setenta cavaleiros e setecentos arqueiros. Num escrito entregue à escolta, ele expôs a situação ao governador dessa cidade, Félix, pedindo-lhe que assumisse a responsabilidade pelo caso, pois os distúrbios em Jerusalém impediriam a realização de um julgamento imparcial.

Durante o processo que se seguiu, Paulo não chegou a ser condenado, mas tampouco lhe devolveram a liberdade. Foi mantido por dois anos "em prisão relaxada".

Por que Paulo queria falar com Nero

Nesse meio tempo, o governador de Cesaréia já era outro. Festo, o sucessor de Félix, pediu que Paulo fosse trazido à sua presença, perguntando-lhe se concordava em que se abrisse novo processo contra ele em Jerusalém.

Paulo respondeu:

— Encontro-me diante do magistrado do imperador, e é aqui que devo ser julgado. Nenhum mal fiz aos judeus, como bem sabes. Se tivesse cometido alguma injustiça ou algo que merecesse a morte, não me negaria a morrer. Nada há nas denúncias que apresentam contra mim, e ninguém teria o direito de me entregar a eles. Apelo para que o imperador me ouça.

Festo disse então:

— Apelaste para o imperador? Pois irás ter com o imperador!

Essas passagens, citadas na história dos apóstolos, mostram que Nero não era considerado um sangrento perseguidor de cristãos. Paulo, cidadão romano instruído e de espírito arejado, esperava encontrar justiça em Roma, junto ao imperador. Teria manifestado tal desejo se conhecesse a fama das arbitrariedades de Nero?

Paulo foi levado para Roma em 58. Dois anos viveu em uma casa, com um soldado encarregado de vigiá-lo. Só então conseguiu fazer com que seu processo fosse revisto. Foi inocentado. De Roma, realizou viagens missionárias, indo à Espanha, à Grécia e à Ásia Menor. Escreveu então numerosas cartas às comunidades cristãs do mundo inteiro. Daí em diante, perde-se o fio da meada, e passagens de sua vida ficaram em branco. Só voltamos a ouvir seu nome quando é preso em Roma.

Paulo foi condenado à morte no reinado de Nero. Por quê, não o sabemos. Foi decapitado, como dispunha a lei para os cidadãos romanos. Supõe-se que tenha sido enterrado do lado esquerdo da Via Ostiense, no caminho para Árdea, a três milhas de Roma. Isso pode ter acontecido no ano 67 — o penúltimo da vida de Nero.

IX

Um artista em turnê

"Os gregos são os únicos que entendem de música, e só eles são dignos de minha arte."

Nero

Entre os dias 10 e 25 de agosto do ano de 66, um estranho cortejo dirigia-se de Roma para Brindisi: cantando, dançando e declamando versos, avançavam pela Via Ápia milhares de homens com instrumentos de corda, arcos e máscaras teatrais. Por entre músicos e coristas, fabricantes de perucas e costureiros, viam-se também escravos e um contingente da guarda pretoriana do imperador. Em meio a todos eles seguia Nero, instalado no maior carro, o mais belo e com mais ornamentos de ouro. Estava de excelente humor, pois se encontrava a caminho da Grécia, terra com que sonhava desde a mais tenra infância. Estava acompanhado de Estatília Messalina, com quem se casara algumas semanas antes, de seu amante castrado Esporo, de Tigelino, seu homem de confiança, de Clúvio Rufo, seu empresário e diretor teatral, do comandante de exército, Vespasiano, de seu secretário particular, Epafrodito, e do liberto Febo, seu camareiro.

O medo que atormentava o imperador desde a conspiração de Pisão, a repugnância que lhe inspiravam as discussões sobre a política interna e os processos cada vez mais numerosos, tudo fizera com que ele se apegasse mais ao projeto de se afastar de Roma por um ano. Roma não era mais a sua cidade, não era mais a metrópole das artes e das musas, tornara-se um efervescente caldeirão de bruxas, um perigoso ajuntamento de massas humanas das mais diversas origens, das mais diversas classes e com os mais extremados objetivos políticos. Faltava à plebe sensibilidade para a música. Os jogos só eram interessantes para o vulgo quando havia sangue e morte. Mas o mundo de Nero era outro.

No início do ano, as cidades gregas onde se realizavam concursos de música haviam mandado delegações a Roma para que entregassem ao imperador o prêmio conquistado pelo "canto acompanhado de cítara". Nero ficara comovido e convidara os delegados para um banquete. Quando os gregos externaram o desejo de que o imperador contribuísse com sua arte para avivar o banquete, Nero não hesitou muito tempo e começou a cantar. Os aplausos dos hóspedes procedentes da Acaia pareciam não ter fim, o que levou o imperador a exclamar: "Os gregos são os únicos que entendem de música, e só eles são dignos de minha arte".

Por essa época, ele decidiu fazer uma turnê pela Grécia. Queria provar que merecera os troféus da vitória com que fora agraciado. Uma vez que festivais só se realizavam a cada dois, quatro ou cinco anos, ele informou aos gregos que agradeceria se essas festas pudessem ser oferecidas no verão seguinte.

A caminho de Brindisi, em Benevento, Nero escapou por um triz de um atentado. Ânio Viniciano, genro do general Corbulão, planejara o ataque juntamente com um punhado de conspiradores. Desconhecem-se detalhes acerca desse empreendimento. Quando Tigelino pôs o imperador a par do projeto de atentado, os conspiradores já haviam sido presos.

Grécia — o mundo de Nero

Depois de uma viagem de dois dias, a frota imperial chegou à cidade de Cassíope, na ilha de Corfu. Nesse lugar erguia-se um templo de Júpiter Cássio. Nero mandou que desembarcassem seus instrumentos e pôs-se a entoar um canção ao ar puro daquela ilha grega: agradecia ao grande Júpiter por ter realizado o sonho de sua juventude.

Foi emocionante para o imperador pisar o solo grego. Em memória desse fato, mandou cunhar moedas com a efígie do navio que o transportara ao litoral grego.

Mas o tempo urgia. Nero tinha pela frente um extenso programa. A partir de 2 de setembro, aniversário da Batalha de Áccio, realizavam-se em Nicópolis, na costa ocidental, os Jogos Áticos. Após sua vitória sobre Antônio e Cleópatra, Augusto fundara Nicópolis, a "Cidade da Vitória", e instituíra jogos em honra a Apolo, que deviam realizar-se de cinco em cinco anos.

Mas a meta dessa expedição poética era Corinto, capital da província romana de Acaia, a qual se tornara uma cidade inteiramente romanizada. Em 146 a.C., Lúcio Múmio não havia deixado pedra sobre pedra desse último núcleo de resistência grega. A população fora dizimada ou reduzida à escravidão. Ao longo de todo um século, a cidade ficara em ruínas, até que César ordenou sua reconstrução sob o nome de Colonia Laus Julia Corinthus, povoando-a com libertos e veteranos.

A mais romana das cidades gregas readquiriu brilho poucos séculos depois. Imigrantes da Ásia Menor e do Egito deram-lhe uma feição internacional, e o número de habitantes elevou-se a cem mil. Era um cadinho em que se misturavam os mais diversos povos e filosofias de vida, e em libertinagem não devia nada a Roma. No Templo de Afrodite estavam sempre à disposição numerosas hierodulas, ou cortesãs sagradas, bem como mulheres e moças da nobreza, dispostas a celebrar as "núpcias sagradas".

Despreocupado, gozando sua Grécia, o imperador dedicava-se às musas. Sentia-se em seu elemento, esquecia-se de que era o soberano de um império e não queria que o lembrassem desse fato. Hélio, um liberto de Nero, tomava conta dos negócios de Estado em Roma. Mas, enfrentando tempos tumultuosos, suas tarefas excediam suas forças. Portanto, solicitou ao príncipe que voltasse urgentemente, pois a situação política tornava sua presença absolutamente necessária.

Aborrecido, o imperador respondeu: "Podes aconselhar-me a que eu volte imediatamente. Mas seria bem melhor e mais de acordo com teu dever desejar que eu regresse como condiz a um Nero".

Mesmo em Corinto, Tigelino mantinha as rédeas na mão e exigia do imperador, indiferente à política, que novas cabeças continuassem caindo. Acreditava, assim, encontrar provas da participação do general Corbulão numa conspiração. Árrio Varo, oficial do estado-maior de Corbulão, testemunhara contra seu superior. Nero manteve um encontro secreto com esse oficial, começando por demonstrar o quanto prezava o general. Mas Árrio Varo — segundo Tácito — "procurou por todos os meios diminuir as virtudes de Corbulão aos olhos do imperador". Preocupava que, para muitas pessoas, o comandante se houvesse tornado poderoso demais. Nero convocou Corbulão à Grécia. Enquanto se dirigia de Argos a Tégea, em Cêncreas, Corbulão soube por uma indiscrição proposital que o imperador decidira condená-lo à morte. As fontes históricas não comprovam se isso correspondia à realidade ou se Tigelino fizera circular um boato. Corbulão nem chegou a viajar a Corinto. Sem rever o imperador e sem tentar se defender, o grande comandante se suicidou. Antes de se atirar sobre a espada, teria dito: "Acho que o mereci!"

Desde então, os historiadores tecem conjeturas sobre o significado dessa frase. Corbulão teria participado efetivamente de uma conspiração, mostrando-se arrependido? Teria dado um sentido irônico a essas palavras? Será que, a despeito de seu poder, esse comandante sentia-se tão indefeso diante da camarilha do imperador que não via outra saída?

Más notícias da província da Judéia

A morte de Corbulão ocorreu num momento extremamente desfavorável. Na verdade, desde a primavera de 66, antes da partida do imperador rumo à Grécia, chegavam notícias preocupantes da província da Judéia. Parte da população judaica rebelava-se contra as tropas de ocupação romanas, principalmente os zelotes, representantes radicais dos pobres e dos pequenos artesãos. Queriam instituir pela força seu próprio Estado teocrático.

Os rebeldes tinham infligido às tropas romanas na Judéia uma derrota considerável. Os zelotes odiavam sobretudo Géssio Floro, homem que gozava da mais alta estima de Nero. A mulher de Géssio, Cleópatra, era por sua vez amiga íntima de Popéia Sabina.

De fato, Géssio Floro, conhecido por sua avareza e sua arrogância, não possuía outra qualificação. No ano 64, substituiu Lucceio Albino e tornou-se governador da província da Judéia.

"Quando Albino cometia crimes", escreve Flávio Josefo, historiador, sacerdote e comandante judeu, "ele o fazia em segredo e tomando certas precauções; Géssio, ao contrário, gabava-se das abominações que cometia contra o povo, como se tivesse sido designado algoz dos delinqüentes. Não recuava diante de qualquer roubo ou atrocidade." Há quem afirme que Géssio saqueou cidades inteiras e arruinou numerosas famílias.

A rebelião aberta estendia-se de Cesaréia a Jerusalém. Os romanos tiveram que se retirar da cidade. Chamado às pressas em auxílio dos romanos, também o governador da Síria, Céstio Galo, mostrou-se impotente diante dos rebeldes judeus.

Nero pensava que "a causa da derrota... era antes a preguiça dos comandantes do que a bravura dos inimigos". Embora continuasse a mostrar-se tranqüilo, conforme Flávio Josefo, Nero sentia-se deprimido com a situação crítica da Judéia. Naquele momento, o imperador estava precisando de um comandante da estatura de um Corbulão, homem experiente e ponderado. Sua escolha recaiu em Vespasiano, oficial de maior categoria dentre os que acompanhavam o imperador.

Vespasiano, na verdade, não era muito estimado pelo imperador, como já dissemos, pois dormira durante uma apresentação tetral de Nero e depois abandonara o local antes do fim do espetáculo. Mas não se podiam negar suas qualidades de chefe militar. Fora tribuno militar na Trácia, questor em Creta e em Cirene, e dera provas de sua eficiência, no reinado de Cláudio, como edil e questor de Roma. Nos anos 41 e 42, fora enviado como legado à Germânia, e depois à Bretanha, onde fora condecorado com os *orna-*

menta triumphalia. Mais recentemente, granjeara reconhecimento como procônsul na África.

Flávio Josefo acredita, no entanto, que as aptidões militares e a experiência de Vespasiano também despertaram a desconfiança do imperador. É verdade que Vespasiano tinha cinqüenta e sete anos de idade quando Nero lhe confiou a difícil tarefa de intervir na Judéia. Mas seu filho de vinte e sete anos, chamado Tito, reunia todas as condições para se tornar no futuro um grande general. Vespasiano enviou Tito a Alexandria, onde devia preparar a décima quinta legião para que interviesse na Judéia. Ele próprio, transpondo o Helesponto, dirigiu-se à Síria, onde mobilizou todas as tropas romanas disponíveis, bem como as dos reinos vizinhos, num total de sessenta mil homens. De Antióquia dirigiu-se para Ptolemais, onde se encontrou com seu filho Tito, que chegara do Egito. A seguir, conquistou Gabara e Jotapata.

Josefo, comandante e adivinho

Jotapata era defendida por Josefo. Quando este se viu obrigado a entregar a cidade, escondeu-se, com um punhado de judeus, numa cisterna, onde — segundo seu próprio relato — dirigiu uma prece a Deus:

"Decidiste abandonar ao próprio destino o povo judeu, tua criação, e a sorte encontra-se agora do lado dos romanos; mas tu escolheste minha alma para anunciar as coisas do porvir. Por isso, eu me entregarei voluntariamente aos romanos, e assim permanecerei vivo. És minha testemunha de que não ajo dessa forma por ser traidor, mas por ser teu servo".

No esconderijo, os demais judeus pressionaram seu líder:

— Deus, que deu aos judeus corações que desprezam a morte, desviaria os olhos de ti. Prezas tanto a vida, Josefo, a ponto de aceitares contemplar a luz do dia como escravo? Como mudaste depressa!

Não faltou muito para que linchassem Josefo. Mas ele conseguiu dissuadir seus concidadãos de tal intento. Depois disso, foi entregar-se aos romanos. Vespasiano ordenou que o comandante de Jotapata fosse estritamente vigiado, pois queria, na primeira oportunidade, enviá-lo a Nero, na Grécia.

Quando Josefo teve conhecimento dessa notícia, solicitou uma entrevista sigilosa com o comandante. Vespasiano recebeu-o na presença de Tito e de dois amigos, e Josefo lhe profetizou um admirável futuro:

— Vespasiano — começou ele, pateticamente —, vês em mim apenas um prisioneiro de guerra; mas eu vim a ti para anunciar-te grandes acontecimentos. Se Deus não me tivesse mandado à tua presença, eu saberia o que devo à lei judaica, e teria morrido, como deve morrer um comandante.

"Queres me enviar a Nero? Por que razão? Aqueles que seguem Nero continuarão comandando até que assumas a soberania? Sim, tu, Vespasiano, serás imperador e reinarás sobre todos, tu e teu filho aqui presente!

"Agora, prende-me com grilhões ainda mais sólidos, e guarda-me para ti, pois tu, césar, não serás apenas meu senhor, mas senhor da terra, do mar e de todo o gênero humano. Sim, peço-te que me faças vigiar mais de perto, para que possas castigar-me se, ao te falar assim, cometi alguma leviandade perante Deus."

Sem poder acreditar no que ouvia, Vespasiano fitou o judeu. Com prazer teria acreditado na proferia de Josefo, mas ela lhe parecia improvável. Ele estava com cinqüenta e sete anos; o imperador tinha vinte e nove, apenas. Que chance teria de tornar-se um príncipe?

Um dos amigos de Vespasiano objetou que, se Josefo realmente sabia prever o futuro, por que não previra a conquista de sua cidade e sua própria prisão?

— Anunciei aos habitantes de Jotapata — respondeu Josefo — que, depois de quarenta e sete dias, eles cairiam nas mãos do inimigo, e que eu próprio seria feito prisioneiro.

Vespasiano ordenou que se comprovasse o que dizia Josefo, e a confirmação não demorou. Josefo foi mantido na prisão, mas em condições mais toleráveis. Vespasiano presenteou-o com um belo traje e numerosos objetos de valor. Era evidente que o impressionara a profecia do judeu. Na segunda metade do ano, Vespasiano subjugou toda a Galiléia. Os rebeldes continuavam resistindo apenas em Jerusalém.

Também Nero lutava, mas contra cantores

Em breve, o imperador esqueceu-se da guerra. Preparava-se intensamente, na Grécia, para participar dos Jogos Olímpicos. E, tal como os coríntios que tinham introduzido nos Jogos Ístmicos um concurso suplementar de canto trágico, os responsáveis pelos Jogos

Olímpicos criaram um concurso musical. Para isso, foi necessário construir às pressas um teatro. A tímida objeção de que em Olímpia não havia edifícios que servissem para representações musicais foi rechaçada pelo imperador, que não escondeu sua contrariedade. Além disso, foi necessário encontrar concorrentes para essa nova competição, o canto trágico, pois a vitória de Nero, já prevista, não devia parecer uma farsa total. O imperador cantou acompanhado de lira, apresentando-se também como ator trágico. Em ambas as categorias, ganhou os louros da vitória.

Alguns dias mais tarde, Nero participou de uma corrida, dirigindo dois carros de quatro cavalos. Outra corrida, com um carro puxado por dez cavalos, terminou mal para o imperador: Nero caiu do carro, rolou na arena e não pôde terminar o percurso. Apesar de tudo, os juízes da prova o proclamaram vencedor. Afirma-se que o imperador, em sinal de agradecimento, lhes doou duzentos e cinqüenta dracmas, soma enorme cuja devolução foi exigida, mais tarde, por seu sucessor Galba.

Nero estava enlevado com sua mania de concursos. Nos Jogos Píticos, em homenagem a Apolo Délfico, ele decidiu dar uma demonstração de sua arte musical. Passara anos preparando-se, com a ajuda de renomados professores da arte do canto, para participar justamente dessa apresentação. Fizera inúmeros exercícios respiratórios, procuraram melhorar a voz com as mais diversas poções. Mas agora, chegado o momento, sentia-se extremamente nervoso. Ambicioso como era, queria ser confrontado com os mais famosos cantores gregos. Clúvio Rufo procurou satisfazer esse desejo do imperador, mas sem comprometer sua vitória. Por isso, contratou velhos e conhecidos cantores, que tinham ainda boa voz, mas já não ambicionavam qualquer prêmio.

Nero tratou seus concorrentes com respeito e cortesia. Tentou subornar os melhores, e sua autoconfiança manteve-se. Aos juízes do concurso de Delfos, ele atribuiu uma tarefa óbvia:

— Fiz tudo o que podia fazer. O resultado, porém, depende do acaso. Como homens de sabedoria e conhecedores da arte, cabe-vos eliminar tudo o que dependa do acaso.

Que ficasse descansado, encorajaram-no os juízes. Com isso, Nero sentiu-se mais calmo. Mas, durante o concurso, ele os olhava com ar crítico e, apreensivo, perguntava a seus amigos se o silêncio dos juízes não podia ser interpretado como animosidade. O fato é que lhe despertavam desconfiança. Finalmente, chegou sua vez.

Como sempre, Nero subiu ao palco com vários acompanhantes, cada qual com tarefas bem determinadas. Nero cantou a plenos pulmões, e até que se saiu bem. Às vezes limpava a garganta nobremente, evitando — como era usual — cuspir no chão. Gotas de suor escorriam-lhe da testa. Ele as enxugava com um canto da manga.

Quando a apresentação terminou, explodiram aplausos frenéticos. Os gregos, naturalmente, ovacionavam mais o acontecimento do que o desempenho musical: ali estava o imperador de todo o mundo, apresentando-se como cantor nos Jogos Píticos.

— Nero César é o vencedor deste concurso — anunciou um arauto. — Com isso, ele coroa o povo romano e o mundo inteiro, que lhe são fiéis servidores.

O imperador não cabia em si de alegria. Realizara o sonho de sua juventude: era um *periodoníkes*. A esse título fazia jus um concorrente que houvesse vencido nos Jogos Olímpicos, Píticos, Ístmicos, Nemeus e Áccios, em Olímpia, Delfos, Corinto, Neméia e Áccio.

Os dons de Nero para o canto são discutíveis. Por um lado, ele se cercava de uma publicidade de extremo mau gosto e vivia rodeado de aduladores. Por outro, seus rivais políticos procuravam ridicularizar sua arte vocal.

Luciano, escritor originário da Síria, tentou avaliar as aptidões de Nero de maneira objetiva: "Nero", escreveu ele cem anos mais tarde, "não foi nem digno de admiração nem ridículo. Nesse domínio, a natureza o dotou de tal maneira que não se pode criticá-lo nem louvá-lo. O erro consistiu em querer dar à sua voz maior alcance nos baixos e nos altos do que lhe permitia seu alcance médio. Por isso, nos tons graves, ele segurava e prendia o som na garganta, e sua voz tinha algo de vazio e surdo, de forma que o canto soava quase como um enxame de abelhas e vespas zumbindo juntas. Diga-se de passagem que esse tom sibilante era compensado pelo recitativo musical e pelo acompanhante, quando ele cantava sem grandes pretensões". Em outras palavras: se ele não fosse o imperador, seu sucesso teria sido medíocre.

Um projeto faraônico: o Canal de Corinto

Depois de permanecer um ano na Grécia, o imperador parecia ter esquecido inteiramente sua capital, seu povo e sua verdadeira tarefa. As informações que vinham de Roma ou lá chegavam foram se tornando cada vez mais rarefeitas. Os assuntos gregos lhe eram mais caros que as perpétuas queixas de seu preposto Hélio.

Mais de dezoito séculos antes que o projeto se transformasse em realidade, Nero mandou abrir um canal no istmo de Corinto.

"Por simples fastio", observa Díon Cássio. Na verdade, o projeto era bem fundamentado. Antes de Nero, César e Calígula acalentavam a idéia de um canal através do istmo, de seis quilômetros de largura a uma profundidade de setenta a oitenta metros. Um *díolkos,* ou seja, um trilho pelo qual os pequenos navios eram arrastados, já existia desde o século VI a.C. Periandro, o sábio tirano de Corinto, planejara construir um canal desde o ano 600 a.C. Os planos de Nero tinham mais fundamento: ele contratou geólogos e engenheiros para determinar o traçado do futuro canal.

Muitos gregos, porém, consideravam esse projeto com desconfiança. Viam nele uma ofensa aos deuses, pois eles tinham criado ali um istmo, não uma passagem marítima. Mas o que parecia um escrúpulo religioso revelou-se, em breve, uma tática de um grupo de influentes comerciantes, que auferiam excelentes ganhos graças ao *díolkos.* A oposição, integrada por esses transportadores de navios, fez circular um estranho boato: alguns agrimensores egípcios teriam constatado, muito tempo antes, uma considerável diferença de nível entre os dois lados do istmo. Pronto o canal, um mar fluiria para o outro, arrastando consigo toda a terra em redor.

O imperador quase não deu atenção a tais argumentos. Para ele, o maior problema era conseguir trabalhadores para a obra. Era difícil contratar gente do próprio local. Os pretorianos da sua guarda pessoal mal sabiam manejar a espada; com pá e picareta nas mãos, seriam um desastre. Por isso, Nero se dirigiu a Vespasiano, que, depois de esmagar a rebelião dos judeus, fizera milhares de prisioneiros. Vespasiano despachou para Corinto seis mil robustos judeus. A primeira pá de terra foi celebrada com uma cerimônia solene.

Nero deixou sua tenda majestosamente vestido. Uma salva de trombetas anunciou o início da festa. Contrito, o imperador cantou um hino a Posêidon, o deus do mar, e a sua esposa, Anfitrite. Depois, erguendo a voz, disse:

— Que este empreendimento seja para minha glória e a de meu povo!

O imperador estava consciente da singularidade da situação: o início dos trabalhos de uma das maravilhas do mundo.

Esse deve ser um dos motivos que o levaram à construção do canal. Mas as palavras de Nero são também importantes sob outro ponto de vista. O príncipe, contrariando o protocolo, deixara de mencionar o Senado de Roma. Esse boato, mais rápido que qualquer outro, chegou à capital. Os senadores julgaram sua atitude extremamente inamistosa.

O imperador tirou do solo a primeira porção de terra com uma pá de ouro, entregue pelo governador da Acaia. A cerimônia foi perturbada por todo tipo de incidentes, provocados pelos adversários do projeto: ouviam-se uivos e lamentos, e, quando Nero enfiou a pá na terra, dela jorrou um líquido cor de sangue. O príncipe pareceu irritar-se, mas logo percebeu que havia um truque por trás daquilo. Por fim, encheu um cesto com a terra que retirava. Feito isso, recomendou aos operários que trabalhassem com cuidado e afinco.

Com cerca de dez mil auxiliares à disposição, os trabalhos se desenvolveram rapidamente. Foram iniciados no porto de Lequeu e levados até um quinto do comprimento total da obra. Nenhum dos projetos de Nero avançara tanto. O imperador desejava agora mudar o nome do Peloponeso para "Neroneso", "A Ilha por Graça de Nero".

Muito se indagou por que Nero, em sua viagem à Grécia, ignorou Atenas e Esparta. Não se conseguiu explicar o fato, mas sabe-se que os atenienses eram temidos por suas respostas rápidas e sua ironia mordaz. Quanto aos espartanos, talvez sua falta de interesse pela música levasse Nero a evitá-los.

O imperador concede liberdade aos gregos

Alastrou-se uma onda de inquietação quando Nero, em novembro de 67, enviou uma circular a todas as cidades e comunidades gregas, solicitando que o maior número possível de seus cidadãos se reunisse em Corinto, no quarto dia antes do início de dezembro. Ele desejava recompensar os helenos pela estima e amor que lhe votavam.

Em 28 de novembro de 67, centenas de milhares de gregos chegaram à cidade, situada no istmo. Na planície de Corinto fora erguida uma tribuna. Com a ajuda dos guardas pretorianos, Clúvio Rufo abriu caminho para o imperador. Na tensão daquela expectativa, o burburinho de vozes foi cessando. Nero clamou:

— Para vós, homens da Grécia, deve ser inesperado — embora seja imensa minha magnanimidade — o presente que hoje vos concedo; é maravilhosa a graça que vos será concedida, e que vós jamais ousaríeis pedir. Vós, gregos da província da Acaia e da terra que, até o momento, era chamada Peloponeso, sereis isentos de todos os tributos, e sereis livres como o não fostes nos mais felizes dias de vossa história; porque sempre fostes escravos, de uma potência estrangeira ou uns dos outros, em vossa própria terra. É lamentável que eu não vos tenha concedido meu favor ao tempo de vossa florescência, quando um número ainda maior de pessoas teriam usufruído dessa graça. Mas devemos esquecer os maus tempos, os quais poderiam diminuir a grandeza dos benefícios que concedo. Hoje, não é por compaixão, e sim por estima que faço essa doação generosa. Agradeço aos vossos deuses, que me protegeram no mar como em terra e me possibilitaram essas liberalidades. É verdade que outras cidades já receberam sua liberdade, mas eu, Nero, sou o único a conceder a liberdade a toda uma província.

O imperador foi aclamado com gritos de alegria: — Salve, César!

Cópias do discurso de Nero foram gravadas na pedra e distribuídas por toda a província, onde, em meio a várias demonstrações de reconhecimento, foram expostas em templos. No final do século passado, o estudioso francês Maurice Holleaux encontrou uma dessas lápides na Igreja de São Jorge de Karditsa, na Tessália ocidental. Graças a esse achado sabemos o teor do discurso de Nero.

Algumas cidades do Império possuíam administração autônoma. Mas conceder a liberdade a toda uma província era, realmente, uma sensação. Significava bem mais do que uma demonstração de simpatia, mas também o fim dos tributos de todo um país, ou seja, menos renda para o Estado.

Adotando essa medida, o príncipe estava novamente provocando o Senado. A Acaia era, na verdade, uma província senatorial, não uma província do imperador. Como ressarcimento pela perda da Grécia, Nero ofereceu aos senadores a Sardenha, ilha em que as culturas eram inexistentes e para onde se deportavam os criminosos.

A generosidade do imperador romano fez com que os gregos se esquecessem de sua voracidade de colecionador. Ele havia trazido à Grécia compradores que adquiriram as melhores, mais valiosas e mais nobres esculturas da arte clássica — recorrendo mesmo à força, quando se fazia necessária. Foi assim que foram levadas para Roma obras como a *Vênus* de Praxíteles ou o *Odisseu* de Olímpia.

O inverno que se aproximava não predispôs o imperador a retornar a Roma. No entanto, a presença do príncipe tornava-se cada vez mais indispensável. Hélio sentia-se incapaz de continuar representando o imperador. As ações de limpeza levadas a efeito depois da conspiração de Pisão levantaram contra Nero os aristocratas e parte da elite romana. A aventura grega estava conduzindo a uma confrontação com o Senado. Além disso, o fornecimento de cereais estava quase paralisado em Roma, e começava-se a notar uma certa inquietação até mesmo entre os cidadãos das classes inferiores. Nero estava em vias de se tornar um imperador sem povo.

Hélio tentou disfarçar sua impotência pela brutalidade. As execuções tornaram-se quase diárias. Por fim, seu preposto, embora aplicasse as mais rigorosas medidas, percebeu que o trono estava ameaçado. Ficaram sem resposta todos os pedidos de socorro enviados a Nero. Assim, em janeiro de 68, Hélio decidiu viajar à Grécia, para convencer o imperador da seriedade da situação. Transmitiu ao imperador a informação de que uma nova conspiração estava se armando, com o objetivo de derrubá-lo.

A advertência do oráculo de Delfos

A notícia não deixou de causar efeito no espírito do imperador. Não temia tanto por seu trono, mas por sua vida, embora soubesse que a perda do trono equivaleria à morte. Em Roma, só havia imperadores vivos ou imperadores mortos: nenhum se aposentara.

Um astrólogo lhe predissera, outrora, que ele perderia o trono. Naquela época, aludindo às suas aptidões artísticas, ele respondeu: "O artista vive em qualquer lugar". Mas isso fora há muito tempo. Nesse ínterim, ele percebera que não lhe restava alternativa: teria de permanecer imperador se não quisesse morrer aos trinta anos.

"Acautela-te contra o ano 73!", dissera-lhe poucas semanas antes o oráculo de Delfos. Mas como, naquela época, não se contava o tempo a partir do nascimento de Cristo, mas a partir da fundação de Roma, no ano 753 a.C., ou mesmo de acordo com os diversos consulados, a advertência serviu para tranqüilizá-lo. Justamente nesse momento, na longínqua Espanha, um homem de setenta e três anos perguntava-se se deveria ou não tornar-se o sucessor de Nero. Isso se explica pela simples vidência, ou pelo resultado de uma investigação dos serviços secretos do oráculo de Delfos?

Esse homem de setenta e três anos chamava-se Sérvio Sulpício Galba, era advogado e já exercera elevados cargos oficiais antes do nascimento de Nero. Tinha-se destacado como pretor, governador da Aquitânia e como cônsul e legado na Germânia. Acompanhara o imperador Cláudio em sua campanha na Bretanha e, quando Nero tinha oito anos, fora procônsul da África. Sete anos antes o imperador o enviara à Espanha, onde assumiu o cargo de legado. Lá, pensava Nero, aquele homem experimentado lhe seria menos perigoso. Um erro fatal, como se perceberia mais tarde.

A notícia de que se preparava uma nova conspiração pôs em pânico o imperador. A toda a pressa, desmontou suas tendas na Grécia e partiu de volta para Roma. Enfrentou até mesmo uma perigosa tempestade de inverno, escapando por um triz de um naufrágio. Em vez dos vinte dias usuais, a viagem marítima durou apenas sete — o que incluiu a descarga da volumosa bagagem, que compreendia mil oitocentas e oito coroas de louro e uma rica coleção de estátuas e de outras obras de arte.

Nero desembarcou em Brindisi no início de março. Inseguro quanto à verdadeira situação na capital, o príncipe resolveu dirigir-se primeiro a Nápoles, onde os gregos certamente o receberiam com mostras de regozijo. Não se enganara o imperador: os napolitanos abriram uma brecha nos muros da cidade, o imperador passou por ela como um vitorioso atleta grego. O júbilo e as festas duraram sete dias, até que, em meio ao tumulto da vitória, correu a notícia: estourara uma rebelião na Gália! No entanto, se a perspectiva de uma nova conspiração o fizera temer por sua vida, essa notícia deixou-o espantosamente calmo.

"Nero", escreve Suetônio, "recebeu a notícia com tamanha serenidade e sangue-frio que quase parecia se alegrar com isso, pois assim lhe era dada a possibilidade, segundo o direito dos reis, de saquear essas províncias de grande riqueza." O príncipe não alterou o programa estabelecido para aqueles dias, foi visitar uma escola de lutas e acompanhou com entusiasmo as competições de atletismo. À noite chegaram mais informações alarmantes; Nero disse, de passagem, que se vingaria de todos os rebeldes e voltou ao copioso banquete que fora servido. Ao longo de toda uma semana, o imperador ignorou o que se passava em seu reino. Suetônio comenta: "Ele acreditava calar a realidade com o silêncio!"

Na Gália, por motivos na época desconhecidos, o governador Caio Júlio Víndice, de quarenta e três anos, se rebelara contra o imperador. Ele mesmo não queria tornar-se imperador, papel reservado ao legado espanhol Galba. Evidentemente, a motivação de Víndice eram as constantes provocações do imperador contra o Senado romano; o pai de Víndice fora senador.

Galba há muito vinha deixando sem resposta as propostas de Víndice, mas não o denunciara em Roma. Apoiado por um exército de cem mil homens, Víndice finalmente se sublevara e convidara Galba a assumir o comando. Víndice dirigiu-se a Galba: "Um corpo forte está à procura de uma cabeça!"

Depois disso, o gaulês fez declarações insultuosas contra o imperador, chamou-o publicamente de Enobarbo e o apostrofou "miserável cantor de lira". Nada poderia tê-lo magoado tanto. "Podes citar um artista maior que eu?", perguntava ele a todas as pessoas que encontrava. Furioso, escreveu ao Senado: "É preciso que exijais uma retratação por mim e pelo Estado romano". Mas desculpou-se por não comparecer pessoalmente, alegando uma faringite.

O retorno do vitorioso

Os conselheiros do *princeps,* muito reservados nas semanas anteriores, finalmente convenceram Nero de que era imprescindível sua presença na capital. Preparou-se um cortejo triunfal; como em Nápoles, uma parte do muro teve de ser derrubada, multidões foram conclamadas. Enfim, veio aproximando-se o cortejo de mil carros. No meio seguia o *princeps* num carro branco, puxado por dois cavalos brancos.

Nero vestia a túnica de púrpura dos triunfadores. Longos cabelos caíam-lhe sobre os ombros. O rosto parecia adiposo e inchado. Usava na cabeça uma coroa de louros, ganha nos Jogos Olímpicos; na mão direita, trazia um ramo que em Delfos se concedia aos vencedores. Junto a ele, no carro, estava Diodoro, famoso tocador de lira, a quem Nero vencera num concurso. "Viva o vencedor de Olímpia!", exclamavam os romanos. "Viva o vencedor dos Jogos Píticos, Augusto, Nero, Apolo, Nero Hércules, único *periodoníkes,* único senhor, Augusto, voz divina! Abençoado seja quem te ouviu cantar!"

O povo e principalmente o Senado esperavam um discurso do *princeps.* Mas ele parecia perturbado e assustado. Cercado por um esquadrão de guardas pretorianos, seguia acenando pela Via Sacra em direção ao Fórum, condescendente. A Cúria dos senadores não lhe dispensou sequer um olhar. Por fim, desapareceu no palácio, com as suas mil oitocentas e oito coroas de vencedor. Uma parte foi pendurada em seu quarto de dormir, uma parte ficou no Santuário de Apolo, no Palatino, e as restantes foram colocadas no Circo Máximo. Porém, nem mesmo as lembranças de seus maiores triunfos podia iludi-lo quanto à situação altamente explosiva que teria de enfrentar: a rebelião aberta na Gália, as relações rompidas com o Senado, a insatisfação da plebe, tudo exigia um líder de personalidade forte. O imperador, no entanto, contentava-se em mandar chamar ao palácio os políticos mais influentes, pedindo-lhes que avaliassem a situação. Esta era tão deprimente que ele preferiu mostrar a seus visitantes seu mais novo órgão hidráulico, com um sistema mecânico até então desconhecido. Nero mostrou a cada um deles todas as particularidades do aparelho, explicou suas funções e anunciou que em breve iria apresentar aquela maravilha no teatro, "desde que Víndice tenha a bondade de permiti-lo".

Isso, porém, não chegou a acontecer. A situação piorava a cada dia. Nesse meio tempo, Víndice garantira a popularidade de Galba. O apoio lhe viera da parte de Tito Vínio, comandante de uma legião na Espanha que escrevera a Galba: "Tu mesmo, Galba, tomaste a decisão. Só o fato de duvidarmos se queremos ou não permanecer fiéis a Nero significa não sermos fiéis. E, já que Nero é teu inimigo, não deves desprezar a amizade de Víndice, do contrário terás de denunciá-lo imediatamente e combatê-lo, pois ele prefere ver a ti como soberano, não a Nero como tirano".

Galba, por conseguinte, denunciou Nero, alegando que mandara executar numerosas pessoas de renome, e concluindo que era preciso dar um fim a essa situação. Ele, Galba, queria apenas servir à pátria, não queria tornar-se césar nem imperador, mas continuar um general do Senado e do povo de Roma.

Quando chegou a Roma a notícia da dissidência de Galba, Nero acabara de sair do banho matinal e tomava seu desjejum. O imperador ouviu a notícia paralisado de terror, derrubou a mesa que tinha diante de si, caiu inconsciente no chão e ficou desmaiado longo tempo. Mal recuperou a consciência, começou a correr inquieto de um lado para outro, rasgando as vestes, desferindo murros na própria cabeça e gritando: "É meu fim! É meu fim!"

Apesar de tudo, Nero conseguiu convencer o Senado a proclamar Galba inimigo do Estado. Para o imperador, essa era a última réstia de esperança. Numa espécie de humor negro, de alguém que sabia ser chegada sua hora, disse: "Ainda bem que, agora que me falta dinheiro, tenho uma chance de repô-lo. Tão logo eles estejam submetidos, mandarei confiscar a fortuna dos gauleses a título de indenização de guerra. Quanto à fortuna de Galba, já se encontra à minha disposição, pois ele foi proclamado inimigo do Estado".

Nero ordenou que fossem vendidos os imóveis que Galba tinha em Roma. Este, por sua vez, vingou-se mandando confiscar os bens de Nero na Espanha.

O Senado e o povo de Roma manifestavam surpreendente reserva. Todos os olhares voltavam-se para o imperador. Aguardava-se para ver qual o mais forte nesse conflito. A cada dia surgiam novos boatos. "Logo no início da rebelião", escreve Suetônio, "Nero adotou diversas medidas de uma crueldade desumana, e que estavam bem de acordo com seu caráter. Ele queria, por exemplo, demitir e matar os comandantes dos exércitos e os governadores de províncias, pois achava que todos estavam conspirando contra sua pessoa. Queria exterminar os exilados, onde quer que se encontrassem, e os gauleses que estivessem em Roma, os primeiros, para que não se unissem aos conspiradores, e os outros, por serem cúmplices de seus concidadãos. Queria entregar as províncias da Gália à pilhagem dos exércitos. Todos os membros do Senado deviam ser envenenados durante um banquete. Mandaria incendiar Roma e lançaria as feras contra o povo para dificultar o combate ao incêndio."

Nenhum desses rumores correspondia à realidade.

Sem o apoio de seus conselheiros e de um comandante, o imperador, incapaz de agir, sentia-se subjugado por Galba como uma lebre diante de uma serpente. Em seu desespero, convidou seus últimos amigos para uma bebedeira, ocasião em que declamou poesias sarcásticas contra o cabeça da rebelião. Mas, com o passar dos dias, foi diminuindo o número de amigos. Certa noite, somente sua velha ama lhe fazia companhia. Ela procurava consolá-lo, dizendo que outros soberanos haviam passado por semelhante experiência.

Nero começou a chorar. "Minha infelicidade", soluçava ele, "não tem exemplo! Estou perdendo, ainda em vida, meu poder sobre toda a terra."

X

O desumano fim de um ser divino

"É próprio do homem derrubar os que já estão caindo."

Ésquilo

Nessa noite, Nero tomou mais vinho do que podia suportar. Penosamente, levantou-se da mesa.

— Tão logo — balbuciou o príncipe — puser os pés na Gália, eu me apresentarei sem armas diante dos soldados e chorarei. Quando os rebeldes se arrependerem de suas ações, passarei os dias seguintes entoando canções de triunfo, feliz entre os felizes. É o que vou fazer agora: compor esta canção. — Depois disso, desapareceu.

No dia seguinte, começaram os preparativos para a expedição militar. Nero os supervisionou pessoalmente. Ao invés de inspecionar as armas e os mantimentos, examinou os carros destinados a transportar seu material de teatro. Jamais participara de uma campanha militar, e conhecia melhor a vida de artista que a de soldado; o que ele mais temia, durante a expedição, era o tédio. Mandou, por isso, que fossem contratadas mulheres com todo o encanto feminino, exigindo que tivessem cabelos curtos à maneira dos homens e armando-as com machados de guerra e escudos.

Nero chegara à conclusão de que sua única chance residia em sufocar militarmente a rebelião. Afinal, suas melhores tropas lhe continuavam fiéis. Em Mogúncia (atual Mainz) encontrava-se o governador Lúcio Vergínio Rufo, à testa das três melhores legiões do exército romano. Cada legião era formada por seis mil e noventa e cinco soldados e setecentos e vinte e seis cavaleiros.

Para tomar decisões livremente, Nero destituiu os dois cônsules e atribuiu a si mesmo as funções que eles desempenhavam. Os cônsules eram outrora os verdadeiros detentores do poder. Dirigiam o exército, a administração civil e a justiça. Tinham o direito de nomear os senadores, bem como de convocar o Senado ou assembléias populares. O símbolo do poder e dignidade de um cônsul romano eram os doze lictores que sempre o precediam, com seus feixes de varas. Para que não se tornassem poderosos demais, os cônsules eram eleitos todos os anos.

No tempo dos imperadores, quando os césares muitas vezes assumiam pessoalmente o consulado, essa função foi se tornando cada vez mais honorífica, e o período administrativo foi se encurtando, primeiro para quatro meses, mais tarde até para dois meses.

Nero assumira o consulado cinco vezes. A primeira vez em 55, por dois meses; a segunda, em 57, por seis meses; a terceira, em 58, por quatro meses; a quarta, em 60, pelo prazo de seis meses. Agora, o imperador proclamava ter o destino a seu favor para subjugar a Gália em sua condição de cônsul.

A assunção do cargo foi festejada com um opulento banquete. O assunto de todos os participantes era, naturalmente, o planejado ataque contra os rebeldes da Gália. Os últimos amigos e conselheiros do imperador foram unânimes quanto a isso: os gauleses seriam vencidos, embora fossem três vezes mais numerosos. Afinal, os cem mil homens de que eles se vangloriavam não passavam de um punhado de vagabundos, criminosos e refugiados que nunca tinham lutado com uma arma na mão, e que foram transformados em legionários. Não poderiam resistir às três legiões de Nero, disciplinadas, treinadas em todas as táticas de guerra, apoiadas por tropas auxiliares de batavos e belgas — mesmo que, no total, estas somassem trinta mil homens.

Em Roma, à exceção da guarda pretoriana, o imperador não dispunha de soldados. As convocações realizadas nos diversos bairros da cidade não tiveram êxito. Os romanos aptos ao serviço militar achavam arriscada demais essa aventura na Gália. Por isso, Nero baixou um edito obrigando todo cidadão romano abastado a entregar-lhe certo número de escravos. Os notáveis tiveram de colaborar com uma parte de sua riqueza. Os locatários tiveram de pagar ao Estado a soma equivalente ao aluguel de um ano.

Com essas medidas, o imperador perdeu as últimas simpatias dos romanos. Diante das mercearias e padarias formavam-se longas filas. Quando finalmente voltou a aportar em Óstia um navio carregado de cereais, procedente de Alexandria, a notícia se alastrou rapidamente. Milhares de pessoas correram a Óstia para assistir ao desembarque da valiosa carga. Mas, ao invés dos cereais, os estivadores carregavam em suas cestas uma areia amarela, que iam retirando do bojo do gigantesco navio e que se destinava ao concurso de luta a ser realizado na corte imperial.

Nas ruas de Roma, começaram a aparecer as primeiras inscrições insultuosas contra o imperador. "Víndice!", era o que se lia nas paredes de muitas casas. Ou: "Com seu canto ele acordou até os galos!" Naturalmente, a palavra *"galli"*, que designava os galos, designava também os gauleses. No pescoço de uma estátua de Nero foi pendurada uma sacola de mendigo. Logo abaixo, alguém rabiscara: "Dei o que pude: agora só me resta a sacola de mendigo".

Na verdade, o imperador estava falido, e todos sabiam disso. Um ricaço romano chegou a oferecer cento e cinqüenta mil dracmas para que Nero cantasse para ele. O imperador, indignado, rejeitou a oferta. Contratara desde algum tempo escavadores que procuravam, nas proximidades de Cartago, o tesouro da rainha Dido, a legendária filha do rei de Tiro. Depois do assassinato de seu marido, ela teve de fugir para a África, oportunidade em que, afirmava-se, levou consigo incomensuráveis tesouros. Considerada, na Antiguidade, a fundadora de Cartago, ela teria se suicidado para não se casar com o rei da Líbia. Desde então, os tesouros de Dido haviam desaparecido. Até aquele momento, porém, os escavadores empregados por Nero não tinham tido qualquer êxito. Quando voltaram para Roma de mãos abanando, Nero compreendeu que, para levar a efeito seus próximos empreendimentos, os recursos financeiros teriam de ser obtidos à força.

Nero não lutou, mas venceu

Iam adiantados os preparativos para a campanha contra os gauleses, mas Nero desistiu de participar pessoalmente. Encarregou o legado Virgínio Rufo de comandar essa expedição. Este atravessou as fronteiras da Gália e sitiou Vesoncião, a atual Besançon, procurando fazer com que Víndice deixasse seu quartel-general instalado em Lyon. Este, por sua vez, mandou um emissário a Virgínio solicitando que se unisse aos rebeldes. Pressionado por suas tropas, Virgínio rejeitou o pedido. Os soldados se lembravam da dureza e desconsideração com que os tratara Galba nos anos de 39 e 42, quando era governador da Germânia Superior. Por isso, não se mostraram inclinados a ajudar aquele homem a assumir o trono imperial. Se tivessem de encontrar um novo imperador, era melhor que saísse de suas próprias fileiras.

Virgínio não levou muito a sério as hordas gaulesas de Víndice, enviando contra elas, de início, os oitocentos cavaleiros que os belgas e os batavos haviam colocado à sua disposição. As legiões romanas só deveriam intervir mais tarde. A primeira batalha se travou em Vesoncião. Virgínio logo percebeu que o inimigo estivera blefando. Víndice jamais dispusera de cem mil soldados; possuía no máximo um quarto ou um terço desse total. Supõe-se que vinte mil gauleses foram mortos pelos oitocentos cavaleiros de Virgínio, sendo que o restante se pôs em fuga. Víndice suicidou-se.

Consternado, Galba, que se encontrava em Cartago Nova, a atual Cartagena, teve conhecimento da derrota. Para ganhar tempo, dirigiu-se à cidade de Clúnia, na Espanha. Lá ficou sabendo que as legiões germânicas queriam proclamar Virgínio imperador ou continuar fiéis a Nero. Galba mandou uma carta a Virgínio, na qual lhe pedia que se unisse a ele e que preservassem assim o Império e a liberdade dos romanos. A carta ficou sem resposta. Nesse momento, Galba estava pensando em suicídio.

Também Nero vivia atormentado pelo medo. A precariedade da situação tornava-o sempre mais imprevisível. No entanto, a realidade nunca lhe exigira tanto, agora que tentava salvar o que ainda podia ser salvo.

Colocou dois novos generais, Petrônio Turpiliano e Rúbrio Galo, à frente das três legiões restantes, que marcharam em direção ao norte da Itália. A chamada Falange de Alexandre, tropa de elite que seguia a norma de Alexandre, o Grande — a altura mínima de seus soldados era um metro e oitenta —, foi escolhida para defender a cidade de Lugdunum (atual Lyon), fiel ao imperador. Além disso, o imperador enviou à África sua velha amiga Cálvia Crispinila para convencer Clódio Mácer, legado da Numídia, que se mostrava hesitante. Soldados para integrar uma nova legião foram recrutados entre os marinheiros de Miseno. Todas essas decisões eram importantes do ponto de vista militar e político, mas pecavam num só ponto: chegavam tarde demais.

O protocolo das últimas horas

Dia 8 de junho de 68. O imperador está almoçando. Um mensageiro irrompe na sala e entrega ao *princeps* uma mensagem. Este a lê rapidamente, rasga o pergaminho em pedaços, derruba a mesa e, cego de raiva, quebra duas taças valiosas: Rúbrio Galo, um dos dois generais recém-nomeados, acabara de aliar-se a Galba. Agora, tudo parecia perdido.

Nero mandou chamar Locusta, a especialista em poções venenosas, que lhe trouxe uma tintura esverdeada. O *princeps* a examinou e encheu com o veneno um frasquinho dourado. Pouco depois, tomou a decisão de fugir para o Egito. O liberto Fáon e seu secretário pessoal Epafrodito foram enviados a Óstia para preparar a partida do navio. O imperador falou aos tribunos e centuriões da guarda pretoriana e rogou-lhes que o acompanhassem na fuga. Todos tinham uma desculpa para dar; somente um deles disse em voz alta o que todos pensavam: "É tão terrível morrer?"

Um imperador em fuga sem sua guarda pessoal seria presa fácil de piratas e assaltantes. Nero rejeitou o plano de fuga e ponderou: deveria pedir proteção aos partos? Tiridates tinha um débito para com ele. Ou deveria vestir-se de luto, enfrentando assim seu povo e pedindo-lhe, da tribuna do Fórum, que se compadecesse de sua pessoa e o perdoasse? Ou deveria solicitar o governo do Egito, colocando voluntariamente o trono à disposição de quem o quisesse?

Segundo o relato de Suetônio, encontrou-se mais tarde, em sua mesa de trabalho, um discurso em que aparecem essas ponderações. Mas, é claro, nenhum desses projetos vingou. Nero temia — segundo Suetônio — "que o povo o dilacerasse antes mesmo que ele chegasse ao Fórum". Isso o levou a adiar a decisão para o dia seguinte.

Por volta da meia-noite, o imperador levantou-se, sobressaltado. Não ouvira ruídos; ao contrário, atormentava-o o silêncio absoluto que reinava na Casa Dourada. Sentiu um medo terrível. Como que perseguido pelas Fúrias, correu para os aposentos de seus amigos e confidentes. Algumas portas estavam trancadas. Bateu, mas não obteve resposta. Outros quartos estavam abertos, mas seus ocupantes tinham fugido às pressas. Nero voltou rapidamente a seu quarto e chamou os servos. Ninguém se apresentou. Por toda parte, porém, viam-se indícios de pilhagem. Com os servos desaparecera também o frasquinho de veneno. Nero ordenou que seu liberto Fáon fosse procurar o gladiador Espículo, mas este não foi encontrado.

Naquele imenso palácio, não havia ninguém que pudesse matá-lo? Ele próprio não teria coragem. No palácio vazio, ecoou seu grito: "Não tenho mais amigos nem inimigos?"

Fáon ofereceu a seu amo a casa de campo onde ele morava, situada a quatro marcos da cidade, entre a Via Salária e a Via Momentana. Lá, o *princeps* poderia acalmar-se. Nero agradeceu e, tal como estava, descalço e envolto apenas numa túnica, vestiu por cima uma capa, puxou o capuz até quase cobrir o rosto e prendeu uma toalha sobre a boca e o nariz; tão ligeiro quanto podia, correu assim para sua cavalariça, atirou-se sobre um cavalo e, acompanhado de Fáon, Epafrodito, Esporo e Actéia, desapareceu na noite.

O tempo era tão inclemente quanto na noite em que, quase catorze anos antes, ele fora proclamado imperador em seguida à morte de Cláudio. Grandes nuvens escuras pairavam sobre a cidade, relâmpagos pareciam abalar o céu, a terra oscilava. Nero tremia da cabeça aos pés, desejando a morte. Alguns cavaleiros vinham ao encontro dele. Quando passaram por ele, Nero ouviu um deles dizer: "Acho que estão perseguindo Nero!" Outro exclamou: "Que novidades se contam na cidade sobre Nero?"

No mesmo instante, o cavalo do imperador se assustou com o cheiro de um cadáver que jazia na estrada. A toalha escorregou do rosto do *princeps* e um dos homens reconheceu Nero, que, assustado, fustigou seu cavalo.

No início da trilha que levava à casa de campo de Fáon, o imperador e seus acompanhantes desmontaram, enxotando em seguida os cavalos, para que não denunciassem sua presença. Fáon recomendou que se aproximassem da casa por trás, pois era possível que a entrada estivesse vigiada. Nero e seus acompanhantes tiveram de abrir caminho por macegas e espinhos. A cada passo, o imperador descalço soltava um grito abafado. Fáon, desfazendo-se de sua túnica, foi estendendo-a aos pés de Nero para que este pudesse andar melhor.

Chegaram assim aos fundos da casa. O imperador ficou escondido numa cova, pois Fáon julgou melhor pular a cerca e verificar se estava tudo em ordem em sua casa. Nero negou-se a fazer o que o outro pedia, pois não queria ver-se enterrado em vida.

Para matar a sede, colheu com a mão água de uma poça, bebendo-a com sofreguidão: "Esta é agora a bebida gelada de Nero!" O imperador aludia ao chamado "coquetel de Nero", mistura que ele inventara e que era esfriada com gelo.

"Que artista morre comigo!"

Daí em diante, Suetônio descreve a seqüência dos acontecimentos: "Então, em seu manto rasgado pelos espinhos, ele se esgueirou pelas macegas, atravessou de quatro um estreito buraco na parede e conseguiu alcançar a alcova mais próxima. Ali jogou-se sobre a cama, que não passava de um surrado colchão, sobre o qual fora colocado um velho manto. Mais tarde, sentiu fome e sede, mas rejeitou o pão preto que lhe ofereceram. Água morna, ao contrário, bebeu em grande quantidade".

Fáon e Epafrodito procuraram convencer aquele homem trêmulo deitado sobre o colchão de que só havia um meio de escapar à ignomínia: praticar o suicídio. Não precisaram discursar muito.

Nero já renunciara à vida. Pediu que lhe cavassem uma sepultura e, enquanto assistia a essa operação, lágrimas lhe escorriam pelas faces.

— Que artista — soluçava intermitentemente —, que artista morre comigo!

Alguém bateu à porta de entrada. Um mensageiro trouxe a notícia de que o Senado acabara de declarar Nero inimigo do Estado. Já estava sendo procurado. Capturado, o imperador seria submetido à pena comum nesses casos.

— Qual é a pena? — perguntou Nero.

A resposta deixou-o atônito.

— O condenado, inteiramente nu, terá seu pescoço preso a uma forquilha de madeira e será açoitado até morrer.

Com falta de ar, Nero levantou um punhal à sua frente, depois outro, examinou-lhes as pontas, guardou-os por baixo da túnica e, parecendo absorto, balbuciou:

— Minha hora final ainda não soou.

A seguir, segurando novamente os punhais, solicitou a Esporo que iniciasse as lamentações fúnebres. Mudando a todo instante a posição dos punhais, assestou-os contra o pescoço, o coração e o abdômen, pedindo que o ajudassem. Mas ninguém teve coragem para tanto.

— É uma ignomínia e uma vergonha que eu ainda esteja vivo! — queixou-se o imperador. O silêncio pesava. Todos os olhos estavam voltados para ele.

— Isso não é digno de um Nero, não é digno de mim! — Decidido, o *princeps* pressionou o punhal contra o pescoço, baixando-o, porém, enquanto balbuciava: — Numa situação como essa é preciso firmeza!

Por fim, retesando-se, exclamou:

— Vamos, coragem! — Do lado de fora da casa, ouviram-se sons de ferraduras.

Nero ficou escutando o ruído que se aproximava, sabendo o que significava. Mergulhado em si mesmo, pronunciou então uma frase da *Ilíada* de Homero: "Como trovões, ecoa em meus ouvidos o estrépito das ferraduras dos cavalos que se aproximam às pressas!" A seguir, tomando um dos punhais, enterrou-o na garganta. Cambaleou então, enquanto Epafrodito, chegando-se a ele, enterrou ainda mais fundo o punhal.

Soldados tomaram de assalto a casa. Encontraram o imperador estendido no chão. Um sangue claro escorria-lhe do pescoço, onde estava enterrado o punhal. Um centurião atirou-se sobre Nero, retirou o punhal do ferimento e sobre ele pressionou sua túnica.

— Tarde demais! — balbuciou Nero. Abrindo com dificuldade os olhos, dirigiu-se aos circunstantes: — Eis o que é fidelidade!

Nero, em seu último instante, pensou ser um gesto de fidelidade o que não passava de uma ordem do Senado. Os senadores queriam que Nero fosse levado vivo para Roma. Mas a ajuda chegara tarde demais. Horrorizados, os presentes viram quase saltando das órbitas os olhos do imperador, cuja cabeça estava coberta de suor. Nero Cláudio César Augusto Germânico estava morto. Não chegara a completar trinta e um anos de idade, mas reinara quase catorze anos, um longo período para um imperador do século I.

Entre os soldados encarregados de levar Nero vivo a Roma, encontrava-se um homem chamado Marciano Icelo, liberto de Galba. Nero o enviara à prisão algumas semanas antes, logo no início da rebelião, mas, ao que parece, o anistiara. Icelo, respeitando a última vontade de Nero, proibiu que se decepasse a cabeça do cadáver. O imperador manifestara o desejo de ser incinerado inteiro. Icelo ordenou que o imperador morto fosse enrolado em sua túnica branca, bordada a ouro, que vestira no cortejo triunfal. O povo não pôde assistir à cremação.

As amas de Nero, Écloga e Alexandria, bem como Acte, sua primeira amante, reuniram duzentos mil sestércios para dar ao *princeps* morto funerais decentes. As cinzas de Nero foram enterradas no túmulo dos Domícios, no Píncio. Nesse túmulo, segundo Suetônio, foi conservado até o início do século II um sarcófago de porfírio, sobre o qual fora erguido um altar de mármore de Carrara, cercado por um muro de mármore társico.

Galba mostra-se cético

Tomadas essas providências, Icelo dirigiu-se à Espanha. Sua meta era Clúnia, a cidade para onde Galba se retirara após a derrota de Víndice. Icelo fez essa viagem de Roma até Clúnia em apenas sete dias.

Ao chegar, já era noite. Disseram-lhe que Galba se deitara. Mas Icelo não se deixou deter pelos criados, tal a importância da mensagem que trazia. Galba, tenso de expectativa, ouviu as notícias que seu liberto lhe trazia de Roma: Nero ainda vivia quando Galba foi aclamado imperador, primeiro pelo exército, a seguir pelo povo e pelo Senado. Só então se ficara sabendo da morte de Nero. Sem acreditar que o imperador morrera, ele mesmo, Icelo, fora rapidamente à casa de campo de Fáon, situada no quarto marco. Lá vira o cadáver de Nero, depois do que partira imediatamente para a Espanha.

Galba mostrou-se cético. Não podia acreditar que Icelo levasse somente sete dias para viajar de Roma até Clúnia, percurso que, naquela época, exigia pelo menos dez dias. Somente quando, dois dias mais tarde, chegou um segundo mensageiro confirmando as notícias de Icelo, o ceticismo de Galba transformou-se em júbilo. Icelo foi promovido, recebeu anéis de ouro e passou a gozar de grande prestígio entre os libertos.

Embora o Senado proclamasse Galba imperador a 8 de junho de 68, este permaneceu em Clúnia, esperando que a situação se acalmasse. Em Roma, a plebe vociferava pelas ruas e se vingava dos antigos agentes de Nero, pois nenhuma lei os protegia contra as execuções sumárias. Espículo, um gladiador do ex-imperador, foi acorrentado a uma gigantesca estátua de Nero; esta, em seguida, foi derrubada, esmagando o infeliz. Apônio, que, no reinado de Nero, delatara inúmeras pessoas, teve de se deitar em plena rua, e um carro carregado de pedras passou sobre seu corpo. Outros — relata Plutarco — foram massacrados pela multidão enfurecida. Isso levou o respeitado senador Máurico a fazer a seguinte observação: "Temo que em breve teremos saudade de Nero!" Os acontecimentos lhe dariam razão.

O homem forte de Roma chamava-se agora Ninfídio Sabino. Era chefe da guarda pretoriana e um verdadeiro fazedor de imperadores. Oficialmente, estava subordinado a Galba, mas, segundo Plutarco, vivia "convencido de que Galba, bastante idoso, não teria forças para voltar a Roma — pois estava com setenta e três anos —, e que as tropas lá acantonadas, há muito tempo fiéis a Galba, passariam, com a promessa de tão grande presente, a considerá-lo um benfeitor e a Galba, um devedor".

Ninfídio persuadira os soldados da guarda pessoal do imperador a abandonarem Nero, assegurando mentirosamente que Nero fugira para o Egito e que Galba daria a cada pretoriano trinta mil sestércios, e a cada servidor da corte cinco mil. Isso perfaria uma soma de que Galba, com sua imensa fortuna, não dispunha, e que só poderia levantar impondo aos cidadãos romanos e das províncias impostos ainda mais pesados do que os da época de Nero.

A situação era perigosa. Conforme Plutarco, "ele provocara a queda de Nero, e um pouco mais tarde causaria a de Galba. Nero foi sacrificado em nome do que fora prometido. Galba encontrou a morte porque a promessa não foi cumprida. E então, ansiosos pela soma prometida, os soldados exterminaram-se mutuamente pela traição e pelo motim, sem obter o que esperavam".

A sombra de Galba

Tudo indica que Ninfídio se serviu de Galba, velho e doente, para se tornar herdeiro de Nero.

Seu primeiro passo foi livrar-se de seu co-prefeito, Tigelino. Este organizava recepções e grandes banquetes, para os quais só convidava homens influentes. Os convites eram redigidos sempre da mesma forma: "Galba Imperador César Augusto e Ninfídio Sabino têm a honra de..." Servindo-se de intermediários, pediu que o

Senado obtivesse junto a Galba sua nomeação como comandante vitalício da guarda pretoriana.

A iniciativa teve êxito. Um requerimento do Senado foi enviado à Espanha. Além disso, Ninfídio recebeu o título de benfeitor do povo. Todas as manhãs, uma delegação do Senado lhe prestava homenagem diante de sua casa, e todos os decretos tinham de ser promulgados em seu nome.

Uma divergência com os dois cônsules terminou em escândalo. Os cônsules tinham aposto seu lacre num relatório enviado ao imperador, ainda na Espanha. Ninfídio, porém, era de opinião que a mensagem devia levar apenas *seu* lacre. Os dois mais altos funcionários do Império só escaparam de uma sanção apresentando — infundadamente — suas desculpas a Ninfídio, a quem solicitaram perdão.

A ambição de Ninfídio se devia a que em Roma havia um verdadeiro vácuo de poder. O novo imperador, velho, decrépito a ponto de não conseguir deslocar-se, a dez dias de viagem da capital; o Senado, inseguro, submisso, sem iniciativa; os pretorianos, indisciplinados, ávidos por dinheiro mas indiferentes quanto ao resto. Nessa situação de colapso, Ninfídio, homem de extraordinária inteligência, lançou os alicerces de uma promissora carreira.

Fez circular o rumor de que era filho de Calígula, o que, diga-se de passagem, nunca se confirmou: é verdade que Ninfídia, sua bela mãe, tivera um caso com Calígula, mas quando Ninfídio já era nascido. É mais provável que fosse filho do gladiador Marciano, pois se pareciam muito.

Tentou agir conforme sua reputação de fazedor de imperadores. A princípio, gabou-se de causar a queda de Nero, de cuja herança tentou apoderar-se. A seguir, procurou cortejar Esporo, amante do ex-imperador. Dizia-se que Ninfídio dormiu com ele enquanto o corpo de Nero ardia na fogueira. Ele o chamava Popéia, tal como o fazia Nero. Aos poucos, porém, a permanência e o silêncio de Galba na distante Espanha começaram a inquietá-lo. Por isso, enviou à península Ibérica o seu amigo Geliano, pedindo-lhe que sondasse as intenções do imperador.

Embora já não possuísse o espírito empreendedor de um jovem, Galba conquistara, em contrapartida, a ponderação e a experiência de um ancião. Enquanto Ninfídio procurava se informar sobre os planos de Galba, este fizera vigiar os atos de Ninfídio. Galba seguia as atividades dele com desconfiança, pois sabia que acabariam sendo dirigidas contra ele.

Galba desembaraçou-se com habilidade de seu segundo rival, Virgínio Rufo, que poderia tornar-se perigoso, cobrindo-o de honras e aposentando-o. O vencedor de Víndice era, com efeito, um extraordinário comandante, e tinha o estofo de um imperador. Suas tropas lhe eram fiéis, e o pressionavam continuamente para que ocupasse o trono. Um de seus tribunos militares penetrou à noite em sua tenda, ameaçando-o com a espada em punho: ou Rufo se tornava imperador, ou ele o mataria. Virgínio, porém, manteve-se firme, defendendo seu ponto de vista de que o imperador já fora escolhido e que, portanto, tudo estava dito.

Chega o novo imperador

Finalmente, Galba resolveu deixar a Espanha. O imperador viajou num carro suntuoso. Entre seus acompanhantes encontrava-se Oto, o governador da Lusitânia, hoje Portugal. A caminho de Narbo, atual Narbonne, foi-lhe ao encontro Virgínio com seu exército. Virgínio entregou o comando a seu sucessor, Flaco Herodeônio, e retirou-se da vida pública. Galba recebeu uma delegação do Senado que fora pedir ao imperador que se apresentasse ao povo o mais rápido possível.

Os senadores preocupavam-se com a situação cada vez mais explosiva. Por outro lado, Galba era por assim dizer um desconhecido em Roma. Raras pessoas já o tinham visto frente a frente. E quem o conhecia mofava dele por sua calvície e suas numerosas rugas. Alguns chegavam a dizer que bastava ver Galba para se envergonhar de tê-lo como imperador.

No entanto, graças à sua simplicidade e modéstia, o novo *princeps* granjeou rapidamente simpatia. Mandou devolver o valioso aparelho de jantar de Nero, que Ninfídio enviara ao imperador na Espanha. Essa atitude contrariou seu amigo e conselheiro Tito Vínio, que a julgou pusilânime, pois era necessário que o príncipe se mostrasse digno de grandes e belas coisas.

Embora fosse quase trinta anos mais moço que Galba, esse Vínio, por motivos desconhecidos, era sempre ouvido pelo imperador. Persuadira Galba a assumir a dignidade imperial, e sua influência aumentava de dia para dia. "Pode-se dizer", escreve Plutarco, "que o velho em breve não passaria de um brinquedo nas mãos de Vínio."

Era uma personagem muito discutida. Acusavam-no de possuir exacerbada ambição pelo poder, de ser ganancioso e desregrado. Tinha apenas dezessete anos quando, em sua primeira campanha militar na Panônia, raptou a mulher do governador, obrigou-a a vestir um uniforme de soldado e divertiu-se com ela em pleno acampamento. Mais tarde, por ocasião de um banquete, roubou uma taça de prata do imperador Cláudio. E, por menores que fossem as tarefas a ele confiadas, Galba tinha de remunerá-las com elevadas somas de dinheiro.

Vínio ordenou que o enviado de Ninfídio fosse vigiado passo a passo. Geliano nem chegou a aproximar-se de Galba. Ao retornar a Roma, trazia informações muito desagradáveis para Ninfídio: Cornélio Laco fora nomeado conselheiro-mor da corte e comandante da guarda pessoal, e Vínio detinha o poder. Resultado: Ninfídio tornara-se inútil.

As ambições desse homem sofreram duro golpe. Convocou os oficiais da guarda pretoriana, dizendo-lhes:

— Galba é um velho cavalheiro, bondoso e ponderado, mas não é senhor de suas próprias decisões. Acha-se sob a perniciosa influência de Vínio e Laco. Antes que esses dois se apoderem da influência e do poder que Tigelino possuía outrora, devemos enviar ao imperador uma delegação que lhe recomende dispensar esses dois amigos, para que seja recebido por todos nós com maior cordialidade.

Os oficiais rejeitaram essa proposta, argumentando que não poderiam fazer tais recomendações a um ancião como se não passasse de um rapaz. Só a ele cabia escolher seus amigos e conselheiros. Mas Ninfídio não desistiu. Escreveu a Galba uma carta após outra: tumultos se sucediam na cidade; Clódio Mácer, comandante da terceira legião na África, estava detendo os navios com carregamentos de cereais; as legiões na Germânia se haviam amotinado; na Síria e na Judéia, o exército estava planejando uma rebelião. Galba tomava conhecimento dessas notícias friamente. Ninfídio optou pelo tudo ou nada, pois não havia tempo a perder.

O erro de cálculo de Ninfídio

Por volta da meia-noite, Ninfídio devia ser conduzido ao quartel da guarda pretoriana, sendo proclamado imperador. Com certa antecedência, os tribunos informariam os soldados sobre o golpe de Estado a ser dado. Antônio Honorato foi o primeiro, no início da noite, a convocar seus soldados, que de nada desconfiavam. Mas, em vez de conclamá-los a participar do golpe, resolveu fazer autocrítica. Já tinham traído Nero. Mas por quê? De que crimes ele se tornara culpado?

— Também a Nero — disse — não teríamos abandonado, ainda que tivesse cometido os crimes de que o acusam. Mas o fizemos porque Ninfídio nos assegurou que Nero nos abandonara primeiro, fugindo para o Egito. Será que agora, depois de Nero, teremos de sacrificar também Galba, para que o filho de Ninfídia se torne imperador matando o filho de Lívia, como já matamos o filho de Agripina? Ou será melhor punir esse homem pelo que fez, como vingadores de Nero e fiéis sentinelas de Galba?

Os soldados decidiram, por unanimidade, continuar fiéis a Galba, e transmitiram aos outros pretorianos essa decisão. Os portões foram fechados, e alguns soldados tomaram posição junto aos muros do quartel. Antes da hora aprazada, Ninfídio chegou ao principal acampamento da guarda pretoriana. Cercado de numerosas pessoas, muitas com archotes na mão, assustou-se quando viu os portões fechados.

— O que estais querendo? Quem deu ordens para vos amardes? — gritou ele a uma das sentinelas. Nesse momento, vindo de muitas vozes na escuridão, ecoou de cima do muro:

— Galba é nosso imperador! Galba é nosso imperador!

Ninfídio compreendeu imediatamente a situação. Aderindo às vozes dos soldados, incitou seus acompanhantes a imitá-lo:

— Galba é nosso imperador!

Vagarosamente, abriu-se o portão principal. Só o crepitar dos archotes interrompia o suspense. Lançando cautelosos olhares ao redor de si, Ninfídio transpôs o portão. Nesse instante, uma lança vibrou no ar na direção do prefeito do pretório. Mas, antes de atingir o alvo, foi aparada pelo escudo de um acompanhante de Ninfídio. Era apenas uma senha: uma horda de soldados atirou-se, de espadas em punho, contra o prefeito. Ninfídio conseguiu escapar, mas foi encontrado no quarto de um pretoriano e massacrado. Depois de arrastarem o cadáver para o pátio, deixaram-no dentro de um cercado, para que pudesse ser visto por todos.

Galba respirou aliviado quando, a caminho, soube da inesperada morte de Ninfídio. Em sua alegria por ver afastado o último e perigoso obstáculo em seu rumo para o trono imperial, ele deu, porém, um passo maior do que devia. Ordenou que fossem executados todos os homens que apoiavam Ninfídio. Entre esses encontravam-se o cônsul Cingônio Varrão, cuja designação era prevista para o ano 69, o venerável ex-cônsul Petrônio Turpiliano e Mitridates Pôntico. "Assim", escreve Plutarco, "ele adquiriu a reputação de assassino de nobres personagens, que condenou injustamente, ou pelo menos ao arrepio da lei e dos costumes, sem processo nem julgamento."

Tal procedimento só se dera uma única vez nos catorze anos do reinado de Nero.

O seguinte fato mostra como era confusa a situação depois da morte de Nero: quando Galba, no fim de outubro de 68, estacou a cerca de cinco quilômetros da capital, foi cercado pelos integrantes de uma unidade militar que Nero, pouco antes de sua morte, recrutara entre os marinheiros. Em altos brados, exigiram que lhe fossem concedidas insígnias de campanha e uma guarnição própria. Galba procurou apaziguar os ânimos daqueles soldados tão dignos de lástima e tão sem preparo, dizendo que os atenderia mais tarde. Irados, alguns desembainharam suas espadas. Galba então baixou o braço direito, ordenando a seus cavaleiros que massacrassem aquela unidade.

A última legião de Nero morreu sem oferecer resistência. E Plutarco comenta: "Para Galba, não era bom prenúncio entrar na cidade deixando atrás de si sangue e cadáveres. E se, até então, muitos o desprezavam como um débil ancião, agora ele inspirava medo e terror".

XI

Os sucessores de Nero: Galba, Oto e Vitélio

"A residência dos césares, o Palatino, viu sucederem-se quatro imperadores que os soldados fizeram entrar e sair rapidamente, como num palco. Os súditos oprimidos só tiveram um consolo: vê-los matando-se uns aos outros."

Plutarco

Dia 15 de janeiro de 69. Bem cedo, escravos arrastaram um carneiro amarrado ao altar do Palatino. A seguir, jogaram-no sobre a mesa de mármore branco. Diante dela estavam Umbrício, encarregado dos sacrifícios propiciatórios, e, do outro lado, o imperador Galba e Oto, cercados por amigos e conselheiros.

Umbrício ergueu sua faca e mergulhou-a no pescoço do animal. O sangue jorrou da ferida, a agonia do carneiro durou alguns minutos e a mesa tingiu-se de vermelho. Com uma segurança de perito, o sacerdote enterrou a faca no ventre do animal, abriu-o, e retirou-lhe as entranhas.

Umbrício examinou o que tinha nas mãos, remexeu os intestinos do animal e, sem rodeios, disse:

— Vejo sinais de grandes distúrbios e um perigo resultará da perfídia que ameaça o imperador.

Galba sentiu-se paralisado pelo terror. Não percebeu, porém, que outro homem, atrás dele, ficara pálido como uma mortalha: Oto. Onomasto, liberto de Oto, aproximou-se então e disse a seu amo:

— Os arquitetos chegaram e esperam por ti em tua casa.

Essas palavras tiveram o dom de aliviar aquele silêncio opressivo. Oto desculpou-se: acabava de comprar uma casa, e queria mostrar ao antigo proprietário os defeitos que encontrara. Dito isso, deixou o Palatino.

Nem Galba nem seus acompanhantes podiam imaginar que a frase "os arquitetos chegaram" era a senha para um novo golpe de Estado. Oto dirigiu-se diretamente para o marco de ouro, na extremidade da Praça do Mercado. Lá o esperavam vinte e três homens com uma liteira. Quando Oto viu aquele modesto punhado de gente, assustou-se: "Por Júpiter, estou perdido!" Vinte e dois homens eram realmente muito pouco para uma revolução.

Mas eles já haviam desembainhado as espadas, obrigaram Oto a entrar na liteira e dali, aos berros, carregando sua preciosa carga, saíram correndo, passando pelo Fórum. Cada vez mais soldados se juntavam a esse cortejo excitado. Quando chegaram ao quartel da guarda pretoriana, a pequena tropa transformara-se numa portentosa aglomeração. Marcial, tribuno militar em exercício, não soube reagir diante desse incidente e deixou que os soldados passassem.

Mal chegaram ao quartel, ouviu-se a exclamação de milhares de vozes:

— Viva o césar, viva César Augusto Oto!

Roma ganhara um segundo imperador, embora causasse admiração que justamente Oto, o primeiro governador a apoiar Galba, estivesse agora disputando-lhe o trono.

O ano de 69 começara de maneira tempestuosa. Fora da cidade, no acampamento da guarda pretoriana, a situação se acirrava: os soldados reclamavam o prêmio prometido, mas Galba respondera que costumava recrutar soldados, não comprá-los. As palavras eram corajosas, sem dúvida, mas, na situação em que se encontrava, equivaliam a um suicídio. Além disso, chegavam péssimas notícias da Germânia: Aulo Vitélio, que Galba, em dezembro de 68, designara comandante das tropas da Germânia Superior, comunicou que havia motins entre os soldados. Semelhantes infortúnios vinham no relato enviado por Flaco, sucessor de Virgínio, que comandava o outro exército germânico. Galba tinha motivos para mostrar-se preocupado.

O velho Galba procura um sucessor

Os cidadãos romanos, depois de algum tempo, estavam insatisfeitos com o imperador enfraquecido pela idade. Irritava-os não apenas sua imprevisibilidade, mas principalmente o fato de não ter filhos. Tendo em vista seu precário estado de saúde, o problema da sucessão tornava-se agudo. Galba decidiu, pois, adotar um jovem talentoso. Ninguém em Roma duvidava de que sua escolha recairia no ambicioso Oto.

Esse Oto, conforme sugestão de Sêneca a Nero, fora enviado à Lusitânia. Como governador dessa província, levara uma vida de muito luxo, mas nem por isso se tornara impopular. Ao novo imperador, cuja sobriedade era proverbial, ele oferecera, desfazendo-se de bens que lhe pertenciam, um serviço de mesa de ouro e uma criadagem de primeira. Em Roma, buscava apoio principalmente entre os militares, e empenhava-se quando se tratava da promoção deste ou daquele; sempre que ia visitar o imperador, dava a cada soldado da coorte de plantão uma peça de ouro.

Vínio sugerira a adoção de Oto. Não o fizera, é claro, de maneira desinteressada, pois — e este era o acordo —, se Oto fosse reconhecido filho de Galba e designado para assumir o trono, ele se casaria com a filha de Vínio.

Galba, porém, não tinha particular estima por Oto. A prodigalidade deste, que acarretara dívidas de duzentos milhões de sestércios, levou o sóbrio imperador a tomar outra decisão. Sua escolha recaiu em Pisão, jovem promissor e virtuoso. Oto teve de aceitá-lo, mas logo tramou uma vingança e tornou-se, muito antes do que esperava, imperador — ou melhor, um antiimperador.

Galba só foi informado da aclamação de Oto quando a cerimônia sacrificatória no Palatino estava no fim. Vindos do Fórum, onde a notícia se espalhara, afluíram na direção do Palatino romanos ávidos por sensações, que queriam ver de perto os acontecimentos. Vínio e Laco, com suas espadas em punho, puseram-se diante do imperador e, chamando alguns libertos, formaram um círculo para proteger Galba. O imperador hesitava, sem saber como enfrentar a situação: devia retirar-se ou mostrar-se ostensivamente ao povo? Em meio à incerteza do grupo, ouviram-se gritos:

— Deixai-me passar! Matei o inimigo do imperador!

Júlio Ático, membro da guarda pretoriana, abria caminho por entre a multidão. Chegando diante de Galba, mostrou ao imperador sua espada suja de sangue.

— Quem te ordenou que o fizesses? — perguntou severamente o *princeps*.

— Minha fidelidade e o juramento que prestei — respondeu o soldado.

Demonstrando seu agrado, os circunstantes aplaudiram. Galba viu nisso um convite para se mostrar ao povo. Assim, entrou na liteira e deixou-se transportar ao Fórum. Ali, a multidão se comprimia e gritava, excitada, que Oto não morrera, e que o exército passara para o seu lado. A partir daí, os acompanhantes do imperador divergiam entre si: uns queriam dar meia-volta, outros pretendiam seguir em frente. A liteira de Galba, empurrada pelos grupos que vociferavam e gritavam, era jogada de um lado para outro, ameaçando tombar a todo momento.

Um homem atirou-se contra o soldado que carregava as insígnias do imperador e arrancou a efígie de Galba. No mesmo instante, lanças voaram contra a liteira do imperador, errando o alvo por pouco. Como se obedecessem a um comando, alguns soldados se destacaram da multidão e, com as espadas desembainhadas, tentaram arrancar o *princeps* da liteira. Um único homem ofereceu-lhes resistência: o centurião Semprônio Denso, que, empunhando um bastão com que punia os soldados indisciplinados, gritou para os agressores:

— Não ouseis tocar em vosso imperador!

Os soldados, então, voltaram-se contra ele. Mas Semprônio,

empunhando a espada, defendeu-se corajosamente. Ao ser atingido num dos joelhos, caiu finalmente.

Os escravos, aproveitando-se do tumulto que se formara, tentaram pôr-se a salvo enquanto Galba ainda estava na liteira. Mas agiram com tanta precipitação que esta tombou. O imperador ficou estendido no chão, completamente indefeso. Quando os soldados viram o que acontecera, atiraram-se contra o *princeps*. Ele estava usando uma couraça, e por isso golpearam-lhe os braços e as pernas, causando-lhe profundos ferimentos. Galba, porém, estendeu o pescoço para os soldados enfurecidos e gemeu:

— Se for para o bem do povo romano, cortai-o!

Quatro cadáveres e cento e vinte assassinos

São contraditórias as versões do desenrolar dos acontecimentos, principalmente quanto ao autor do golpe fatal. Quatro homens podem tê-lo aplicado. O jovem soldado que cortou a cabeça de Galba, impossibilitado de agarrá-la pelos cabelos devido à calvície do imperador, colocou-a em sua túnica e preparou-se para fugir com ela. Mas os que ali estavam convenceram-no a não esconder seu ato. Então, ele fincou a cabeça na ponta de sua lança e pôs-se a correr, seguido pela multidão ululante, em direção ao quartel da guarda pretoriana.

De longe, Oto viu aproximar-se o horrível cortejo. Extremamente agitado, gritou:

— Mas isso não é tudo, camaradas, mostrai-me a cabeça de Pisão!

Àquela hora, porém, Pisão já estava morto. Um soldado o matara perto do Templo de Vesta, não longe do lugar em que Galba fora trucidado. Também foram mortos Vínio e Laco, conselheiros íntimos de Galba. Suas cabeças, junto com a de Pisão, foram levadas para o quartel da guarda pretoriana, onde Oto mandou que fossem colocadas umas ao lado das outras.

Dessa carnificina, para a qual não havia paralelo em todo o reinado de Nero, muitos tentaram tirar proveito. Sujando de sangue seus braços e espadas, pediram audiência a Oto, o novo imperador, e exigiram uma recompensa por "matar" os inimigos do Estado. Chegou-se a um total de cento e vinte assassinos para quatro cadáveres. Esses, em todo caso, foram os pedidos de recompensa registrados. Vitélio, sucessor de Oto, mandou que procurassem os cento e vinte homens inscritos nessa lista, e ordenou que fossem executados.

O Senado foi então convocado a toda a pressa. Os velhos e dignos senhores prestaram juramento de fidelidade a Oto e lhe concederam os títulos de césar e augusto. Os cadáveres decapitados continuavam estendidos no Fórum, e as cabeças cortadas permaneciam expostas no quartel da guarda pretoriana. Por fim, os soldados expuseram as cabeças no mercado: a de Vínio foi vendida à sua filha por dez mil sestércios; a de Pisão foi comprada por sua mulher, Verânia. Quanto à cabeça de Galba, foi presenteada a dois escravos, que ficaram jogando bola com ela. Seu cadáver foi enterrado durante a noite, por um liberto.

Desde o início, o trono imperial de Oto mostrou estar assentado no barro: ele só foi reconhecido pelas províncias dos Bálcãs e do Oriente. As tropas das duas regiões da Germânia, bem como as da Gália e da Bretanha, se pronunciaram, no começo de janeiro de 69, pelo governador da Germânia Inferior, Aulo Vitélio. Oto passou a governar no estilo de Nero, ou seja, respeitando a Constituição, o que foi dando lugar a saudosas lembranças.

"Para agradar à massa", escreve Plutarco, "Oto, no início, não se opunha a que o chamassem de Nero quando se encontrava no teatro. Quando algumas pessoas começaram a erguer estátuas a Nero, ele não adotou medidas repressivas. O governador Clúvio Rufo relata que os despachos enviados à Espanha pelos correios oficiais levavam o nome de Nero acrescentado ao de Oto. Mas, quando o imperador notou que os mais eminentes e honestos cidadãos se escandalizavam com aquilo, mandou suprimir o outro nome."

O novo imperador hesitava entre satisfazer os interesses dos senadores e o dos pretorianos. Se quisesse manter-se no poder, precisaria do apoio de ambos. Para começar, convidou para um banquete no palácio oitenta dos mais influentes senadores. Os pretorianos, tomando conhecimento disso, concordaram em que essa era uma ocasião favorável para eliminar todos os inimigos do imperador. O *princeps* convidou então seus ilustres hóspedes a desaparecerem por uma saída secreta. Mal sumira o último senador, os pretorianos penetraram à força no salão dos banquetes. Os soldados mostraram-se tão irritados vendo a mesa servida e os lugares vazios, que Oto só conseguiu apaziguá-los depois de prometer, para o dia seguinte, cinco mil sestércios a cada um deles.

Vitélio, o adversário de Oto

Oto precisava urgentemente do apoio de sua guarda pessoal. Poucos dias antes de ser proclamado imperador, os legionários da Germânia Superior proclamaram imperador o governador Vitélio. Vitélio aceitou o título de germânico, mas rejeitou, de início, o de césar. Além das sete legiões estacionadas na Germânia, aderiram a Vitélio as tropas acantonadas na Espanha, na Gália e na Bretanha. Com isso, ele conquistou o grosso do exército.

Durante os frios dias de janeiro de 69, as más notícias se sucediam em Roma. A posição de Oto parecia insustentável. Enviou uma delegação a Vitélio e tentou entender-se com ele. Garantia a Vitélio uma elevada indenização e uma vida despreocupada na cidade que viesse a escolher, desde que renunciasse à dignidade imperial. Vitélio rejeitou a oferta, indignado. A seguir, trocaram inúmeras cartas, nas quais os dois rivais se acusavam de indisciplina, tibieza, inexperiência militar e de se manterem à custa de elevadas dívidas.

Consciente de sua superioridade militar, Vitélio procurou, desde o início, levar a polêmica a um confronto armado. Por isso, ninguém em Roma se surpreendeu ao saber que Cecina e Valente, dois generais de Vitélio, tinham alcançado os desfiladeiros dos Alpes com suas legiões e vinham marchando rumo à Itália. Oto nomeou Flávio Sabino, irmão mais velho de Vespasiano, governador de Roma, enquanto ele próprio, à frente de um exército, saía ao encontro do antiimperador.

Fixou seu quartel-general em Brielo, cidade à margem do Pó, e fez suas tropas avançarem sob o comando dos generais Mário Celso, Suetônio Paulino, Galo e Espurina. Os dois últimos combateram com sucesso perto da cidade de Piacenza. Diga-se de passagem, porém, que o moral dos combatentes não era dos melhores. Os soldados de Vitélio revoltavam-se freqüentemente contra seus oficiais, e os de Oto, que jamais tinham participado de uma batalha, estavam desmotivados e mostravam maior entusiasmo por bebedeiras e representações teatrais do que pelos exercícios militares.

"Atores, dançarinos ordinários!", mofavam deles os soldados de Vitélio diante de Piacenza. "Jamais participastes de uma guerra ou campanha, nem mesmo vistes uma batalha, e vos mostrais orgulhosos por decapitar um ancião indefeso!"

As provocações eram tamanhas que os soldados pediram ao general Espurina que determinasse logo o ataque. Lutaram com tanto ardor que conseguiram vencer os atacantes da Germânia, bem mais experimentados, infligindo-lhes pesadas perdas. O perdedor era

Cecina, general a quem os romanos desprezavam porque usava calças e vestes de mangas compridas, e porque era acompanhado em suas campanhas por sua mulher, que cavalgava a seu lado ricamente vestida. Cecina sofreu outras pequenas derrotas, mas, apesar disso, conseguiu juntar seus soldados aos demais contingentes sob o comando de Fábio Valente, estacionados à margem do Pó.

Vitélio ainda se encontrava na Gália, razão pela qual Oto queria travar uma batalha decisiva. Tinham-lhe desaconselhado que agisse assim, pois Ânio Galo se ferira numa queda de cavalo, e o exército procedente da Mésia, que deveria apoiar as tropas de Oto, ainda estava a caminho. Mas Oto impôs seu ponto de vista. Plutarco escreve: "Os pretorianos, a guarda pessoal do imperador, participavam de uma guerra pela primeira vez e estavam com saudade dos prazeres e da vida que levavam em Roma, pacífica e cheia de festas; insistiam em ir ao campo de batalha, pois acreditavam que aniquilariam os adversários logo no primeiro assalto. Também Oto, ao que parece, não suportava mais aquela incerteza. De ânimo fraco e pouco afeito à guerra, ele não queria continuar vivendo sob a obsessão do perigo. Foi por isso que, atormentado pelas preocupações, apressou-se em precipitar seu destino, por assim dizer, do alto de um recife".

A Batalha de Bedríaco e o fim de Oto

Os relatos sobre a batalha que se travou no dia 14 de abril de 69, nos arredores de Bedríaco, são bastante contraditórios. Antes do combate, os homens de Vitélio espalharam o boato de que todos eles iriam aderir a Oto. Por essa razão, os soldados de Oto marcharam ao encontro dos inimigos, acenando-lhes amigavelmente e gritando-lhes: "Olá, camaradas!" Mas ficaram chocados ao perceber que seus rivais respondiam aos gestos amistosos com certeiros golpes de espada. Agravaram a situação os pretorianos que combatiam ao lado de Oto, os quais, tomados pelo medo, corriam por entre suas próprias fileiras, de forma que em breve só eram vistos pelas costas. A batalha terminou com a derrota de Oto.

Os soldados que não tombaram no campo de batalha voltaram ao acampamento principal, quase todos feridos. Choravam e caíam de joelhos aos pés de Oto, implorando-lhe que não os abandonasse, que não os entregasse aos inimigos. Um deles exclamou: "Imperador, todos os meus companheiros se encontram tão dispostos quanto eu a morrer por vós!" Com essas palavras, matou-se diante dele com sua própria espada.

Oto sabia o que o esperava, e a seus soldados. Levantando-se, fitou cada um de seus homens e disse:

— Camaradas, este é um dia mais feliz do que aquele em que me tornei imperador, pois vejo que me julgais digno de honras tão elevadas. Mas não me tireis um prêmio ainda maior: o de morrer gloriosamente em meio a tantos e tão bravos cidadãos. Se fui digno de reinar sobre os romanos, não devo hesitar em sacrificar minha vida pela pátria. Sei que nossos adversários não estão certos de obter a vitória, e ainda menos uma vitória duradoura; estou informado de que nosso exército da Mésia está a poucos dias de marcha daqui, e já vem atravessando o Adriático; a Ásia, a Síria, o Egito e os exércitos que lutaram contra os judeus estão do nosso lado, o Senado nos apóia, e as mulheres e filhos de nossos rivais estão à nossa mercê. Esta guerra não é contra Aníbal, Pirro ou os cimbros que disputam a posse da Itália. Trata-se de uma luta entre romanos, e, quer vençamos ou não, o resultado será funesto para Roma. A felicidade do vencedor será a infelicidade da pátria. Crede-me, maior glória posso alcançar morrendo do que reinando. Pois, mesmo sendo vencedor, não vejo como poderia ser de maior utilidade para os romanos do que sacrificando-me pela paz e pela união de todos, para que a Itália não tenha de experimentar de novo um dia como este.

Oto solicitou então aos senadores presentes no acampamento que se entregassem a Vitélio. Ao mesmo tempo, ditou uma carta endereçada aos senadores que haviam permanecido em Roma, pedindo-lhes que recebessem Vitélio como imperador. Mandou então chamar seu sobrinho Cocceiano, a quem explicou por que não o adotara. Tinha a intenção de, em caso de vitória, nomeá-lo co-regente. Mas, derrotado, não queria que o sobrinho morresse junto com ele. "É o último conselho que te dou, meu filho", continuou Oto, "não deves esquecer que tiveste um tio imperador nem deves pensar muito nisso."

À noite, reuniu seus criados e entre eles repartiu seus bens. Embora compreendessem o que isso significava, nenhum deles ousou dissuadir o imperador de suicidar-se. Cada qual agradeceu e saiu, mas alguns permaneceram numa sala contígua. Oto deitou-se e fingiu dormir. De manhã bem cedo, disse ao liberto que veio acordá-lo:

— Agora, retira-te e deixa que os soldados te vejam, se não quiseres ser miseravelmente morto por eles por ajudar-me a morrer.

Mal o criado deixou seu amo, Oto jogou-se sobre sua espada, colocada na vertical. Os criados que tinham permanecido no aposento vizinho, ouvindo um grito, correram para o quarto do imperador, encontrando-o ensangüentado. Os gritos dos soldados espalharam-se pelo acampamento como um rastilho de pólvora. Em sua dor, amaldiçoavam-se uns aos outros e a si mesmos, pois não haviam conseguido impedir o suicídio de Oto. Embora soubessem que o inimigo estava bem próximo, ninguém fugiu. Os soldados levantaram uma fogueira e adornaram o cadáver, conforme o uso nos casos de incineração. Outros se jogaram sobre o morto, beijaram o ferimento fatal ou seguraram entre as suas as mãos do imperador. Alguns soldados, ao verem as labaredas consumindo o corpo de Oto, suicidaram-se com espadas.

Em Bricelo foi erguido um modesto túmulo para o imperador Oto, com uma inscrição lacônica: "Em memória de Marco Oto". Ao morrer, contava trinta e sete anos. Nas palavras de Plutarco: "Ele governou três meses, e os que o censuraram não são mais numerosos que os que enalteceram sua morte; se não viveu mais honestamente do que outros, pelo menos morreu de maneira digna".

Vitélio transforma Roma num acampamento militar

A simpatia dos soldados por Oto os indispôs contra Vitélio. Este só chegou a Roma em meados de julho. Os romanos o recepcionaram festivamente, mas com muito menos entusiasmo que a seus antecessores, pois duvidavam que Vitélio durasse até o fim do ano. Em agosto, começaram a surgir os primeiros rumores que, em breve, se transformariam em certeza: no oriente do Império, as tropas de Vespasiano se haviam amotinado, proclamando-o imperador contra a sua vontade. Isso porque ao general não interessava trocar a condição de líder de uma tropa fiel pelos riscos da dignidade imperial.

Em Roma, nesse meio tempo, a situação tornara-se insustentável. Além das legiões germânicas, Vitélio trouxera consigo numerosos acólitos. "E dado que ele", relata Josefo, "não podia abrigar tanta gente nos alojamentos destinados aos soldados, transformou Roma num único acampamento, enchendo as casas com homens pesadamente armados. Esses soldados, porém, passaram a conviver com a riqueza dos romanos, cercados por toda parte de ouro e prata, de forma que mal podiam conter sua cobiça e o desejo de saquear tudo aquilo, matando os que lhes oferecessem resistência."

O fim de Vitélio ocorreu antes do previsto. Enquanto uma doença o prendia ao leito, Antônio Primo, partidário de Vespasiano e comandante supremo das tropas da Mésia, invadiu a Itália Superior. Vitélio enviou contra ele tropas comandadas pelo general Cecina. A batalha travou-se em 24 de outubro, perto de Cremona, que foi completamente destruída. Antônio esmagou os partidários de Vitélio, matou trinta e dois mil soldados e civis e avançou até os Apeninos. Vitélio se viu numa situação desesperadora. Para que Roma e seus cidadãos não tivessem prejuízos ainda maiores por causa de uma guerra civil, era preciso chegar a um acordo. Tendo em vista sua fraqueza política e militar, Vitélio comunicou a seu rival Vespasiano que estava pronto a abdicar, desde que lhe dessem um salvo-conduto e uma indenização de cem milhões de sestércios. O acordo foi acertado com Sabino, irmão de Vespasiano. Este, por sua vez, continuava aguardando o desenrolar dos acontecimentos em Alexandria.

A plebe romana e as tropas auxiliares germânicas frustraram, porém, o plano. Seguiram-se sangrentas lutas nas ruas de Roma. Sabino teve de se refugiar com seus adeptos no Capitólio. Em 19 de dezembro, os soldados de Vitélio tomaram de assalto o Capitólio. Mataram Sabino e incendiaram o templo. Alguns dias depois, Antônio, general de Vespasiano, avançou, procedente do norte, contra a capital. Houve encarniçados combates em diversos pontos da cidade, e as tropas de Vitélio foram massacradas até o último homem.

Em desespero, Vitélio refugiou-se no palácio de Nero. Flávio Josefo descreve seu fim com as seguintes palavras: "Vitélio saiu do palácio em estado de embriaguez, certo de que chegara seu fim. Foi então arrastado pela multidão, enquanto muitos se atiravam contra ele e o esbofeteavam. Ao chegar ao centro de Roma, foi linchado pela multidão enfurecida. Reinara oito meses e cinco dias, e, se lhe tivessem concedido mais tempo, creio que sua avidez por luxo teria excedido a capacidade de todo o Império".

Mais uma vez, ficou confirmado que em Roma podia haver um imperador morto ou vivo, mas não um imperador que abdica. Balanço da guerra civil: cinqüenta mil mortos. Em 22 de dezembro, o Senado concedeu a Vespasiano o título de augusto e de pai da pátria. Nero estava morto havia um ano e meio, e já tinha seu quarto sucessor.

XII

Epílogo: Nero era realmente louco?

"Enobrece o homem tentar alcançar as estrelas confiando apenas na natureza, sem se preocupar com as próprias forças, e visar até mesmo objetivos mais elevados, que os maiores espíritos não saberiam alcançar."

Sêneca

Nero era doente mental?

Os historiadores antigos afirmaram que Nero era louco, sem apresentar provas dessa afirmação. Hoje, a ciência é mais cautelosa. Não há dúvida de que Nero possuía um caráter fora do comum, e seu comportamento não correspondia às normas de seu tempo. Sua paixão pela arte e suas apresentações como ator e cantor causavam estranheza aos cidadãos romanos.

As leis que Augusto decretara para proteger o imperador eram severas, e até draconianas. Augusto, que sempre punira sem piedade aqueles que as transgredissem, jamais foi acusado de megalomaníaco. Em contrapartida, disso sempre se acusou Nero.

Pela natureza de seu próprio cargo, Nero e Augusto eram os juízes supremos do Império Romano. Seus julgamentos valiam para crimes passíveis de pena capital ou processos de cunho religioso. Nessa categoria incluíam-se também as leis destinadas à proteção do monarca. Nesse caso, desempenhava um papel preponderante o conceito de *maiestas*. Originariamente, esse termo só se aplicava à soberania, à majestade e à dignidade devidas aos deuses; mas, com a República, foi estendido também ao Estado e seus representantes. Durante o Império, a *maiestas* foi conferida ao soberano, transformando um delito contra o Estado num "crime de lesa-majestade". Uma vez que o conceito tinha uma origem sagrada, o crime de lesa-majestade era considerado sacrilégio. O desrespeito ao soberano equivalia a uma blasfêmia contra os deuses. Nero, que sempre se mostrara medroso, desconfiado de todos, exigia respeito a esse direito do soberano, segundo o qual a vontade do imperador era a lei suprema. Isso explica por que Nero mandou instalar, no mesmo local em que mais tarde se construiu o Coliseu, uma estátua dourada de mais de trinta metros de altura, que representava sua própria pessoa. Augusto mostrara-se um pouco mais comedido ao mandar construir, ainda em vida, um monumental mausoléu no centro da cidade.

Só podemos compreender a atitude de Nero quando comparada à de seus antecessores e sucessores. Nero pertencia à casa imperial dos Júlios e dos Cláudios, e descendia de Caio Júlio César e de

Tibério Cláudio Nero, marido de Lívia. Haveria nessas duas antiqüíssimas famílias casos de anomalia mental?

Os historiadores da medicina examinaram a fundo essa questão, e chegaram a resultados surpreendentes.

César era muito mais excêntrico que Nero

César, homem de aparência nobre e grande fascínio, era comedido no comer e no beber, mas não mostrava a mesma moderação quando se tratava de sexo. Não há dúvida de que superava Nero, considerado um monstro nesse domínio. César tinha tendências bissexuais. Muito jovem, teve uma relação com Nicodemo, o rei da Bitínia, e pagava por escravos esbeltos preços tão elevados que suas despesas não podiam constar nos livros de contabilidade. Na opinião de Suetônio, as tendências sexuais de César eram perversas, como comprova a lei elaborada pelo tribuno Hélvio Cina, que teria permitido a César dormir com todas as mulheres que quisesse — supostamente, com o intuito de procriação. A lei não chegou a ser promulgada, pois César, nesse meio tempo, caiu sob os punhais de seus assassinos.

Embora se houvesse casado quatro vezes e fosse bissexual, nenhuma mulher se sentia segura em sua presença. Seus contemporâneos atribuíam a esse fato a queda de cabelos do ditador. "Guardai vossas mulheres, aí vem o careca!", era um dito popular na época. Suas ligações com a misteriosa e fascinante Cleópatra, ou com Êunoe Maura, a mulher de Bogudes, rei da Mauritânia, podem parecer compreensíveis. Mas ele se deitava com qualquer mulher que lhe cruzasse o caminho, não sendo, portanto, muito exigente em suas escolhas.

Em muitas de suas aventuras amorosas, César nem sabia o nome de sua companheira. Se fossem damas da alta sociedade, os romanos pelo menos tinham assunto para cochichos, como nos casos de Postúmia, a mulher de Sérvio Sulpício Rufo; Lólia, a mulher de Aulo Sabínio; Tertula, a mulher de Marco Crasso; Múcia, a amante de Cneu Pompeu, ou Servília, a mulher de Marco Bruto.

É um fato patologicamente significativo, e ao mesmo tempo pouco conhecido, que César sofria de epilepsia genuína, ou seja, hereditária. Afirma-se que a doença só se manifestou quando ele tinha cinqüenta e um anos de idade, o que é contestado por historiadores da medicina, pois normalmente a epilepsia aparece nos três primeiros decênios de vida. Diversos autores descreveram os sintomas dessa doença com uma grande precisão: vertigem, perturbação dos sentidos, confusão mental, inconsciência. César supunha que sua doença estava alojada na cabeça, e por isso tinha a mania de expô-la ao vento, à chuva, ao sol e ao frio. Sempre que podia, procurava manter-se ao ar livre.

Augusto era filho adotivo de César, e sua mãe, Átia, era sobrinha de César. Pelo lado paterno, porém, ele descendia da estirpe dos Otavianos.

Augusto tinha complexos por causa de sua aparência. Sua pele apresentava manchas, as sobrancelhas juntavam-se na base do nariz, tinha orelhas de abano e mancava com a perna esquerda; além disso, era tão baixo que se via obrigado a usar sapatos de salto alto. Usou barba até os vinte e três anos de idade; quando decidiu cortá-la, organizou — tal como Nero — uma grande festa. Ao contrário de Nero, que só adoeceu três vezes em sua vida, Augusto estava constantemente indisposto. Não suportava o calor nem o frio. No inverno, usava sob a toga quatro peças de roupa, um manto de lã e faixas enroladas nas coxas. No verão só viajava à noite, para evitar o calor. Como seu pai adotivo e tio-avô, era moderado no comer e no beber, mas não no convívio com as mulheres.

Tal como César, Augusto tinha tendências bissexuais, mas dava preferência aos rapazes. Sua primeira esposa era aliás muito jovem, já que contava apenas doze anos. Por não se dar bem com a sogra, ele repudiou sua mulher e casou-se com Escribônia. Desse casamento nasceu uma filha, Júlia. No ano em que esta nasceu, Augusto se divorciou de Escribônia, pois tomara-se de amores por Lívia Drusila. Ao se casar com ela, Lívia estava grávida; mas esse casamento, tal como os outros, não o impediu de manter numerosas amantes. A mais conhecida foi, talvez, a mulher de Mecenas.

No ano 12 a.C., Augusto obrigou Tibério a se divorciar de sua mulher Vipsânia Agripina, embora esta estivesse grávida. Tibério teve de se casar com Júlia, a filha de Augusto. Júlia era casada e fora abençoada com cinco filhos, mas Augusto escolheu Tibério como sucessor.

Todos os Cláudios cometiam excessos, e Tibério não fugiu à regra

Tibério Cláudio Nero descendia da estirpe dos Cláudios, que dera origem a vários indivíduos violentos e de inclinações criminosas. Ao contrário do que aconteceria em seus últimos anos de vida, o jovem Tibério era homem de excepcional beleza: alto, bem-proporcionado, com grandes olhos negros. De constituição robusta, gostava de debochar de seus médicos.

Alimentava-se de modo peculiar, era quase exclusivamente vegetariano. Tinha predileção por uma variedade de beterraba que mandava vir da região renana e pelos aspargos da Germânia Superior; comia diariamente couve, e principalmente pepinos. Gostava de beber; em Capri, onde cumpriu um exílio voluntário em seus últimos anos de vida, ainda hoje o vinho local leva seu nome: *timberio.*

Sua vida dissoluta é objeto de julgamentos contraditórios por parte dos cientistas. Os diagnósticos vão de um caráter extremamente tenso à esquizofrenia.

No caso de Calígula, os fatores hereditários complicam a questão. Ele descendia dos Cláudios por seu pai Germânico, seu avô Druso e seu bisavô Tibério Cláudio Nero, que se casara com Lívia Drusila. Mas, sendo um sobrinho afastado de Caio Júlio César, em suas veias corria também o sangue dos Júlios. Evidentemente, isso também valia para Agripina, irmã de Calígula e mãe de Nero.

Seu pai, Germânico, era o ídolo dos romanos; sua mãe, Agripina, a Velha, dera à luz nove filhos. Calígula era o sexto, e o mais jovem dos de sexo masculino. Sua aparência devia ser um tanto selvagem, impressão reforçada pelas caretas estudadas que costumava fazer. Seus cabelos encaracolados e raros causavam-lhe complexos. Chegava a ponto de considerar um crime e punir com a morte alguém que mofasse dele ou citasse a palavra "cabra" em sua presença. Os historiadores antigos também mencionam o olhar fixo do imperador, que revelava uma natureza sádica. "Ao torturar alguém", escreve Sêneca, "lançava mão dos instrumentos mais atrozes, como cordas, rodas, cavaletes, o fogo e seu próprio olhar."

Como já dissemos, Calígula levou uma vida moderada até a manifestação de sua doença. A partir daí, transformou-se radicalmente: tornou-se glutão e bêbado, e passou a exceder-se nas relações sexuais com homens e mulheres. Suetônio o definiu como um doente físico e mental que tinha consciência de sua anormalidade.

Os historiadores da medicina classificam hoje Calígula como epiléptico, principalmente em virtude do cunho hereditário dessa doença. Parece mais difícil afirmar que Calígula tenha sido esquizofrênico. O professor Albert Esser, historiador da Academia de Medicina de Düsseldorf, disse o seguinte: "Sabemos hoje que o caráter esquizotímico, o caráter esquizóide e a esquizofrenia são manifestações progressivas de um mesmo quadro psíquico. O primeiro encontra-se dentro da normalidade, mas os outros dois são anormais. Com efeito, a esquizoidia provoca sintomas de psicose esquizofrênica, enquanto a esquizofrenia pressupõe o quadro completo da doença mental. Eu poderia comparar os caracteres esquizotímico, esquizóide e esquizofrênico à idéia que fazemos do dia, do crepúsculo e da noite. Naturalmente, é desnecessário frisar que os limites não são absolutos, e que existem transições contínuas de um estágio para o outro".

Depois de avaliar todos os indícios à sua disposição — pés anormalmente grandes, pele muito pálida, orelhas de abano, cabelos rebeldes, etc. —, o professor Esser apresenta o seguinte diagnóstico: Calígula era um esquizóide, até mesmo um esquizofrênico, e portanto um louco.

Cláudio, o antecessor de Nero, foi classificado por sua própria mãe Antônia como um aborto da natureza. E não era menos severo o julgamento de seus contemporâneos. O que não causa admiração, pois sua cabeça tremia constantemente, ele gaguejava e movia-se desajeitadamente. Por outro lado, dedicava-se a estudos científicos e surpreendia seus hóspedes com excelentes discursos. Como todos os imperadores da casa dos Júlios-Cláudios, entregava-se a excessos sexuais.

Via de regra, ninguém duvida que Cláudio fosse débil mental. Segundo uma indicação de Suetônio, sua imbecilidade não era hereditária, mas surgira ainda na infância, de uma meningite, uma encefalite ou uma esclerose múltipla. Tampouco se pode descartar a possibilidade de que Cláudio simulasse sua doença com a finalidade de esquivar-se a perseguições. Se as pessoas o encarassem como um doente mental, ele correria menos risco de vida.

Os romanos julgam Nero de maneira contraditória

Dessa seara de heróis e doidos descendia Nero. Era um jovem inteligente, culto, dotado para a música e os esportes, em suma, um rapaz normal para os padrões romanos do século I. Seus antepassados pelo lado paterno, os Enobarbos, caracterizados por uma barba ruiva, eram indivíduos instáveis e desregrados. Pelo lado materno, Nero descendia de Germânico e Marco Antônio, personalidades íntegras da história. Mas, se nos aprofundarmos no passado, veremos que Nero era:

— pelo lado paterno, sobrinho em segundo grau e consangüíneo de Augusto;
— pelo lado paterno, sobrinho em terceiro grau e consangüíneo de César;

— pelo lado materno, sobrinho em terceiro grau e consangüíneo de César.

Os césares haviam habituado os romanos a muitas coisas. Eles estavam preparados para aceitar suas excentricidades. No que diz respeito a Nero, pelo menos alguns desses cidadãos realmente adoravam suas apresentações como cantor, ator e condutor de carros. Isso constituía, para eles, uma novidade. De qualquer forma, era difícil ultrapassar os excessos sexuais de um Tibério ou as crueldades de um Calígula. Mas um imperador que chorava no palco, que se enfurecia como um doido, que gemia como uma gestante ao dar à luz — tudo isso era fascinante, pelo menos no início. Era assunto de conversas, algo que causava admiração. Muitos intelectuais, porém, desprezavam esse comportamento. E essas qualidades surpreendentes de Nero levaram muitos historiadores da Antiguidade a descartar aspectos positivos desse imperador.

As fontes mais importantes para a biografia de Nero, e que constituem a base deste livro, encontram-se nos historiadores Tácito (55-116 d.C.), Suetônio (70-150 d.C.) e Díon Cássio (150-235 d.C.). Eles divergem muito na apresentação dos detalhes, mas inscrevem-se na mesma tradição senatorial e republicana. Não é de admirar, pois, que Nero tenha sido condenado por esses três historiadores, e que estes, em função de suas intenções moralizantes, tenham deformado os fatos.

À época do nascimento de Tácito, Nero tinha dezoito anos de idade. O pai de Tácito era um aristocrata, e, assim como toda a aristocracia da antiga Roma, foi maltratado por Nero. É compreensível, pois, que Públio Cornélio Tácito tenha adotado, desde o início, uma atitude contrária a esse imperador dos Júlios-Cláudios. Sua carreira de alto funcionário o levou a ser questor no reinado de Tito, tribuno do povo no de Domiciano e, no reinado de Nerva, tornou-se cônsul, coroando sua carreira como procônsul da província da Ásia.

Desconhece-se a época em que foram redigidos os *Anais,* crônica da casa imperial dos Júlios-Cláudios. Em todo caso, foram escritos *depois* das *Histórias,* crônica da casa imperial dos Flávios, que sucedeu a Nero. As *Histórias* foram escritas entre 105 e 110 d.C. A época de Nero é evocada nos livros 13-16 dos *Anais.* O décimo terceiro livro começa com a ascensão de Nero no ano 54. O décimo quarto relata os acontecimentos dos anos 59-61. Os anos 62-65 são tratados no livro seguinte. Infelizmente, a crônica é interrompida no décimo sexto livro, razão pela qual não podemos contar com os relatos de Tácito para os dois últimos anos de Nero.

Caio Suetônio Tranqüilo é filho de um homem de origem plebéia, nascido quando Nero já falecera. Graças à sua aplicação e modéstia, tornou-se um respeitado sábio, e privou do círculo de amigos de Plínio, o Jovem. Mais tarde, Suetônio fez carreira como advogado e orador, atuando em processos públicos. Escreveu biografias de imperadores, de César até Domiciano, obras em que, estranhamente, se estende mais sobre os imperadores da dinastia dos Júlios-Cláudios que da dos Flávios, bem mais próximos de seus dias.

Ao contrário de Tácito, que sempre pretendeu ser historiador, Suetônio desejava entreter. Desprezando a comprovação fatual e o encadeamento histórico, Suetônio gostava de evocar episódios e acontecimentos de cunho privativo. Isso lhe valeu às vezes a reputação de um colunista social.

Suetônio dava preferência às infâmias e aos vícios, e esmiuçava os casos e escândalos de seus heróis sem indagar pelas causas e sem inseri-las no contexto mais amplo dos acontecimentos históricos. Mas ele se mostrou extraordinariamente aplicado, procurando obter o testemunho de contemporâneos — seu pai deu-lhe numerosas informações sobre Nero — e citando nada menos que trinta e oito autores de seu tempo. Suetônio pesquisou os protocolos das sessões do Senado e das assembléias populares, as orações fúnebres conservadas por famílias importantes e os arquivos do Palatino, obtendo assim detalhes que haviam escapado a Tácito. Seu referencial era a época feliz de Vespasiano e Tito, ideal de sua juventude.

A partir desse ponto de vista, Nero se transformou num monstro.

Díon Cássio nasceu na Bitínia, e ocupou elevados cargos públicos sob vários imperadores da dinastia dos Severos. Em 229, foi nomeado cônsul. Sob Septímio Severo, publicou um tratado sobre sonhos e presságios, planejando mais tarde redigir uma história da Grécia. Escreveu, ao todo, oitenta volumes em língua grega, dos quais nem todos chegaram até nós. Sua confiabilidade é duvidosa, pois costumava incluir discursos em seus textos. A época de Marco Aurélio, em que ele viveu, é tratada de modo bastante extenso, e com grande exatidão; mas sua biografia de Nero é discutível, principalmente no que se refere às fontes.

Como se deformou a imagem de Nero

Em sua forma final, o cunho negativo da imagem de Nero deve-se ao modo como foram transmitidos os chamados escritos originais. Poucos deles chegaram a nós diretamente. Em sua maior parte, trata-se de cópias ou resumos feitos por autores dos primeiros anos do cristianismo. Só raramente pode-se determinar com exatidão que passagens foram acrescentadas, alteradas ou abreviadas.

Tomemos Díon Cássio: dos oitenta volumes de sua *História de Roma,* conservaram-se apenas os livros 36 a 60, e partes dos livros 78 e 79. Os capítulos que faltam encontram-se, de forma resumida, em autores como Xifilino, Zonaras e Constantino. É evidente que esses autores não podem falar bem de um imperador em cujo reinado foram condenados à morte Pedro e Paulo.

Assim sendo, a tradição histórica deformou a imagem de Nero, distanciando-se do verdadeiro caráter do imperador. Encontramos indicações nesse sentido em Tácito e em Suetônio, nos quais, contrariando características negativas encontradas em outros trechos, surgem, aqui e ali, qualidades positivas. Se, por um lado, deparamos com um tirano sanguinário, por outro, vemo-lo assinando sua primeira sentença de morte e dizendo textualmente: "Quem me dera não saber escrever!"

Algumas dessas contradições não podem ser atribuídas à manipulação, mas ao caráter ambíguo de Nero. Em primeiro lugar, lembre-se sua tendência à megalomania, que contrastava com um complexo de inferioridade óbvio. Nero acreditava ter uma voz divina, potente e ampla, mas cantava, de início, só no palácio e em seus jardins. E não fez sua primeira apresentação pública em Roma, preferindo viajar para Nápoles, cidade dos gregos, onde, em sua opinião, se compreenderia melhor sua arte. Nero cantou num teatro repleto, e napolitanos, pessoas da corte, criados e alguns grupos de pretorianos aplaudiram com entusiasmo. Quando todos foram para casa, o teatro ruiu. "Um mau presságio", observaram alguns. Mas Nero, seguro de si, afirmou que, ao contrário, o acontecimento testemunhava o favor e a solicitude dos deuses, pois ninguém se ferira.

Díon Cássio e até mesmo Suetônio criticaram a voz de Nero: diziam que era "fraca" e "apática". No entanto, o imperador treinara sua voz tanto quanto o célebre cantor de cítara Térpnio, que, estendido no chão, colocava uma placa de chumbo sobre o peito e realizava exercícios respiratórios. Nero não comia frutas, acreditando que prejudicavam sua voz. Solicitava que lhe pusessem vomitórios à disposição, pois receava cantar mal com um *plenus venter,* isto é, com o estômago cheio. Certos dias, seu desjejum consistia em cebolinhas mergulhadas em azeite — sem pão —, o que, supunha ele, tornava sua voz mais elástica. Apesar de tudo, continuava invejando seu meio irmão Britânico, cuja voz era mais bonita que a dele. Suetônio chegou a atribuir o fratricídio a essa inveja do imperador, interpretação bastante duvidosa. Se compararmos todos os cuidados que Nero tinha com sua voz ao culto que hoje em dia se presta aos grandes astros do canto, não nos parecerá anormal o comportamento do imperador, a não ser que hoje só existam cantores loucos.

Tal como as estrelas da ópera de nossos dias, Nero, quando

jovem, tinha um complexo de inferioridade em relação a outros cantores. Nos concursos, mandava espioná-los e até os difamava. Mas, quando ganhava um concurso, sua alegria não tinha limites. Depois da vitória na Grécia, concedeu a toda a província o direito de se auto-administrar, isentando-a também de impostos; os juízes que lhe atribuíram os prêmios foram agraciados com a cidadania romana. Nero chegou a derrubar e lançar nas latrinas as estátuas de antigos vencedores dos concursos.

Todos esses são sintomas de insegurança íntima, que provocavam crises de medo. Conhecia bem o destino de seus antecessores e, no fim da vida, jurou que, caso continuasse como soberano, se apresentaria como tocador de órgão, de flauta ou de cornamusa, ou mesmo como dançarino.

Auspícios e presságios punham esse ser sensível completamente fora de si. Afirma-se que até o assassinato de sua mãe Agripina Nero jamais tivera sonhos, mas, a partir de então, passou a ter ameaçadoras visões: pilotava um navio, mas alguém vinha e lhe arrancava o leme das mãos. Ou ainda: sua esposa Otávia o arrastava para um desfiladeiro sombrio e estreito. Nuvens de formigas aladas o cobriam totalmente. Cercavam-no as estátuas dos povos subjugados, existentes no Teatro de Pompeu. Seu cavalo preferido — mas sem a cabeça — transformava-se num macaco, e relinchava de forma assustadora.

Os historiadores da medicina não consideram que Nero fosse louco

Para um psiquiatra, são exemplos típicos. Esses sonhos refletem angústias e agressões. Jovem como era, Nero sentia-se inseguro no cargo de imperador. Apresentar-se como ator e cantor era uma forma de fugir às responsabilidades. O poder sobre todos os povos que Roma subjugara oprimia-o. Fez, portanto, a única coisa que podia fazer, isto é, metamorfoseou-se, como seu cavalo preferido: de imperador, passou a cantor.

O matricídio atormentava-o. Agripina aparecia-lhe constantemente em sonhos. Fúrias perseguiam-no com açoites e archotes, e lhe tiravam o sono. Tinha alucinações auditivas, com sons estridentes de trombeta que vinham do túmulo de sua mãe. Esses sintomas foram se intensificando à medida que se tornava mais velho.

Em 64, por ocasião de uma cerimônia religiosa no Templo de Vesta, Nero foi vítima da excitação provocada pelas mudanças em sua vida. Quando quis se levantar, ficou preso por uma ponta de sua toga, o que o fez tropeçar, ao mesmo tempo em que tudo escureceu diante de seus olhos. Atualmente, os médicos diagnosticariam isso como um escotoma cintilante ou, em outras palavras, um ataque de enxaqueca ocular. "Depois de orar aos deuses e visitar o Templo de Vesta", escreve Tácito, "todos os seus membros começaram, subitamente, a tremer." E o historiador acrescenta: "Ou a divindade o assustara, ou a consciência de seus crimes o atormentava constantemente".

Nos anos seguintes, foram se tornando cada vez mais freqüentes esses tremores causados pelo medo. Por ocasião da conspiração de Pisão, Tácito registra que, "embora reforçasse a guarda", Nero não parava de tremer de medo. A dissidência de Galba e de toda a província da Espanha mergulhou-o, por fim, numa crise nervosa. Nero caiu desmaiado ao chão, e, quando voltou a si, teve um acesso de raiva. Parecia inevitável que a morte de Nero não resultaria de um assassinato, mas de um suicídio. Perdera completamente o controle dos nervos. O latido de um cachorro ou o gorjeio de um pássaro fazia-o sobressaltar-se. Desde que se sentara no trono, esse jovem sentia-se oprimido, açulado e perseguido.

Inseguro no mais íntimo de seu ser, Nero agarrava-se a qualquer pretexto. Pode parecer estranho que, presa de tais angústias, ele tenha desprezado a ajuda dos deuses. Mas o *princeps* não era crente; chegava a ser negativa sua atitude em relação aos deuses romanos. Pareceu demonstrar alguma simpatia, pelo menos no início, à deusa-mãe Cibele, culto procedente da Síria. Mas, depois de várias decepções, sua aversão voltou-se também contra Cibele, e um dia chegou a urinar sobre a estátua da deusa. Por outro lado, tinha tremendo apego por uma estatueta de menina, presenteada por um desconhecido como talismã contra conspirações. Quando foi descoberta a conspiração de Pisão, atribuiu o fato aos poderes da estatueta, razão pela qual, até o fim da vida, fez-lhe sacrifícios três vezes ao dia.

Todos esses comportamentos são humanos, e podem ser explicados a partir das situações que lhes deram origem. Por isso, não se pode definir Nero como um débil mental ou um esquizofrênico. Do ponto de vista psicopatológico, os historiadores da medicina colocam Nero, quando muito, na categoria dos maníacos. A mania provoca uma necessidade de atividades em excesso, fortalece os instintos, suscita a fuga das idéias e a supervalorização do ego.

Nero nunca foi louco.

Mas, então, o que foi ele?

Um joguete da história.

Inventário das fontes

Capítulo I

Um imperador de dezessete anos

Tácito sobre Britânico: Tác., *Anais,* XII, 26. A citação de Agripina sobre Britânico foi transposta do estilo indireto para o estilo direto. Encontra-se em Tác., *Anais,* XII, 41. A fonte da citação de Cláudio é Tác., *Anais,* XII, 64. Sobre as relações sexuais de Nero com sua mãe, ver Suet., "Nero", 28, 2. O discurso inaugural de Nero diante do Senado encontra-se em estilo indireto em Tác., *Anais,* XIII, 4. A expressão *optimam matrem* nos é transmitida por Tác., *Anais,* XIII, 2, e por Suetônio, "Nero", 9, 1.

Capítulo II

Nero e sua época

Suetônio sobre Germânico em Suet., "Calígula", 3. A pergunta que Tibério faz a Vipsânia Agripina nos foi transmitida por Suetônio em "Calígula", 53. Os diálogos entre Tibério e Vipsânia Agripina podem ser lidos em Tác., *Anais,* IV, 52, 53. A descrição da aparência repulsiva de Tibério encontra-se em Suet., "Tibério", 68. A referência de Tácito ao fato de que os romanos, no reinado de Tibério, temiam ser espionados figura em *Anais,* IV, 69. Sobre os tipos de execução sob Tibério, ver Suet., "Tibério", 61, 62. A citação de Tibério está em Suet., "Tibério", 67. Sobre a morte da serpente de Tibério, ver Suet., "Tibério", 72. A morte de Tibério e o episódio de Caricles tomando o pulso são descritos em

Tác., *Anais,* VI, 50 e em Suet., "Tibério", 73-75. Acerca da morte de Tibério, existe uma segunda versão: segundo Sêneca, Tibério teria recuperado os sentidos e, como ninguém respondesse a seus apelos, levantou-se da cama; nesse momento teria caído, morto (ver também Suet., "Tibério", 73). Sobre os juramentos, as irmãs de Calígula e o repatriamento das cinzas de sua mãe, ver Suet., "Calígula", 15. A citação de Enobarbo sobre Nero encontra-se em Suet., "Nero", 6, 1. As citações de Calígula sobre os delatores figuram em Suet., "Calígula", 15. No capítulo 17, menciona-se a inclinação de Calígula pelas prodigalidades. Acerca da enfermidade de Calígula e sua constituição física e mental, ver Albert Esser: *Cäsar und die julisch-claudischen Kaiser im biologisch-ärztlichen Blickfeld,* Leiden, 1958, págs. 132-133, e Suet., "Calígula", 50-51. Sobre o caráter de Calígula visto por um médico: Esser, *Das julisch-claudische Kaiserhaus,* págs. 134 e segs. Sobre Calígula mergulhado num monte de moedas de ouro, ver Suet., "Calígula", 42. A descrição dos caracteres esquizotímicos e esquizóides figura em Gottfried Ewald, *Lehrbuch der Neurologie und Psychiatrie,* Munique e Berlim, 1944, págs. 291-292. Suetônio ("Calígula", 25) descreve os casamentos de Calígula. Os diálogos com Calígula durante as bebedeiras são transmitidos por Suet., "Calígula", 32, 33. O assassinato tramado por Messalina contra Nero está em Suet., "Nero", 6, 4. A mensagem a Cláudio segundo a qual sua mulher, Messalina, desposara Sílio encontra-se em Tác., *Anais,* XI, 29-31. Tácito descreve com todos os detalhes a corte que as mulheres fizeram a Cláudio em seus *Anais,* XII, 1-3. A classificação de L. Vitélio está em Tác., *Anais,* XII, 4. O discurso de Vitélio diante do Senado figura em Tác., *Anais,* XII, 5-6. "Desse dia em diante, tudo mudaria em Roma..." É o que sustenta Tácito em seus *Anais,* XII, 7. Sobre a proposta de Mâmio Polião ao Senado: Tác., *Anais,* XII, 9. A conversa entre Palas e Cláudio sobre a adoção de Domício está em Tác., *Anais,* XII, 25.

Capítulo III

As mulheres lhe foram funestas

A epígrafe é de Tác., *Anais,* XIV, 9. Tácito sobre a vida sexual de Nero e sua afeição por Acte em *Anais,* XIII, 12, 13. Tácito sobre o incidente da audiência com Agripina em *Anais,* XII, 5. As acusações de Agripina contra Nero estão em Tác., *Anais,* XIII, 14. Diálogo Nero-Locusta e cena da surra: Suet., "Nero", 33, 2. Plutarco sobre Oto em: *Vidas dos homens ilustres,* "Oto e Galba", 19. Tácito sobre Oto em *Anais,* XIII, 45. Sobre os cuidados de beleza de Popéia Sabina, ver Plínio, o Velho, *História natural,* 11, 238, 28, 183, e Juvenal, *Sátiras,* VI, 465. O diálogo Nero-Popéia é transmitido por Tácito em *Anais,* XIII, 46, em estilo indireto. Suetônio afirma em sua biografia de Nero (34, 2) que o jovem imperador se despedia de sua mãe com beijos em seu seio. As censuras de Popéia a Nero podem ser lidas em Tác., *Anais,* XIV, 1. Os comentários de Aniceto sobre os planos para assassinar Agripina encontram-se em Tác., *Anais,* XIV, 3. Sobre a mensagem de Agripina depois do atentado fracassado e a entrevista do imperador com Burro e Sêneca: Tác., *Anais,* XIV, 6, 7. Tácito sobre a entrada de Nero em Roma: *Anais,* XIV, 13. O discurso de Popéia a Nero diante da multidão que festeja a pretensa volta de Otávia encontra-se em Tác., *Anais,* XIV, 61. Tácito sobre o exílio de Otávia em *Anais,* XIV, 63, 64. Sobre a dor de Nero por ocasião da morte de sua filha Augusta, ver Tác., *Anais,* XV, 23. Suetônio sobre a mudança de caráter de Nero, "Nero", 27, 1. Os jogos favoritos de Nero durante os banquetes: Suet., "Nero", 29, 1. Tácito sobre a morte de Popéia em *Anais,* XVI, 6. Suetônio sobre o transexualismo e o casamento de Esporo em "Nero", 28, 1, 2. As inscrições sobre os túmulos são extraídas de: Ludwig Friedländer, *Darstellungen aus der Sittengeschichte Roms,* vol. I, Leipzig, 1922; sobre a moça de treze anos, ver Plínio, *Epístolas,* V, 16, 2 e segs. A citação de Marcial (V, 61) e as citações seguintes são extraídas da obra de Friedländer. A queixa de Sêneca sobre os abusos nas liteiras figura em *De beneficiis,* I, 9, 3. Sobre o culto de Ísis e a vida dissoluta dos romanos, ver Tácito, *Anais,* II, 85. Os decretos de Tibério sobre a prostituição estão em Suetônio, "Tibério", 35.

Capítulo IV

Pão e circo

A citação de Tácito na epígrafe está em *Anais,* XV, 33. Sobre os espetáculos na velha Roma, ver Ludwig Friedlänger, *Darstellungen aus der Sittengeschichte Roms,* vol. II, 8, Leipzig, 1922. Sobre os juvenais e a primeira apresentação de Nero, ver Tácito, *Anais,* XIV, 15-16. A apresentação de Nero nos segundos Nerônios figura em Suetônio, "Nero", 21, e em Tácito, *Anais,* XVI, 4, 5. Sobre o circo entre os romanos, ver Ludwig Friedländer, *Darstellungen aus der Sittengeschichte Roms,* vol. II, Leipzig, 1922. O relacionamento de Calígula com seu cavalo está em Suetônio, "Calígula", 55, 3. O deslocamento do cortejo em direção ao circo encontra-se minuciosamente descrito em Ludwig Friedländer, *Darstellungen aus der Sittengeschichte Roms,* vol. II, Leipzig, 1922, págs. 44-45. A batalha dos criminosos no lago Fucino figura em Tácito, *Anais,* XII, 56. Suetônio sobre a reserva de Nero em relação aos combates de gladiadores: "Nero", 12, 1. Os gritos do público estão registrados em Sêneca, *Epístolas,* 7, 5. Sobre o suicídio e a evasão de gladiadores, ver Sêneca, *Epístolas,* 70, 3, e Tácito, *Anais,* XV, 46.

Capítulo V

O político

A epígrafe foi tirada de Suetônio (décimo oitavo capítulo de sua biografia de Nero). O episódio sobre Malórix e Verrito é referido por Tácito em seus *Anais,* XIII, 54. No mesmo livro (capítulos 55 e 56), registra-se a história dos ansibários. Sobre o general Corbulão, ver Tácito, *Anais,* XI, 18-20. A história de Radamisto figura nos *Anais* de Tácito, XII, 50-51. O conflito Corbulão-Tiridates é narrado em Tácito, *Anais,* XIII, 37-41. Seu discurso aos soldados está no capítulo 39. Sobre a revolta dos bretões e sua repressão, leia-se Tácito, *Anais,* XIV, 29-39. A revolta dos icenos é relatada em Tácito, *Anais,* XIV, 29-39. O discurso de Caio Cássio acerca da execução dos quatrocentos escravos aparece em Tácito, *Anais,* XIV, 43-44. Suetônio ("Nero", 35) e Tácito *(Anais,* XIV, 51) relatam a morte de Burro. A conversa entre Sêneca e Nero é referida em Tácito, *Anais,* XIV, 53-56. Tácito relata o envenenamento dos libertos Doríforo e Palas em *Anais,* XIV, 65. O discurso de Vologeso diante do conselho dos nobres está em Tácito, *Anais,* XV, 2. Sobre a entrevista entre Corbulão e Peto, ver Tácito, *Anais,* XV, 17. Tácito menciona a carta de Vologeso e a entrevista subseqüente em *Anais,* XV, 24, 25, bem como o encontro Corbulão-Tiridates: XV, 29. Sobre a entrada de Tiridates em Roma, ver Suetônio, "Nero", 13.

Capítulo VI

O incêndio de Roma

A epígrafe está em Tácito, *Anais,* XV, 38. Sobre o desmoronamento do anfiteatro no reinado de Tibério, ver Tácito, *Anais,* IV, 62, 63. O incêndio de Roma e sua extensão são descritos por Tácito em *Anais,* XV, 38. O fracasso do atentado contra Nero por ocasião do incêndio figura em Tácito, *Anais,* XV, 50. Sobre a descrição do Capitólio no ano 69: Tácito, *Histórias* (III, 71-72). Sobre a afirmação de que Nero teria incendiado Roma: Tácito, *Anais,* XV, 38; Suetônio, "Nero", 38. Díon Cássio, LXII, 16. Segundo tradições antigas, Clemente Romano é considerado o verdadeiro autor da "Carta aos Coríntios" (Dionísio de Corinto em Eusébio). As citações de Tertuliano estão em *Ad nationes,* I, 7, e em *Apologeticum,* V, 3. Lactâncio sobre a perseguição aos cristãos na época de Nero em seu livro *De mortibus persecutorum.* Em *Anais,* XV, 44, está a teoria de Tácito sobre os cristãos como bodes expiatórios do incêndio de Roma. A citação de Sulpício Severo está em *Crônica,* livro XI, capítulo 29. Sobre a versão de Tácito a esse respeito, ver mais acima os *Anais,* XV, 44. Tácito *(Anais,* XV, 42) e Suetônio ("Nero", 31) escrevem sobre a Casa Dourada. Plínio, o Velho, viu o grupo de Laocoonte no palácio do imperador Tito *(História natural,* 36, 37). "Nero aspirava sempre ao incrível", citação conforme Tácito, *Anais,* XV, 42. Sobre o mobiliário da Casa Dourada, Plínio, *História natural,* XXXV, 3 e XVI, 233, 195. Sobre o comentário de Nero no momento de sua instalação: Suetônio, "Nero", 31.

Capítulo VII

A conspiração de Pisão

A epígrafe de Tácito está em *Anais,* XV, 48. Em *Anais,* XV, 48 e segs., Tácito enumera os membros da conspiração de Pisão. O diálogo Nero-Súbrio Flavo figura no capítulo 67, livro XV dos *Anais.* Tácito trata da morte de Sêneca em *Anais,* XV, 60-64. Suetônio sobre as medidas tomadas por Nero depois da conspiração de Pisão em "Nero", 37. O discurso em que Capitão acusa Trásea está reproduzido em Tácito, *Anais,* XVI, 22. Tuberão e Favônio, que nele são mencionados, eram oposicionistas pouco apreciados. A seqüência das acusações pode ser lida em *Anais,* XVI, 27-32. Sobre o fim de Trásea: Tácito, *Anais,* XVI, 34, 35. A morte de Petrônio e o exílio de Sília são mencionados em Tácito, *Anais,* XVI, 18-20. No livro XV, 68, 69, evoca-se o assassinato do cônsul Vestino. Para a situação em Roma após a conspiração de Pisão, ver Tácito, *Anais,* XV, 71.

Capítulo VIII

O drama dos primeiros cristãos

A epígrafe é de Tácito, *Anais,* XV, 44. Tácito sobre a fé dos judeus: *Histórias,* V, 4. Suetônio sobre as religiões estrangeiras no reinado de Tibério: "Tibério", 36. Sobre as relações entre judaísmo e cristandade e a religião de Estado romana, ver Ludwig Friedländer, *Darstellungen aus der Sittengeschichte Roms,* vol. III, págs. 202 e segs. Tácito sobre os cristãos: *Anais,* XV, 44. Díon Cássio sobre a perseguição dos cristãos no reinado de Domiciano: *História romana,* LXVII, 14, 2. Sobre os processos contra os cristãos no reinado de Nero, ver Bruno Doer na revista *Das Altertum,* vol. I, 1955: "Neros Menschenfackeln" ("As tochas humanas de Nero"). A citação sobre as execuções de cristãos foi colhida em Tácito, *Anais,* XV, 44. Sobre o número das vítimas das perseguições contra os cristãos, ver Orígenes, *Contra Celsum,* III, 8. As citações da primeira epístola de Pedro: I, caps. 6, 7 e IV, caps. 12, 13 e 14. Acerca da inumação dos apóstolos, ver: J. Stevenson, *Im Schattenreich der Katakomben,* Bergisch Gladbach, 1980, págs. 40 e segs.

Sobre a conversão de Saulo, ver *Apostelgeschichte,* 9, 3-19. Sobre a conversão de Saulo sob o ponto de vista médico, ver Joel Carmichael, *Steh auf und ruf seinen Namen,* Munique, 1980, pág. 26. A defesa de Saulo figura em *Apostelgeschichte,* 22, 24-29, e 24, 10-12.

Capítulo IX

Um artista em turnê

A citação de Nero sobre o bom gosto dos gregos em matéria de arte encontra-se em Suetônio, "Nero", 22. A citação de Tácito sobre Corbulão foi colhida em *Histórias,* III, 6. Flávio Josefo acerca do governador Géssio Floro em *A guerra dos judeus,* II, 14, 2. A discussão de Josefo com seus amigos e a passagem em que Josefo profetiza o futuro a Vespasiano está em *A guerra dos judeus,* III, caps. 8, 3, 4 e 9. As palavras de Nero aos árbitros dos jogos de Delfos figuram em Suetônio, 23, 3. O julgamento de Luciano a propósito da voz de Nero foi colhido em: *Klassiker des Altertums,* 1.ª série, vol. 11, pág. 220, Munique, 1911. Sobre o discurso de Nero por ocasião da libertação da província de Acaia, ver G. Dittenberger, *Sylloge Inscriptionum Graecarum,* 3.ª ed. "O artista vive em qualquer lugar." Essa citação de Nero encontra-se em Suetônio, "Nero", 40. No mesmo capítulo é citado o oráculo de Delfos. Ainda em "Nero", 40, Suetônio descreve a reação desse imperador à rebelião de Galba. Acerca dos primeiros contatos entre Víndice e Galba ("Um corpo forte procura uma cabeça!"), ver Plutarco, "Galba", 4. As ofensas de Víndice e a pergunta de Nero acerca de quem era maior artista figuram em Suetônio, "Nero", 41. A apresentação do órgão de água e a citação a ele referente estão em Suetônio, "Nero", 41. O conselho de Tito Vínio figura em Plutarco, "Galba", 4. As suposições de Suetônio acerca dos planos de Nero depois da rebelião da Gália estão em "Nero", 43. No capítulo 42, 1 do mesmo livro encontra-se a citação: "Minha infelicidade não tem exemplo!..."

Capítulo X

O fim desumano de um ser divino

O monólogo de Nero bêbado depois do banquete comemorativo de sua posse como cônsul encontra-se em Suetônio, "Nero", 43. Sobre os planos de fuga de Nero: Suetônio, "Nero", 47. A "poção de Nero" é descrita por Plínio, o Velho, em *História natural,* 31, 40. Suetônio descreve em "Nero", 48, 4, a cena do imperador na casa de Fáon. O enterro de Nero figura em Suetônio, "Nero", 50. Plutarco sobre a justiça sumária depois da morte de Nero: "Galba", 9. As motivações de Ninfídio: Plutarco, "Galba", 2 e 8. Plutarco sobre Vínio: "Galba", 11, 12. O discurso de Ninfídio figura na mesma obra, cap. 13. O discurso do tribuno Antônio Honorato aparece em Plutarco, "Galba", 14.

Capítulo XI

Os sucessores de Nero: Galba, Oto e Vitélio

A epígrafe é tirada de Plutarco, "Galba", cap. 1. O diálogo sobre o pretenso assassinato de Oto encontra-se em Plutarco, "Galba", 26. Para a indicação do sobrenome "Nero" assumido por Oto, ver Plutarco, "Oto", 3. Sobre as razões pelas quais Oto ansiava por uma batalha decisiva, ver Plutarco, "Oto", 9. O discurso de adeus de Oto está em Plutarco, "Oto", 15. Suas palavras em relação a seu sobrinho Cocceiano figuram em "Oto", 16. As últimas horas de Oto e as citações a elas referentes aparecem em Plutarco, "Oto", 16-18. Josefo, em sua *Guerra dos judeus,* IV, 10, 1, evoca os costumes dos adeptos de Vitélio em Roma. Ainda em Josefo, IV, 11, 4, figura a morte de Vitélio.

Capítulo XII

Nero era realmente louco?

A citação de Sêneca é tirada de *Da vida feliz,* cap. 20. Sobre a hereditariedade e as disposições inatas de Nero e de seus antecessores no trono, ver Albert Esser: *Cäsar und die julisch-claudischen Kaiser im biologisch-ärztlichen Blickfel,* Leiden, 1958. Suetônio sobre a vida sexual de César e o inusitado projeto de lei: *César,* 52. Sêneca sobre o olhar fixo de Calígula em *De ira,* 3, 19. Sobre a esquizofrenia da casa imperial dos Júlios-Cláudios: Albert Esser, *Cäsar und die julisch-claudischen Kaiser im biologisch-ärztlichen Blickfeld,* Leiden, 1958, pág. 135. Suetônio evoca os sonhos de Nero em "Nero", 46, 1. Tácito sobre o acesso de tremor em Nero: *Anais,* XV, 36; sobre o medo durante a conspiração de Pisão: *Anais,* XV, 57.

Cronologia

Ano (d.C.)	*Idade de Nero*	*Ano do reinado de Nero*	
37	0		Nasce a 15 de dezembro, em Âncio; em 18 de março, Calígula é proclamado imperador; Galba já tem quarenta anos.
38	1		
39	2		Agripina, mãe de Nero, é exilada.
40	3		Nascimento de Otávia (filha de Cláudio e Messalina).
41	4		24 de janeiro: morte de Calígula. Cláudio é proclamado seu sucessor; nascimento de Tito; nascimento de Britânico.
42	5		L. Escriboniano, governador da Dalmácia, tenta restabelecer a República.
43	6		
44	7		
45	8		
46	9		
47	10		Octocentésimo aniversário de Roma; Nero assiste aos jogos de Tróia (Suetônio, "Nero", 7, 1; Tácito, *Anais,* XI, 11).
48	11		Assembléia dos apóstolos (Paulo).
49	12		Cláudio casa-se com Agripina *(Anais,* XII, 5-7); noivado de Nero com Otávia *(Anais,* XII, 9, 1).
50	13		25 de fevereiro: Cláudio adota Nero *(Anais,* XII, 25); Agripina torna-se augusta *(Anais,* XII, 27, 1).
51	14		Nero recebe a *toga virilis (Anais,* XII, 41, 1); nascimento de Domiciano (Suetônio, "Dom.", 1).
52	15		Nero *praefectus urbi feriarum Latin* (Suetônio, "Nero", 7, 2); Paulo em Éfeso até 55.
53	16		Casamento com Otávia.

Ano (d.C.)	*Idade de Nero*	*Ano do reinado de Nero*	
54	17	0	12 de outubro: assassinato de Cláudio; 13 de outubro: discurso fúnebre de Nero *(Anais,* XIII, 3, 1); proclamação do imperador *(Anais,* XII, 69, 1).
55	18	1	Fevereiro: Nero manda envenenar Britânico; ligação com Cláudia Acte *(Anais,* XIII, 13, 1).
56	19	2	Na primavera, Paulo é preso em Jerusalém.
57	20	3	Guerra contra os partos *(Anais,* XIII, 37-41); Paulo é levado para Roma.
58	21	4	
59	22	5	Assassinato de Agripina.
60	23	6	"Nerônios" *(Anais,* XIV, 20, 1); Corbulão ocupa a Armênia *(Anais,* XVI, 23-26).
61	24	7	A revolta de Boadicéia é sufocada por Suetônio Paulino *(Anais,* XVI, 23-26).
62	25	8	Nero divorcia-se de Otávia e casa-se com Popéia Sabina (Suetônio, "Nero", 35, 1-3; *Anais,* XVI, 63, 1 e 64, 3).
63	26	9	Morte da filha de Nero nascida no início do ano *(Anais,* XV, 23, 1-3).
64	27	10	18/19 de julho: incêndio de Roma, perseguição dos cristãos *(Anais,* XV, 38-44); Nero apresenta-se como cantor e tocador de lira *(Anais,* XV, 33; Suetônio, "Nero", 20, 2).
65	28	11	A conspiração de Pisão *(Anais,* XV, 48-63); morte de Popéia, grávida *(Anais,* XVI, 6).
66	29	12	Tiridates em Roma (Suetônio, "Nero", 13); casamento com Messalina (Suetônio, "Nero", 35, 1); turnê artística em agosto.
67	30	13	Nero na Grécia; Paulo é decapitado (Eusébio de Cesaréia, *Cronografia,* II).
68	31	14	Retorno de Nero, em março; revolta de Víndice; Galba (Suetônio, "Galba", 9, 2); 9 de junho: suicídio de Nero (Suetônio, 50).

Os imperadores romanos do século I d.C.

	Nascimento	*Início do reinado*	*Idade no início do reinado*	*Morto com a idade de*	*Ano da morte*
Augusto	63 a.C.	27 a.C.	36	75	14
Tibério	42 a.C.	14	56	78	37
Calígula	12	37	25	29	41
Cláudio	10 a.C.	41	50	64	54
Nero	*37*	*54*	*17*	*31*	*68*
Galba	3 d.C.	68	71	72	69
Oto	32 d.C.	69	37	37	69
Vitélio	12	69	57	57	69
Vespasiano	9	69	60	69	79
Tito	39	79	40	42	81
Domiciano	51	81	30	44	96

Índice onomástico

A

B

C

D

E

F

G

H

I

J

O

P

Q

R

S

T

U

V

W

X

Z

Índice

O AUTOR E SUA OBRA

Philipp Vandenberg, o mais bem-sucedido autor europeu de livros históricos e biografias para o grande público, já ultrapassou a marca de oito milhões de livros vendidos. Suas obras foram publicadas por mais de meia centena de editoras espalhadas pelo mundo. Além das traduções para todas as principais línguas do Ocidente, seus textos foram vertidos para o japonês, o finlandês, o macedônio, o turco, o servo-croata, o esloveno, o búlgaro, o rumeno, o tcheco, o polonês.

Nascido no dia 20 de setembro de 1941, em Wroclaw (Polônia), quando ainda pertencia à Alemanha, Philipp Vandenberg estudou história da arte e germanística em Munique, e logo depois iniciava sua carreira jornalística num jornal da cidade de Passau. Daí passou para as revistas "Quick" e "Playboy". Em 1973, iniciou sua série de livros sobre os soberanos egípcios, publicando "A maldição dos faraós". Em seguida, escreveu um grande número de obras sobre personagens famosas, como Nefertite, Ramsés, César e Cleópatra, Nero e outros.

Impressão e Acabamento: Círculo do Livro S. A.